はじめての

古代エジプト語文法

—ヒエログリフ入門—

飯島　紀

oriens

オリエンス語シリーズ

信山社

はじめに

祖母、中込トミは幕末の動乱時に甲府で育ったが、気丈で聡明な幕臣の娘であった。私が若い頃よく、「異ナコト、シヤナッチョ！」変なことをしなさんな、と叱られたものである。
その私が甲府で「異ナコト」を書いた本を見つけた。それがウオーリス・バッジ博士の「Egyptian Language」であった。

エジプト語の解説はシャンポリオンを初め、多くの学者が説明し、あるいは出版しているが、私にはこのバッジの本が原点であり、一番分かり易いと思っている。
一例を挙げると、「ヘブライ語の初歩」と称して母音記号を抜いたヘブライ文字で解説をする図書があっても、とても初心者にはヘブライ語に取りかかれないだろう。同様に、現在のエジプト語の図書は多く母音を抜いたアルファベットでふりがなされている。これでは初心者が勉強しようと思ってもとても読めるものでない。バッジの本では独断・偏見があろうとは思うが、こういう心配はない。ローマ字通り発音すればよい。本書ではこれを参考にした。これが一番の特徴である。

さらに本書の特徴は 𓇋 の発音について「e」としたことである。

𓇋 𓏠 𓈖 神を普通はアメン神と呼んでいるが、エメン神が正しいとされている。そこで本書では「e」に統一した。

𓋴 は普通の s だが 𓊃 は ɒ つまり重い s だという意見があるが、本書ではどちらも s で統一した。 𓎛 は重い h と呼ばれる。本書では ḥ でなく ħ で示した。
次にグローサリーは出来る限り、通常のアルファベットの語順に並べた。経験上その方が見やすいと判断したからである。
なお、エジプト文字(ヒエログリフ)のフォントについては大変良くできた美しいもので、作者古賀正彦氏に感謝申し上げます。入手希望の方にはご紹介致します。

目　次

はじめに（iii）
緒　言 …… 3

I　エジプト王朝 …… 5

1　王朝の分類 …… 6
2　文　学 …… 7
3　音声学 …… 8

II　エジプト文字（ヒエログリフ） …… 9

III　エジプト語文法 …… 49

決定詞 …… 50
冠　詞 …… 52
名　詞 …… 55
代名詞 …… 59
人称代名詞 …… 59
指示代名詞 …… 68
関係代名詞 …… 71
再帰代名詞 …… 72
形容詞 …… 73
数　詞 …… 77
時間・季節 …… 81
王の尊称 …… 84
動　詞 …… 87
1　動作形動詞 …… 88
2　状態形動詞 …… 88
3　未完了形 …… 93
4　受動態 …… 94
5　使役動詞 …… 95
6　不定法 …… 96
7　分　詞 …… 98

前　置　詞 ･･ 100
　　　　接続詞・疑問詞・否定詞 ･･････････････････････････････････ 121
　　　　不 変 化 詞 ･･ 130
　　　　助動詞的使用 ･･･ 132

Ⅳ　文　体　論 ･･･ 135
　　1　文 の 種 類 ･･ 136
　　2　命　令　文 ･･ 138
　　3　条　件　文 ･･ 140
　　4　疑　問　文 ･･ 140
　　5　否　定　文 ･･ 141
　　6　感　嘆　文 ･･ 142

Ⅴ　演　　習 ･･･ 145
　　　　イヘルセシェトの墓 ･･････････････････････････････････････ 146
　　　　ラー・ヘテプ像 ･･ 147
　　　　オシリスを称えるステラ ･･････････････････････････････････ 148
　　　　ネフェレト・エリの墓碑 ･･････････････････････････････････ 150
　　　　ピラミッドのキャップストーン ････････････････････････････ 153
　　　　第6王朝ペピー世の碑文一部 ･･････････････････････････････ 154
　　　　アマルナ6号墓パネヘシの碑文 ･･･････････････････････････ 154
　　　　アネブニのハトシェプスト女王の碑文 ･･････････････････････ 156
　　　　第18王朝「死者の書」75章より ･･･････････････････････････ 157

Ⅵ　王　名　表 ･･･ 185

Ⅶ　ピラミッドの名前 ･･･ 205

Ⅷ　単語集（グローサリー） ･･････････････････････････････････････ 211

はじめての

古代エジプト語文法

ヒエログリフ入門

緒　言

1799　年、フランス軍を率いたナポレオンはナイル川の河口にあるエル・ラシード村で要塞の修復中に石碑を発見した。いわゆるロゼッタ・ストーンである。このロゼッタ・ストーンにはプトレマイオス 5 世(紀元前 205 ～ 150 年)のメンフィス勅令が三種類の文字で書かれていたのであるが、ここに古代エジプト語(ヒエログリフ)とギリシャ語の文章があり、はじめて、古代エジプト語を解釈できるようになった。
フランスのエジプト語学者 J.F.シャン・ポリオンはカルトゥシュの中の人名、例えばクレオパトラやプトレマイオスなど、70　人以上の人名を解読することによってこの文章は表音文字と表意文字の混合であることを見抜いた。
ギリシャ語の Cleopatra 及び Ptulmis に該当する所に

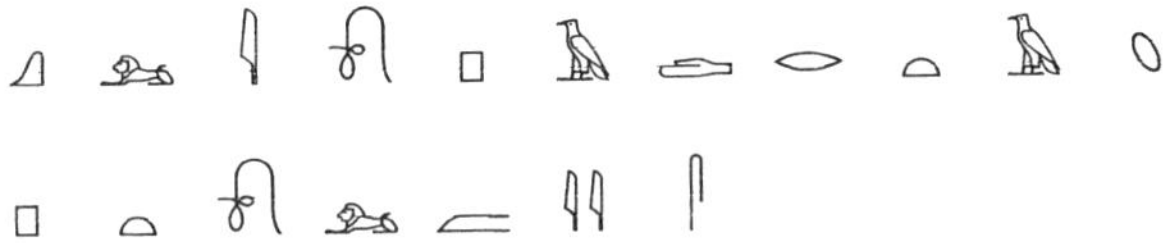

とあり、これを眺めたシャン・ポリオンは

p が  であり、l が  であり、  は o であろうというようにして解読していったのである。
ナヴィル、ゼーテなど多くの学者が古代エジプト語の研究をしたが、19 世紀末になってドイツの A.エルマンが初めて、資料を体系的に分類した。即ち、古エジプト語、中期エジプト語、新エジプト語に分けたのである。彼は古エジプト語の文法書を 1894 年に発刊している。
ついで 1927 年イギリスのエジプト語学者 A.H.ガーディナーが 200 本以上の論文を発表して、エジプト語文法の体制を完了した。
エジプト文字にはいくつかの変遷があった。即ちヒエログリフ、ヒエラテイク、デモテイクそしてコプト文字であるが、本書ではヒエログリフ(聖刻文字)だけを取り上げている。
本書で扱うエジプト語は古王朝後期から新王朝前期辺りを対象にしている。つまり紀元前 2400 年～ 1400 年の約 1000 年くらいである。

I　エジプト王朝

1　王朝の分類
2　文学
3　音声学

I　エジプト王朝

1 王朝の分類

エジプト語は、どこの言語より単一で最長の伝統をもつが、注意深く研究されてきた結果、アフロアジア語族のアッカド語の流れを汲むアラビア語やヘブライ語とは遺伝的関係がある事が分かった。

まず、それを伝える王朝の歴史的分類は次のようになる。

古典エジプト：	王朝 I ～ II	紀元前約 3000~2650
古王朝：	王朝 III ～ VIII	
王朝 III		2650~2590
IV		2590~2470
V		2470~2320
VI		2320~2160
中間期	王朝 VII ～ XI	2160~2040
中王朝：	王朝 XI ～ XIV	
王朝 XI		2040~1990
王朝 XII		1990~1785
王朝 XIII ～ XIV		1785~1650
王朝 XV ～ XVI（ヒクソス）		1650~1550
新王朝：	王朝 XVII ～ XX	
王朝 XVII		1560~1552
王朝 XVIII		1552~1306
王朝 XIX		1186~1070
王朝 XX		1186~1070
中間期　：	王朝 XXI ～ XXV	
王朝 XXI		1070~945
王朝 XXII ～ XXIV（リビア）		945~712
王朝 XXV（ヌビア）		712~664

最新期　王朝 XXVI ～ XXX	
王朝 XXVI	664~525
王朝 XXVII（ペルシャ）	525~404
王朝 XXVIII ～ XXX	404~343
王朝 XXXI	343~332
ギリシャ期	
アレキサンダー大王	332~323
プトレマイオス王	323~30
ローマ期（コプト時代）	30~+395
ビザンチン期	+395~+641
イスラム期	+641 ～

2 文学

大体紀元前 2000　年を境に、前を初期エジプト語、後を中期エジプト語と呼ぶが、初期エジプト語の資料はいわゆる自叙伝的なもので、岩墓の外側壁など残されたものが多い。又中期エジプト語の例は石棺に残されたものもあるが、多くは教訓的なテキスト、「高官プタフホテップの教訓」とか「イプーウェルの訓戒」といった道徳的なものや英雄の冒険物語、例えば「シヌへ物語」とか王への賛歌、例えば「ナイルへの賛歌」などのパピルスとして残されている。これらはいわゆる聖刻文字と呼ばれる神官の間に伝えられた文字で書かれていた。それでヒエログリフィクとよばれたのである。文字の数は初め、1000 程度あったものが 750 くらいにまで少なくなっている。聖刻文字は本来、象形文字、表意文字であって、文字自体がその意味を表したが、漢字と同様、発展段階で表音文字化していく。多くの単語はこの表音文字で書かれているが、最後に置かれた決定詞は表意文字が多いから、この区別には多少の知識が必要である。

「シヌへ物語」を簡単に紹介すると、第 12 王朝の頃王子シヌへは国外に逃亡するが、砂漠で行き倒れになり、ベドウインに助けられる。やがてその地の支配者になるが、望郷の念止みがたく、妻子を残して、エジプトに凱旋する、という単純なストーリーである。エジプトの正しい葬祭でなければ、永遠の幸福が得られないからであった、という。

3 音声学

エジプト語はセム・ハム語族に分類されるが、音声学にはセム語に比べて特異な展開がみられた。例えば、

セム語の　dalt　門、はエジプト語では ‘arrut となる。すなわち d →‘a　又

セム語の karm 葡萄園、はエジプト語では ka‘am → kam　となる。すなわち、r →‘a → a である。アッカド語の qerbum 内部、がエジプト語では qab となるのも同じであろう。顔、はエジプト語で ħaru → ħar であるが、コプト語では ho　となるのもこれに類する。

すべてではないが、l　についてはセム語の lib 心、はエジプト語では eb　となっており、l → e という変化がみられるのである。

下図は紀元前 1580 年頃、第 18 王朝のトトメス三世の墓室。正面に座るのがトトメス三世でカルトゥシュの中に men-xeper-r‘a　と書かれている。

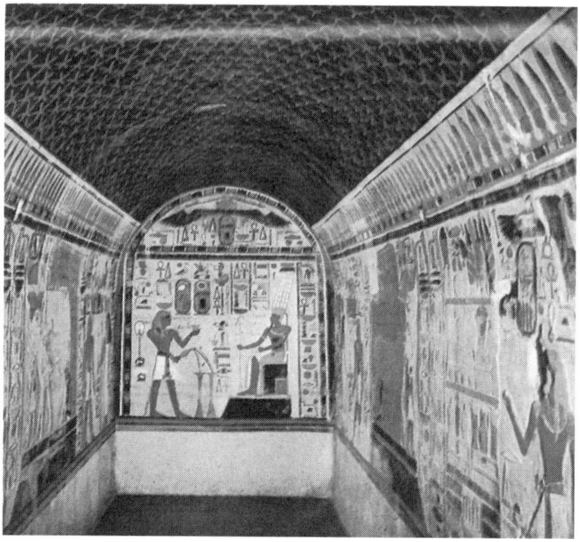

Ⅱ　エジプト文字
（ヒエログリフ）

エジプト文字(ヒエログリフ)

ヒエログリフの数は時代によって変遷するが数千あると思われる。漢字に比べればさほど多い数ではないが、しかし常時使用する、実用上の文字はそんなに多くはなく数百ていどである。古代シュメール文字も数は似たような物である。以下に紹介する。

英語のアルファベットに対応する音韻上の文字だけであれば更に少ない。例えば以下のようなものである。なお、エジプト文字の正確な発音は分からないが、便宜上、母音以外の子音には -e を付けて発声する習慣になっている。

	a	アー	א		‘a	アー	ע
	b	ベー	ב		p	ペー	פ
	g	ゲー	ג		q	ケー	ק
	d	デー	ד		r	レー	ר
	e	エー		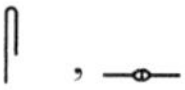	s	セー	שׂ
	f	フェー	פ		š	シェー	שׁ
	h	ヘー	ה		ṣ	ツェー	צ
	ħ	ヘー	ח		t	テー	ת
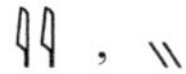	i	イー	י		θ	セー	ט
	k	ケー	כ		u	ウー	ו
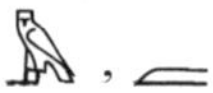	m	メー	מ	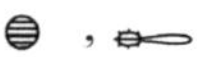	x	ヘー	
	n	ネー	נ				

該当するヘブル文字 ↑

ここで　ħ は h の強い音を示す。日本語のハヒフヘホはこれに近い。‘a は喉音で、ヘブライ語では消えたが、アラビア語には残っている、喉から出す「ガー」に近い音である。š は sh, ş は ts, x は kh, θ は th 音をそれぞれ示すものである。

なお、  の音は　a から i まである幅広い音だという意見があるが、ここでは全部 e 音で統一した。又  の音は z だとの意見もあるが、セム語の体系に合わせて ş 音と考えた。J.E.ホック博士のアンケードの結果では ş 音とする者 54.8%、z 音だとする者 25.6%であったという。

中央はツタンカーメン王(カルトゥシュの中に xeperu-neb-r‘a とある)、右はハトホル女神、左は　オシリスの息子、アヌビス神で、死者を冥界に導く。

Ⅱ エジプト文字（ヒエログリフ）

	音韻	説明
A 神々		
	r‘a	日輪のラー神
	r‘a	日輪と生命のラー神
	şeħuti	トト神
	xnemu	クネム神
	‘enpu	アヌビス神、山犬神
	hut-her	日輪のハトホル女神
	ma‘at	正義のマート神
	ħeħ	両手を挙げ喜ぶ神、百万
	emen	アメン神
B 男性		
	e	私だ、と叫ぶ男性
	e	口での所作を示す男性
		男女、皆の意味
	tua	祈る、賛美する
	emen	隠れる人

Ⅱ　エジプト文字（ヒエログリフ）

	w'ab	沐浴
	enen	服従、従順
	hen	称賛する
	fa	運び人
	meša	盾と剣の兵士
		後ろ手に縛られた男
		頭から血を流して倒れた男
	xefti	斧で頭を割る男
	xer	倒れる
		身を屈める男
	ħen	指を吸う子供
	ħen	子供
	eau, ten	老人
	ser	貴族、王子
		杖と棍棒を持つ王
	we	攻撃する男
		棒を持つ男

Ⅱ　エジプト文字（ヒエログリフ）

	sexer	駆逐する
	e	呼び掛ける
	en	後から呼ぶ男
	qa	高い、喜ぶ
		逆立ちする男
	tua	祈る、称賛する
	en	戻る行動の男
	eb	踊る
		荷を担ぐ男、放浪者
	xus	壁を作る男
	qed	作る
	‘aft	ロープで跳ぶ男
	qes	結び合わす
	qes	結び合わす
		座る神、私
		神聖な王
		神聖な王

		上エジプト王
		下エジプト王
	sa	守る、牛飼い、ガードマン
	eri	ナイフを持つ、関係する
	šeps	貴人
	šeps	貴人
		来世に力を持つ死者
	tut, qeres	ミイラ、像、似姿
		横たわる、死ぬ

C　女性

	e, sat	座る女、私
	mes	産んでいる女
	men‘a	看護する
		聖女

D　人体部分

	tep	頭、リーダー
	ḥer	顔、〜によって(前置詞)
	šent, ušer	毛髪、色、欠ける
	eri	見る、世話する、なす
		アイシャドウ、目の動き
	maa	見る(古い形)
		アイ・ラインの目
	rem	涙、泣き叫ぶ
	uşat	隼の目、ラー神の完全な目
○	er	目の瞳孔(M 空風火水地 ša 砂粒参照)
	em	眉
	tet	隼の顔、像、姿
	messer	耳
	šert	鼻、顔前のもの
	er	口、扉、〜に(前置詞)
	sept	上唇と歯

Ⅱ　エジプト文字（ヒエログリフ）

	septi	上下唇
	tef	滲み出す、水分
	šedi	胸、授乳する
	ka	両腕、霊魂
	ħepet	抱く
	xen	漕ぐ手、運び出す
	‘aħa	盾と斧、戦う
	en, euti	広げた腕、～無い(否定詞)、知らない
	‘a	伸ばされた腕、与える
	de	置く、与える
	m	与える
	ħenk	捧げる
	next	力仕事
	ermen, nu	手の甲を上にする、拒む、曲げる、歌う
	meħ	運ぶ
	xue	強くある、守る
	xerp	支配する、捧げる

	şeser	聖なる者を持つ
	d	手、象の鼻
	kep	手に持つ
	am, xef ʻa	掴む、拳
	şebʻa	指、一万
	ʻan	親指
	met	雄、夫
	baħ	放尿する、～の前(前置詞)
	e	行く、歩く
	uʻar, red	踏む、逃げる
	teha	進入する、攻撃する
	b	足、脚
	ʻab	足と腕
	wʻab	浄い、浄める
	saħ	つま先

Ⅱ　エジプト文字（ヒエログリフ）

E　哺乳動物

	eḥ, ka	雄牛
	kaut	雌牛
	sesem	馬
	‘aa	驢馬
	eb	仔牛
	be	仔牛
	eu	仔かもしか
	bau, ser	ラム、雄羊
	rer	豚
	meu	猫
	eu	犬
		腹這う犬、アヌビス神
	ḥery-sešata	秘密をよく知る者
	sab	山犬、高位職の一つ
	set, xennu	セト神、悪、死
	set	腹這うセト

Ⅱ　エジプト文字（ヒエログリフ）

	mae	ライオン
	l, r	腹這うライオン
	abi	豹
	deb	河馬
	abu	象
	ser	麒麟、予知する
	‘ar	オリックス山羊
	s‘aħ	先導山羊
	e‘an	狒狒
	emhet	猿
	un	野兎

F　動物体部分

	eħ	雄牛の頭
	at	河馬、時間、季節
	ħat	ライオンの頭、最初
	šesa	羚羊の頭、賢くある

Ⅱ　エジプト文字（ヒエログリフ）

	šesa	羚羊（かもしか）の頭
	šefet	羊の頭、力
	peḥty	ライオンの首、力
	xex	牛の首、咽喉
	user	犬の首、力強い
	up	角、頂点
	upt-renpet	年の初め
	upt-renpet	年の初め
	‘ab	角、先頭に立つ物
	e‘ab	角を洗う、浄める
	beḥ, bia	歯
	nes, emyr	牛の舌、舌
	seşem, edenu	耳、聞く、義務を果たす
	peḥ	後ろ脚と尾、至る、後ろ
	xepeš	前脚の腿
	uḥem	前脚と蹄
	xen	山羊の皮、水袋

Ⅱ　エジプト文字（ヒエログリフ）

	enem	毛皮
	set	射抜かれた毛皮
	šad	水袋、取り去る
	mes	狐皮三枚、産む
	xa	武器、腹、身体
	eb	心臓、望み
	nefer	心臓と気管、美しい、良い
	sma	肺臓と気管、一つになる
	emax	背骨と脊髄
	au	背骨と脊髄、長い
	seper	肋骨、着く
	esu, ew‘a	すね、脚
	pexer, deben	腸、内部、巡る、回る
		肉片、肉体

G　鳥類

　a　鷲

　tiu　ノスリ

　ħeru　隼、ホルス神

　bak　隼

　ue　隼、神、朕(王自身を指す)

　ħeru-nub　金のホルス神

　ħeru　日輪の隼

　sokar　聖なる船に乗るソカル神

　‘axem　聖なる姿

　ħeru-šuti　羽毛のホルス神

　mut　禿鷲、母

　mut　禿鷲

　nebty　禿鷲の神ネクベトとコブラの神ウアジェト(王名の一).

　em　梟(ふくろう)、～から(前置詞)

　mem　～の間に(前置詞)

　m‘a　(次と同じ、はの代用)

Ⅱ　エジプト文字（ヒエログリフ）

	m‘a	与える
	neħ	ホロホロ鳥
	şeb	冠鳥、やつがしら
	rexit	タゲリ鳥、国民
	rexit	タゲリ鳥、国民
	ax	朱鷺（とき）、霊魂、有益な
	şeħuti	トト神
	şeħuti	朱鷺（とき）
	dešer	フラミンゴ、赤い
	gem, qem	黒とき、見つける
	ba	こうのとり、魂
	ba-u	こうのとり、力
	bennu	鷺（さぎ）
	e	鷺（さぎ）、洪水する、あふれる
	seda	不明鳥
	‘aq	鵜（う）、入る
	ur	燕、大きい、多い

	šereu	雀、小さい、悪い、病気の
	geb, ħetem	鵞鳥、鳥、飛ぶ生物、ゲブ神
	sa	あひる、息子
	sa-r‘a	サーラー名(王の名の一)
	pa	飛ぶあひる、飛ぶ
	xen, xepa	止まるあひる、止まる
	şfa	ひどり鴨
	u	鶉のひよこ
	θa	小鴨
	seš	鳥の巣
	rext	二匹の鳥
	ħam	狩りをする
	ba	香炉と人面鳥、魂
	senş	料理前のあひる、恐れる

H 昆虫

	xeper	黄金虫、～となる、起こる
	bet	蜜蜂、下エジプト
	nesu-bet	上下エジプト王
	seneḥem	ばった
	sepa	むかで

I 鳥体部分

	sa, apt	鵞鳥の頭
	ma‘a, ušem	鷺の頭
	ner	禿鷲の頭
	şenf	翼、飛ぶ
	šu, ma‘at	羽毛、正義、シュ神
	šat	鳥の脚
	sa	卵、息子(sa-t で娘)

J　両生類、爬虫類

	‘aša	蜥蜴（とかげ）、沢山ある
	šet	亀、悪い
	et, meseḥ	鰐、貪欲な
	sebek	セベク神
	saq	集める、用心深い
	kem	鰐皮
	ḥeqat	蛙、ヘカト女神
	ḥefen	おたまじゃくし、十万
	fe	角蛇
	şe	蛇
	‘ar‘a	コブラ、ウラエウス(聖蛇)たちの女神
	ḥef, fent	蛇、蛆虫

K　魚類

	en (b)	テラピアの一種、川魚
	bu	海魚
	xa	魚、死んだ魚
	bes	魚、移動する魚
		河豚、不満

L　植物類

	em, emat	樹木、楽しいこと
	ħen	花束、草
	xet	枝
	renpu	新芽、年
	renput	新芽、年
	tre	季節
	ša, axet	睡蓮池、パピルス地、沼池、命じる
	sešen	睡蓮の花
	uden	蔓
	xa	睡蓮

Ⅱ　エジプト文字（ヒエログリフ）

　waş　若い木、パピルス、緑の

　waş　緑の

　ħa, meħ　睡蓮の束

　ħa　睡蓮の束

　e　羽毛、芦の花、おお！、（二つ並べて i）

　e　来る、行く

，　i　来る

　‘ab　供物

　sex, sem　野原

　sem　三本芦、助ける行為、娯楽

　nexeb, ne　藺草（いぐさ）、ネクベト女神、（二つで nen 「これら」）

　su, nesut　スト草、上エジプト王

　res　南の

　res　南の

　šem‘a　南

　neşem　莢豆（さやまめ）、甘い

　bener　根、甘い

	red	地下茎、甘い
		穀物
	bedet	大麦、エンマ小麦
	‘ah‘a	堆積
	şer	果物籠、麻束、前置詞(～だから)
	es	藺草(いぐさ)の束、( meşat と間違えぬ事)
	unem	花、( eme の代用としても使用)
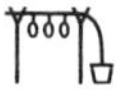	dabu	葡萄、葡萄園、いちじく
	seped	棘( mer ピラミッドと間違えぬ事)

M　空風火水地

	pet	天空
	xerwy	天から降りるもの、闇夜
	xerħ	夜、星空
	eadet	露、雨
	r‘a, heru	太陽、日神、一日
	r‘a, heru	太陽、ラー神
	uben	日光、昇る、白い

Ⅱ　エジプト文字（ヒエログリフ）

	peseş	おぼろ月、新月、新月祭
	paut	菓子、供物
	šesep, abed	三日月、月、掌
	e‘aħ, abed	月（month）
	sba, unut	星、星座
	dua	冥界
	ta	大陸、大地
	ta	大陸、地平線
	eu	島、砂漠、（池 še 、パン feqa 参照）
	edeb	舌状地
	edeb	三角州、（二つでエジプトを表す）
	edeb	舌状砂地
	ta	陸、土
	sepat	灌漑用水路、州
	xast	山地、砂漠、外国、墓地
	şu	山、悪い
	axet	地平線

Ⅱ　エジプト文字（ヒエログリフ）

	x‘a	日の出、輝く
	q	膝？砂漠の斜面
	eat	丘
	wat	道路、距離
	ša	砂粒、（D 人体部分 er 目の瞳孔参照）
	ħemti	鍋、銅製品
	en	水面、～のために（前置詞）
	mu	水、洗う
	mer	溝、運河、湖
	še	池、湖、（島 eu 、パン feqa 参照）
	ener	石
	šem	行く
	ene	運ぶ、取り去る
	ħem, bea	金属、鉱石、井戸、女性
	xet	たいまつ

N　船舶、構造物

	depet	船、運行する
	xente	帆を張って遡る
	wea	聖船
	wħ‘a	漁夫、緩める、戻す
	θau	帆、風、息吹
	‘aħ‘a	帆柱、立つ
	‘aħ‘a	帆柱、立つ
	xeru	櫓、舵
	ħemu	舵
	mene	もやい柱

O　建築、構造物

	per	家、神殿
	per (t) -xeru	墳墓の供物、パンとビール
	h	よしず囲い
	mer, nem	街角
	ħu	家壁

Ⅱ　エジプト文字（ヒエログリフ）

　ḥut　家壁

　ḥut-‘aa　大きな壁

　nebt-ḥut　「王宮の女主人」ネフチュス、オシリスの妹、セトの妻

　ḥut-ḥeru　「ホルスの家」ハトホル女神

　‘aḥ　大きい家、宮殿

　‘aḥ‘a　大きい家、宮殿

　usex　公会堂、裁判所

　usext　公会堂、裁判所

　seḥ　祭殿

　sed　.　三十年毎のセド祭用祭壇

　mer　ピラミッド（  seped 棘と間違えぬ事）

　texen　..　オベリスク

　uşu　石碑

　eun　円柱

　‘aa　大きい

　seşeb　敵意

　un, ‘aa　扉、開く

	sba	門
	sexer	房飾り
	se	かんぬき、閉める
	seb	送る、もたらす
	eneb, şeba	壁、外壁
	uhen	倒す
	qeneb	かど、隅、役人
	ener	煉瓦、石
	redu	階段、昇る
		階段、昇る
	šesp	受け取る
	eat	地位、役職、ミン神殿の標識
	ept	宮殿の一部
	sep	時間、季節、倍、回数
	sep	時間、季節、倍、回数
	neu	村、町
	šnut	堆積

Ⅱ　エジプト文字（ヒエログリフ）

P　家具、神殿備品、聖標

	(u) st, aset	席、王座、イシス女神
	user	運び椅子、オシリス女神
	pe	椅子
	qeres	棺、葬る
	xaut	供物盆
	udħu	供物台
	ħetep	供物ござ、憩う、満足する（ meşat　と間違えぬ事）
	kap	王宮内の育児室、王家居住区
	kap	香をたく
	seneθer	香炉？
	neθer	神斧、神
	xer (t) -neθer	地界、墓地
	şed	茎を束ねた柱
	eat	幟(のぼり) 旗竿、神標
	ementi	旗竿の隼、西の標
	ement	西方

	eabet	東方
	wast	テーベ町
	menu	ミン神の標
	neit, ‘ad	二本の弓、ネイト女神

Q　衣装、装身具

	ħeş	南国王の白冠
	ħeşt	南国王
	en	北国王の赤冠、～によって(前置詞)
	sexmet	南北両王とその冠
	xeperš	青冠
	atefu	アテフ冠
	šuti	二枚の羽毛
	meħ	冠、チアラ
	e‘aħ	首飾り
	usex	胸飾り
	nebu	襟飾り、金、貴金属
	ħeş	銀

Ⅱ　エジプト文字（ヒエログリフ）

	ṣ‘am	琥珀金(金と銀の合金)
	seṣaut	印章保管者
	xetem	ビーズ付き円筒印章、指輪、封印
	set	肩の結び目
	demṣ	結んだ布、集める
	θes	帯の結び目、脊椎、軍隊
	šenṣut	キルト、格子縞
	deau	布
	menx	房飾り、布
	ħebes	房飾りの付いた布、着る、覆う
	s	畳んだ布
	sef	昨日
	sea	布片、認識する
	θebet	サンダル
	‘anx	結び目、人生、生きる
	šuit	駝鳥の日よけ、日陰、旗印
	šu	

	ħeqa, ‘aut	曲り錫杖、王位、支配する
	was	セトの頭の杖、王錫
	sexem, ‘aba, xerep	王錫、強い、権威をもつ
	med	杖、言葉
	xu	鞭

R　武器、狩猟

	seqer	棍棒、打つ
	ħeş	灯火、白い、輝く
	ħeş	灯火、白い、輝く
	meşeħ	斧？
	tep	短刀、第一の
	peş	弓、腕を伸ばす
	peşt	弓
	set	古弓
	sun	矢
	rud, ar	弓の弦、固い
	res	木片、夢、目覚める

	neḥes	投げ棒、外国、創造する
	ureryt	戦車
	šem	背負い荷、ついて行く
	qes	骨、銛
	w‘a	銛（もり）、一つ
	sen	鏃（やじり）、兄弟
	şeba	芦の小舟、飾る、返す
	sexet	鳥網
	xer	まな板、～の下に（前置詞）
	xaut	ナイフ、切る、屠殺する
	sešem	研ぎ道具
	sešem	導く
	nem	肉屋のナイフ

S　農業、工業

	ma	鎌
	maa	見る、見える
	ma‘a	正しい、正しくある

	mer	鍬、耕す、壊す、愛する
	xeb, mer	鍬、耕す
	ħeb	鋤、耕す、種
	et	穀物、計量する
	et	大麦
	tem	橇、完全な、アテム神
	bet	犬橇、不思議な
	greg	池を掘る、確立する、嘘
	nu	斧、これらの
	setep	手斧、選ぶ
	menex	鑿(のみ)、優れた、有力な、成就する
	ab, mer	鑿(のみ)、病気、死、痛む
	ħem	石工のドリル、職人
	uba	スコプ、道を切り開く
	şa	火起こし棒、横切る
	ta	陶工の窯、熱い、怒りっぽい
	m, xener	錨、囚人

	semen	乳鉢と棒、粉、重い、金属
	te, t	乳棒
	hesef	紡錘、追い払う
	xesef	紡錘、追い払う
	mʿaşed	柱の間のたて糸、押し付ける
	ħem	洗濯棒、権威、召使い
	mexat	秤
	uθas	幟旗の柱、挙げる、運ぶ
	uθas, res	幟旗の柱
	šnut	穀倉

T　縄、編み物

	šen, šet	縄、繋げる、調べる
	seθa, as	引く、導き入れる、急ぐ、セツァト(広さ単位)
	restau	(地名)
	wa	投げ縄、遠い、落ちる
	senθ	綱の輪、計画、建てる
	šes	紐、足枷、包帯、アラバスター(雪花石膏)

	šen	紐、調べる、呪う
	šenu	カルトゥーシュ
	šenu	カルトゥーシュ、名前
	ten	分離する
	‘arq, fex	縛る、巻物、知る
	θ	繋ぎ綱
	eθe	取る、奪う
	sa	家畜の足枷、保護
	sa	魔除け、保護
	meş	家畜の足枷、10
	meş	家畜の足枷、10
	meħ	鞭、満たす
	uş	紐付き棒、命じる、石碑
	uşit	紐付き棒
	anş	糸巻き、安全な
	ħ	亜麻の寄り合わせ、綱
	waħ, sek	寄り合わせ雑巾、拭く、取って置く

	neb	籠、主人、すべて
	k	手つき籠
	sešer	亜麻布の袋、事柄、結ぶ
	ħen	容器、仕事
	ut	包帯、包帯を巻く

U　容器、土器

	merħ	石製容器
	ħeb	アラバスター容器、祭り
	ħeb-sed	セトの祭り
	abu	花崗岩容器、エレファンチネ地方
	xenem	壺、結び合う
	usex, ‘ab	コップ、広い、結びつく
	g, nest	王座
	ħes	水壺、歌う、称賛する
	qebeb	冷水、献水
	qebħu	台付き水壺、冷水
	xent	枠入り水壺

 me　ミルク壺入れ

 erθ　ミルク壺、ミルク

 ħeneqt　ビール壺、壺、貢ぎ物

 ureħ　把手付き鍋、ミルラ、没薬

 nu, neş　水鍋

V　日用品関係

 t　菓子

 ta　パン

 feqa, sen　パン、供え物、報酬

 feqa　パン（ta 大陸、eu 島、ener  煉瓦

 greget　パン　└ še 池、deau 布、参照）

 pat　供物用パン

 de　パン、置く、与える、～させる

 meşat　パピルスの巻物、抽象概念、書く

 meşat　パピルスの巻物、抽象概念、書く

 meşat　 の古い形（  ħetep 供物ござ、と間違えぬ事）

 sex, seš　書記道具、書物

	men	セネト遊び、確立する
	ħes	楽器
	sexmer	楽器
	uʿa	一つの
		複数の
		複数の
		複数の（古い形）
	i	双数の、（  の代用）
		曲がった斜線（繰り返し文字の代用）
		血を流して死んだ男 （代用文字）
	u	（代用文字）
	swa, seş	交差線、横切る、壊す
	eme	交差する板

W　不明分、その他

	x	胎盤？
	uħa	いぼ？病気
		臭い液体

		臭い液体
	ḥep	蛇の一部？
	qer	打つ
	qen, şat	運河？
	ma‘a	正しい
	em	～において(前置詞)、の代用
	ges	脇、国境
	sa	背中
	sa	背中
	ḥer	
	‘aper	備える
	uş‘a	裁決する
	uş‘a	裁決する
	neş	相談する
	qed	建てる、眠る
	ḥekeru	装飾品

Ⅲ　エジプト語文法

決定詞

古代語には同音異語が結構多い。そこでその違いを表すために付随させる文字、決定詞が生まれた。古いシュメール文字でも決定詞があり、神名にはディンギル文字（マーク）※を付ける事になっているのは有名な話である。
例えば、sat　と言っても鶩鳥、棒、娘、土地、守護、義務、脱走、足、攻撃、智慧、飽満、供物、悪、衣装、水を注ぐ事、などに訳せるとしたら本意が何か迷うことであろう。こうして決定詞を、一つならず、多い時は三つも付けて区別するようになった。発音を補足するための決定詞も含まれる。

決定詞例		実例	読み	意味
	男、私		sešu	書記
	女		ḥemut	女
	口の動作		ren	名前
	神		us (t) -eri	オシリス神
	抽象名詞		ex ?	何？
	棺		qeres	石棺
	脚		mast	脚
	脚の動作		per	出る
	土地		set	山
	方向、地方		eabet	東
	都市		kemet	エジプト

決定詞

	天空		pet	天
	フラミンゴ		dešet	赤い
	雀、悪		şaet	過ち
	力仕事		şeb	塞ぐ
	切る、尖った		demt	ナイフ
	星、夜		gerħ	夜
	たいまつ、熱		šmem	暑くなる
	日光、朝		šu	太陽
	着物		hebes	着せる
	船		xede	北方へ行く
	風、息吹		θau	風、空気
	見る		gemeħ	見張る
	家		uset	王座、場所
	ない、忘れる		semex	忘れる
	道、距離		ħer	遠く離れた

燕 ur  は大きいこと、良いことに使用され、雀 naşas  は小さいこと、悪いことを示す決定詞という考えは面白い。同じようだが、尻尾が少し違う。

冠詞

定冠詞は指示代名詞の所でも述べるが、中エジプト語以降は少なくなる。

単数　男　　pa　　又は　

　　　女　　ta　

複数　共通　na, na-en　　又は　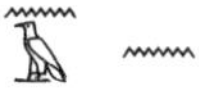

不定冠詞は

　　　男　　w'a en　

　　　女　　w'at en　

その意味は「～の中の一つ」である。

例えば

na pu en -t -i em -sa p(a) -a xe -pe -š

彼らは だ 居る所の者 向こうに ケフェウス座の。

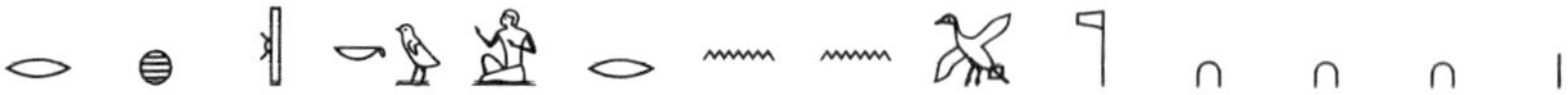

re -x -ku -e re -n en pa neθer 31

知っている 私は 名前を の 神々 ３１柱

en un -(en) -en -i -u ħ -en -'a -k

所の 存在する と共に 貴男。

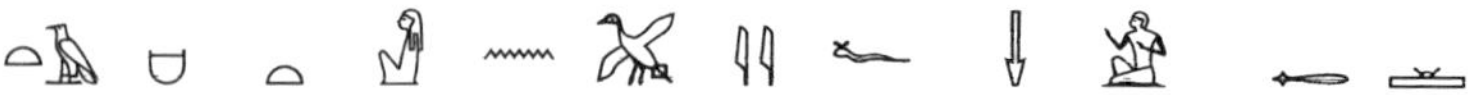

ta ħem -t en pa -i -f sen 'a-a

妻は の 彼の 兄弟の 上の

31柱の神々、だが纏めて単数扱いする。

e -u -t -u ħem -s her ne -b -d se -t

について は 彼女 座っていた ながら 髪を梳かし 彼女の。

qed -en -ef w(a) -'a en be -x -n -(nu) -u em

建てた 彼は 一つを の 要塞都市 によって

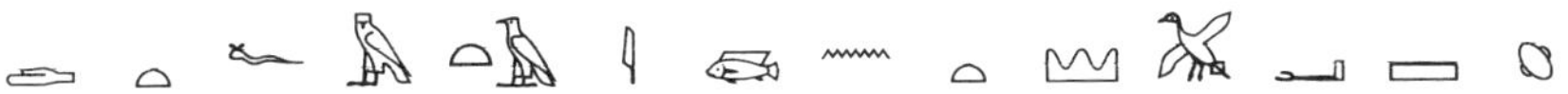

d -et -f em ta e -n -t pa 'a -š

手 彼の で 谷 杉の。

e -u -f ħer e(n) -(e)n w(a) -'a en s -f -en -d

こそは 彼、 いる 持ってきて 一本 を ナイフ

ge -š -e -(qes)

芦の。

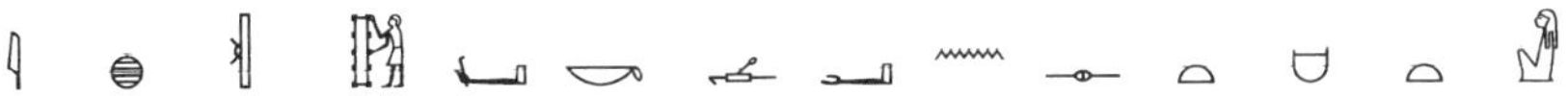

e -x qed -k w(a) -'a en se -t ħem -t

なぜ なしたか 貴男は 一人だけ 彼女を 妻に

en Şeħu(ti)-t -i

のために トト。

xe -r e -r e -u -k g(em)-em -f

そして もし こそが 貴男 見つけて それを、

em -t -u -k ħer da -tu -f er w(a) -‘a en

貴男が 入れるなら それを に 一つの

g -a -i en mu qe -be -ħ

壺 の 水 冷やす、(その時は)

ka ‘a(nx) -n -x -e

本当に 生きるだろう 私は。

e -u pa R‘a ħer da -t xep(er)-er -u w(a) -‘a en

こそが ラー神 させた となるように 一つの

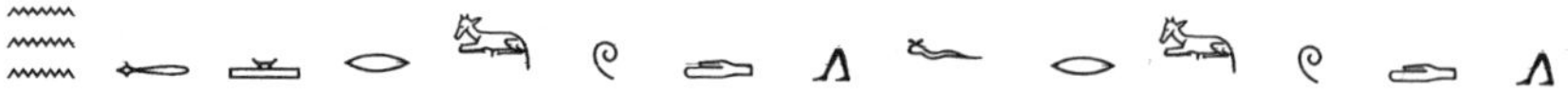

mu ‘a-a er e(u) -u -d -f er e(u) -u -d

水の流れ 大きな から離し 彼、又 から離して

pa -i -f sen ‘a-a

彼の 兄 上の。

dat 与える、入れる、～させる

名詞

エジプト語の名詞は男性か女性である。男性名詞の語尾は一定しない。-u で終わるものもあるが、書記上は省略される事が多い。女性名詞の語尾は -t で終わる。

	単数	複数	双数
男性名詞	-(u)	-u, -iu	-ue
女性名詞	-t	-u(t)	-te

単数の例

一日(day)　heru  又は 

h -er -u　　h -er

書記　sexu  又は 

sex -u　　sex

遺跡　qeres 

q -er -es

本　meşat 

meşa(t) -t

天　pet 

p -et

女神　neθert  (卵は無くても良い)

neθer -t

船　dept 

de -p -t

但し例外として -t で終わる男性名詞もある。

死　　mut　　（ ut　の音は余り無い）

m　-ut

或る物　　xet　　（財産、の意味では女性）

x　-et

複数の例

扉　　sbau　

s　-（sba）-b　-a　-u

女　　ħemt　

ħem　-t

供物　　meħut　

me（ħ)-ħ　-u　-t

場所　　eset　

es（et）-et

第6王朝頃までの複数の表現は文字を重ねることであった。双数では二回、複数では三回の文字を書いていた。僅かだがこの方法は最後まで残っている。

足　　red　

霊魂　　axu　

家　　per　

腸　　besek　

その後  や を三つ書くようになった。

人々　　reθu　

なお、複数形で書かれても抽象名詞では単数として扱われる。

美　　neferu　

双数の例

語尾に -i 又は -ui を付ける。

axut-i　　pet-i　　mesşer-ui　　x-ui

二地平線。　二天。　二つの耳。　二つの光。

地平線は単数では  と書かれるが、省略書きしている。

a（x） -x　-ut

二天、二つの光では最後の -i の発音を示すため決定詞を二つ書いている。
名詞の形容詞化のために -i を付けたものを nisba 形容詞と言うが、この -i のために間違って決定詞を二つ書くような事もあった。例えば

　これは「地平線の、ホルス神」で、「二地平線」ではない。

ħeru　axut-i

耳は  で表すが　　「人間の耳」の単数　　「聞く」

me -s -ş(er) -er　　s -ş -em

の使い分けに注意すること。

er -(er) i -t　ne -f　te -x -en -u -i　ur -ui

作られた物は　彼によって　オベリスク二つだ　大きい。

ba -ui　　her -eb　θa　-fu　-i　　ba　　pu　en

神の霊魂は　間に(ある)　サフイ神の　二人の、　魂で　あり　の

R'a　　ba　　pu　en　us(t)-eri

ラー神、　魂で　ある　の　オシリス神。

(説明)

erit　ne-f　彼によって作られたこと。動詞・不定法の項参照。

単数のオベリスクは texen だが双数で texen-ui となる。そこで形容詞 ur 大きい、も双数として ur-ui となるのだが、ここでは燕を二匹書いてそれに替えている。

ba は霊魂だが(ここではホルス神の霊魂)、双数では ba-ui となる。

ラー神とオシリス神の二つの魂から出来たという双子の神サフイはホルス神の変形であった、という。

ħer -eb は〜の間に、の意味だが、(ある)は省略されている。

中央はラムセス一世(カルトゥシュの中に即位名 men-peħti-r'a、誕生名 r'a-mes-su とある)、右は　冥界のアヌビス神、左は王権の守護神ホルス神。(LEHNERT Succ.book-store, Cairo より)

代名詞

人称代名詞

人称代名詞はセム語族同様三つある。即ち接尾代名詞、独立代名詞、従属代名詞である。(但し状態活用の人称代名詞は「動詞」参照のこと。)

接尾代名詞

1 活用

単数

一人称	-e	𓀀 (但し女性 𓁐 ,神 ) 又は 𓇋
二人称 男	-k	𓎡
女	-t, -θ	𓏏 , 𓍿 (ただし 𓁐 でも良い)
三人称 男	-f	𓆑
女	-s	𓋴 又は 𓊃

複数

一人称	-n	𓈖 𓏥
二人称	-ten, -θen	𓏏 𓈖 𓏥 , 𓍿 𓈖 𓏥
三人称	-sen	𓋴 𓈖 𓏥 又は 𓊃 𓈖 𓏥

双数

一人称	-ni	𓈖 𓇌 又は 𓈖𓏭
二人称	-θeni	𓍿 𓈖 𓇌
三人称	-seni	𓋴 𓈖 𓇌 又は 𓊃 𓈖 𓇌

例えば

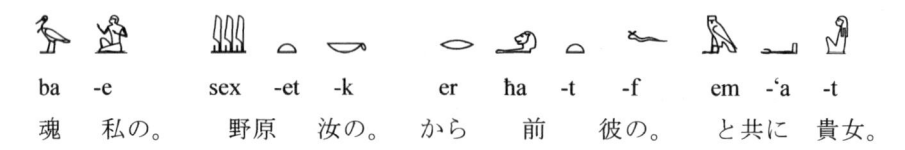

ba -e　sex -et -k　er ħa -t -f　em -ʻa -t

魂　私の。　野原　汝の。　から　前　彼の。　と共に　貴女。

me(d)-d -et　-es

言葉　彼女の。

言葉は一言でないから ¦ をつける。

 は「言葉」の決定詞である。

| は名詞の区切りだが、普通不必要。

niu(t)-t　t -en　ħa -t -i　s -en

町々　貴男方の。　心　彼らの。

 目 erit は双数では erti となるが、 とも書くし、

er -t -i

 とも書かれる。同様  足 red の双数は redui で、

er(ti) -t -i

 と書かれる。従って「彼の両足」というのは

re -d -u -i

 である。

re -d -u -i　f -i

2 所属形容詞

「私の～」の代わりに「私に属する～」という言い方がある。所属形容詞という。形容する名詞の性によっても異なる。

単数		男性名詞に前置		女性名詞に前置	
一人称	男	pai-e	𓅮𓇌𓀀	tai-e	𓏏𓄿𓇌𓀀
	女		𓅮𓇌𓁐		𓏏𓄿𓇌𓁐
二人称	男	pai-k	𓅮𓇌𓎡	tai-k	𓏏𓄿𓇌𓎡
	女	pai-t	𓅮𓇌𓏏	tai-t	𓏏𓄿𓇌𓏏
			𓅮𓇌𓁐		
三人称	男	pai-f	𓅮𓇌𓆑	tai-f	𓏏𓄿𓇌𓆑
	女	pai-s	𓅮𓇌𓋴	tai-s	𓏏𓄿𓇌𓋴
		pai-set	𓅮𓇌𓋴𓏏	tai-set	𓏏𓄿𓇌𓋴𓏏

複数				
一人称	pai-n	𓅮𓇌𓈖𓏥	tai-n	𓏏𓄿𓇌𓈖𓏥
二人称	pai-ten	𓅮𓇌𓏏𓈖𓏥	tai-ten	𓏏𓄿𓇌𓏏𓈖𓏥
三人称	pai-sen	𓅮𓇌𓊃𓈖𓏥	tai-sen	𓏏𓄿𓇌𓊃𓈖𓏥

なお、男性名詞、女性名詞に関係なく、共通名詞として扱う時は
nai- を用いる。

前者は男性名詞、後者は女性名詞に前置する。例えば

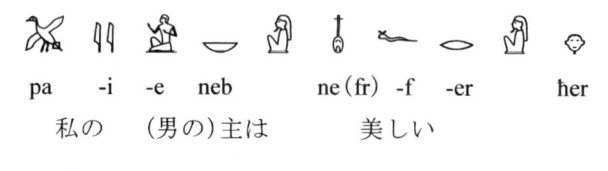

pa　-i　-e　neb　ne (fr)　-f　-er　ħer

私の　(男の) 主は　美しい

se　-ne　-b - (eneb)　n　-e

寄せ付けない　私を。

xe　-r　pa　-i　- θ　ha　-i　em　-m　-e

として　貴女の　夫　なさしめよ　私を

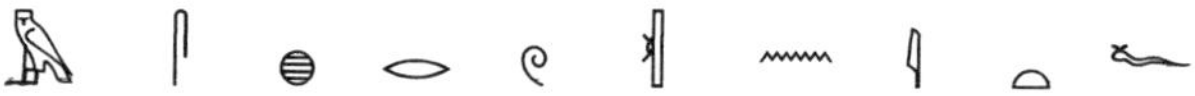

em　se　-x　-er　-u　en　e　-te

で　口実　の　父。

e　-u　ħa(t) -t　-i　s　-en　ħer　ne　-h (e)　-em

こそが　心　彼らの　(いる)　喜んで

ħer　pa　-i　s　-en　r　-‘a　ba　-k　-u

に　彼らの　成就　仕事の。

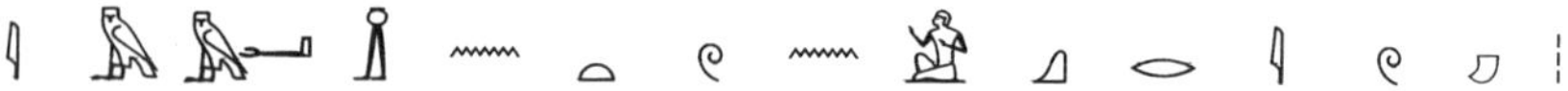

e　- (e) m　-m‘a　en　-t　-u　n　-e　q　-er　-e　-u

ように　齎（もたら）される　私に　ドアボルトが

em ħemti em was -t

の 銅 で テーベ。

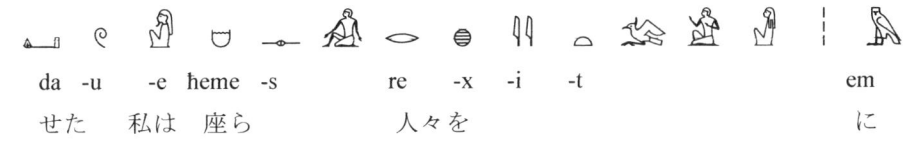

da -u -e ħeme -s re -x -i -t em

せた 私は 座ら 人々を に

na -i -u š -u -b -u

それらの 木陰に。

da -u -e š(em) -em -i ta se -t

せた 私は 行か その 女性を

ta - mer -e e -t -u -r s -u -se -x - (usex) -t

河岸の国(エジプト)の 旅に 拡張した

er se(t) -t m(er) -er -en -s

まで 場所に 望んだ 彼女が。

3 副詞文の主語

例えば英語で　On my health（it is）in good. と言う場合、my health は能格と言われるが、eu（又は er）＋ 代名詞はこの能格に該当し、全体は副詞句の文となっている。

e -u -f em p -et

については 彼、（それは）に　天　（いる）。

文頭に置かれ、しばしば主語と動詞は省略されている。

e -u -f ħer da -t d -em -t -u

こそは　彼　の（である）させた　鋭く

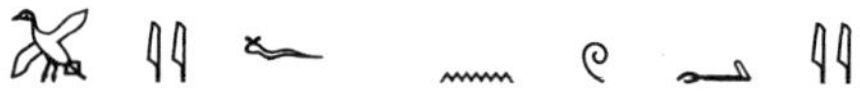

pa -i -f n -u -i

彼の　ナイフを。

ここで  da-t は  er-da 置く、させる、の不定法。

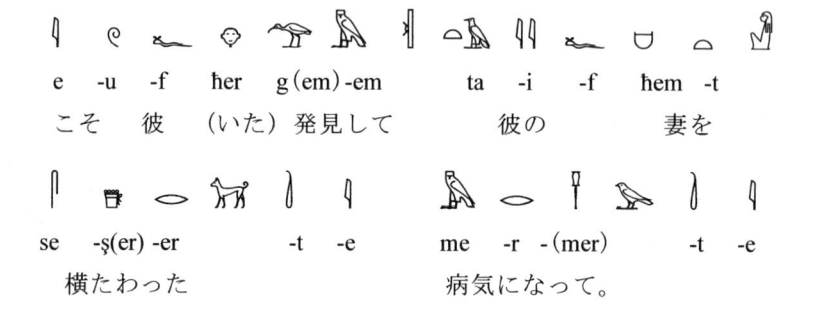

e -u -f ħer g(em)-em ta -i -f ħem -t

こそ　彼　（いた）発見して　彼の　妻を

se -ş(er) -er -t -e me -r -(mer) -t -e

横たわった　病気になって。

独立代名詞

通常の　主語(代名詞)＝述語(名詞)　の文章で独立した主語となる代名詞のことであって、述部が動詞又は形容詞の場合は用いられない。

単数

一人称		nuk, enuk	
二人称	男	entek	
	女	entet, enteθ	
	共通	tut,　θut	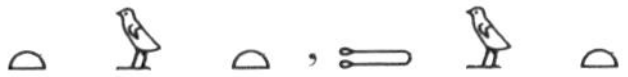
三人称	男	entef	
	女	ent(es)	
	共通	sut	

複数

一人称	enen	
二人称	enteten	
三人称	entesen	

なお、enteten は enteθen でもよい。

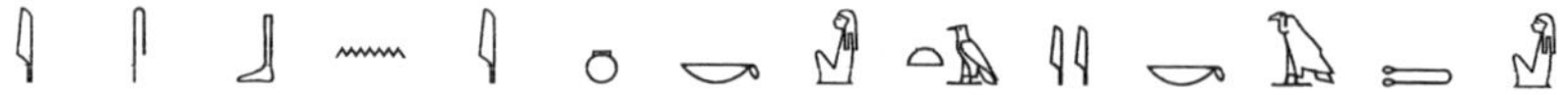

e -s b -en e -nu -k ta -i -k mu(t)-θ

ところで、　ない　私は　貴女の　母親では。

şe -d en se -n en -te -f en -tu -t -en e -x

告げた　に　彼ら　彼は　「貴男方は　誰か」と。

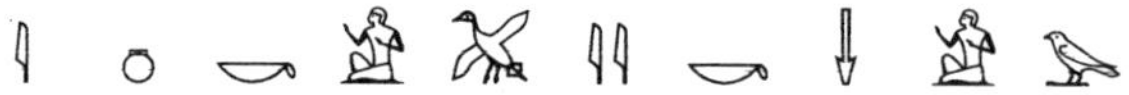

e -nu -k pa -i -k sen šereu

私は　貴男の　弟(です)　下の。

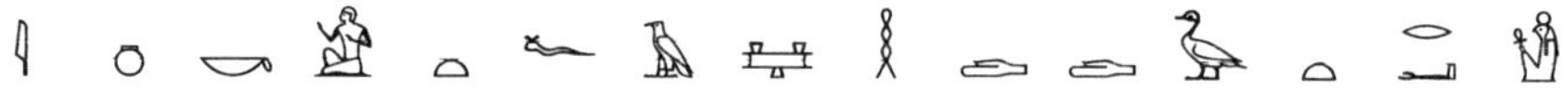

e -nu -k te -f -a ħe -de -d sa -t r‘a

私は　あの　蠍(さそり)　(です)　娘の　ラー神の。

従属代名詞

独立代名詞のようでありながら、接尾辞の如く働くので従属代名詞という。

単数

一人称		ue	
二人称	男	tu, θu	
	女	ten, θen	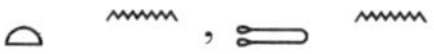
三人称	男	su	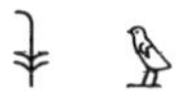
	女	set, si	

複数

一人称	ne	
二人称	ten, θen	
三人称	sen	

例えば

en -te -f seš(em) -em u -e

彼は 導く 私を。

このように目的語に用いるほか、不変詞の後に続く主語として用いる。

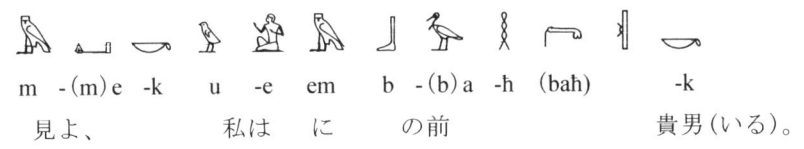

m -(m)e -k u -e em b -(b)a -ħ (baħ) -k

見よ、 私は に の前 貴男(いる)。

又形容詞文において形容詞の後に来る主語はこれで表す。

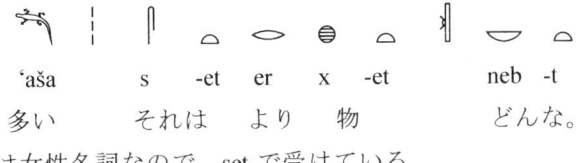

'aša s -et er x -et neb -t

多い それは より 物 どんな。

xet は女性名詞なので、set で受けている。

なお、状態活用での代名詞語尾変化は「動詞」の項参照。

指示代名詞

この / その

		この		その	
単数	男	pen	𓊪𓈖,	pu	𓊪𓅱
	女	ten	𓏏𓈖,	tu	𓏏𓅱
双数	男	epen	𓇋𓊪𓈖,	nui	𓈖𓍇𓏌𓅱𓏭
	女	epten	𓇋𓊪𓏏𓈖,	nui	𓈖𓍇𓏌𓅱𓏭
複数	男	epu	𓇋𓊪𓅱,	nu	𓈖𓍇𓏌𓅱
	女	eptu	𓇋𓊪𓏏𓅱,	nu	𓈖𓍇𓏌𓅱

あの

単数	男	pef	𓊪𓆑
	女	tef	𓏏𓆑
複数	共通	nef	𓈖𓆑

その（冠詞）

単数	男	pa	𓊪𓄿
	女	ta	𓏏𓄿
複数	共通	na	𓈖𓄿

例えば

ħe -s s -en em ħu -t nu meşa -t t -en

歌った 彼らは を 章句 の 巻物 この。

e -s ser pe -f en s -(s)a sp(er)-er er

見なさい、貴族は あの の サイス 着いた に

eneb -ħeş -et em u -xa

メンフィス に 夜間。

e -(e)m -m'a -t -u une -m -u -e en ta

与えよ(許せ) 汝は 食べる事を 私が を

ma-'a -s -ut en pa -i eħ

肝臓 の この 牛。

er -da n -e ħe -k(a) -a -u e -p -en

与えるように！私に 魔力(の言葉)を この。

n -en 'a -q g(em)-em -u -t -k

ないように！ 入って来 悲しみが 貴男の

em　‘a　-t　　　-e　e　-p　-t　-en

の中に　肉体　　　私の　　これらの。

‘aħ　-‘a　　-t　-e　　er　-ek　m(e)-e　ne　-f　-a

立つと　　　貴男が、こそは　貴男　ようだ　これらの

us(er)-eri　-tiu (Esertiu)

オシリス神の。

n　-(nu　-nu)-u　　n -(nu　-nu)　-u　-i　　　en　pe　-t

これは　　　水路(である)　　　の　　天。

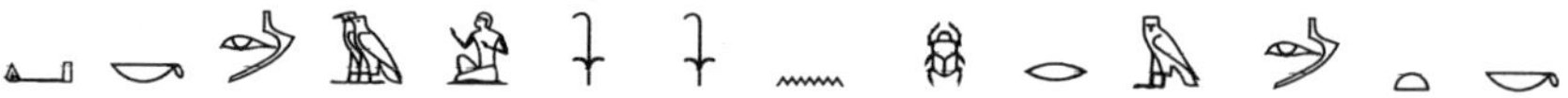

da　-k　　m(a)-a　-e　　n　-en (-en)　xep(er)-er　em　ma　-te　-k

許せ　貴男は　私が見ても　　これらを　起こった　に　視界　　貴男の。

de-k　は　er-da　与える、の命令形で、貴男は与えよ、許せ、の意味。
なお、pu, tu　は人称代名詞三人称の代わりに用いられる。
又中国語の「日々是好日」の是と同じようにpuはbe動詞にもなる。
例えば

r　-‘a　　　pu　　ħem　-t　　　w‘ab　　pu　en　r　-‘a

ラー神(である)　彼は。　女性は　　　司祭　　である　の　ラー神。

関係代名詞

男性単数では　enti 　男性複数では entu 

女性の単数・複数では　entet 　更に、これらに共通な物として

e  がある。普通～する所のもの、と訳す。

例えば

er -(er) i -t　ne -f　u (p) -p　-u　-t　(uput)　neb

なした事は　彼が　伝言である　主人の

en　-t　-i　em　sex　-et

所の　に(いた)　野原。

e　-u　-f　ḥer　'aḥ('a) -'a　ḥer　xas (t) -t　er　'a　-q

こそは　彼　(いた)　立って　に向かい　山　に　反対

ta　ne　-be　-d　šen　-i　en　-t　-i　em　pa　mu

垂れ髪とは　頭髪の　所の　に(あった)　水中。

erit　ne-f　語尾から判断すると完了受動分詞で、彼によってなされた事。

eu ＋人称代名詞 ～ ḥer　～こそは～にあった、と訳す。

er　'aq　～とは反対に、の意味。

再帰代名詞

人称代名詞語尾に şes （ ）を加えて再帰代名詞とする。

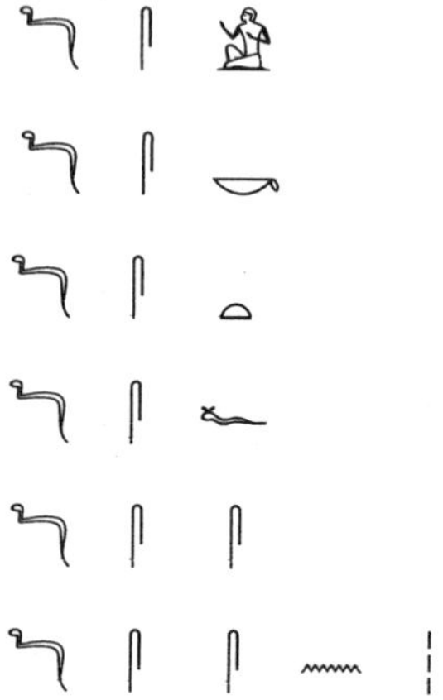

私自身　şes-e

貴男自身　şes-k

貴女自身　şes-t

彼自身　şes-ef

彼女自身　şes-es

彼ら自身　şes-sen

例えば

su -ş -a k -u -e m(e) -e su -ş -a -k

健康にした　私を　ように　健康にした　貴男が

tu şe -s -k

強く　貴男自身を。

sex -u -f ne -k š -'a -i -t en

書いている　彼は　のため　貴男　本を　ついての

s -en -s -en em şba -u -f şe -s -f

呼吸　による　指　彼の　彼自身で。

形容詞

形容詞は修飾する名詞と、若干の例外があるが、性、数を一致させなければならない。

例えば、

x -et neb -t nefer -t w'ab -et

物 全ての 美しい 清らかな。

'a(nx) -n -x -e em ta -u en bede(ti)-t -i ħe(ş) -ş

生かせろ 私を 上で パンの の 小麦 白い。

g(em)-em -k ta še -r -e -t ne(fer)-f -er -ta

見つけた 貴男は 少女を 美しい

en -t -i ħer s(a) -a -u na k(a) -a -m -u

所の (いた) 見守って その 庭(pl)を。

ka er(i) -i -e ne -k ħe -b -su

本当に 作った 私は 貴女のため 衣装(pl)を

ne(fer)-f -er -u

美しい。

ħeş 白い、は以前は het と書かれた。kamu 庭園、果樹園も第 19 王朝以前は kanu であった。

ħebs-u 衣装も複数であるため nefer も複数である。

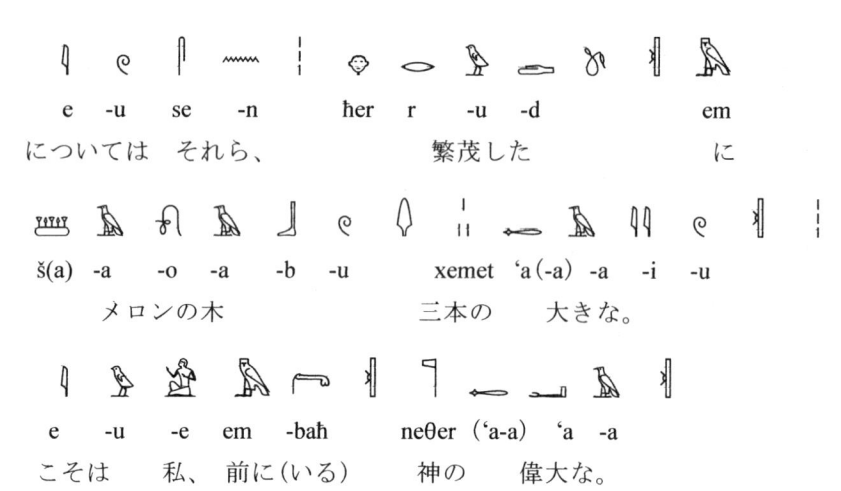

e -u se -n ħer r -u -d em

については　それら、 繁茂した に

š(a) -a -o -a -b -u xemet ‘a(-a) -a -i -u

メロンの木 三本の 大きな。

e -u -e em -baħ neθer（‘a-a） ‘a -a

こそは 私、 前に(いる) 神の 偉大な。

rud 繁栄する、は後世、 ruş と書かれた。

「神の」「王室の」と言う形容詞は名詞の後に読まれるが、書かれる文字は前に出さねばならない。例えば

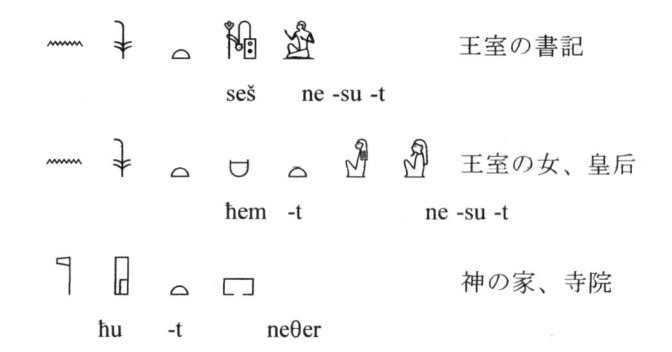

王室の書記

seš ne -su -t

王室の女、皇后

ħem -t ne -su -t

神の家、寺院

ħu -t neθer

エジプト語には er 以外比較級と呼ばれるものはない。

u(r) -re -k er neθer -u

偉大だ 貴男は 以上に 神々。

s -‘aša -tu er š(a) -‘a

（彼は）無数にさせた より 砂粒。

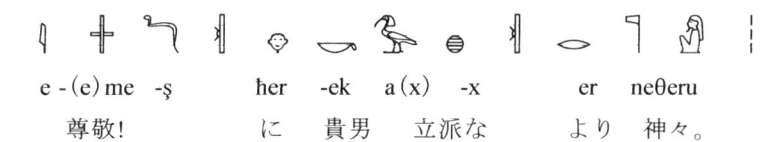

e -(e)me -ş ħer -ek a(x) -x er neθeru

尊敬! に 貴男 立派な より 神々。

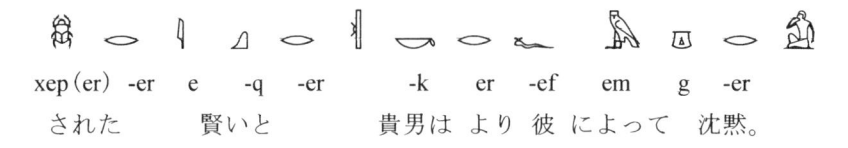

xep(er) -er e -q -er -k er -ef em g -er

された 賢いと 貴男は より 彼 によって 沈黙。

ne(fer)-f -er seş(em)-em er en -t -et neb

良いことだ 拝聴は よりも 事 いかなる。

形容詞から名詞を作ることがある。

例えば美しい、と言う形容詞に女性の決定詞を添えて全体で美人の意味に成る。

 美人

nef(er)-er -t

又、幼い＋「決定詞」子供 で幼児を表す。

 幼児

š -r -e

逆に名詞から形容詞を作ることがある。英語の -ic と同じように -i をつける。

これを nisba 形容詞という。

 町 → 町の、町の住人

new -t new -t -i

→　　農地　→　農地の、農民

sex　-et　　　　sex　-et　-i

同じように前置詞に -i で ～に属する、～のもの、の意味になる。

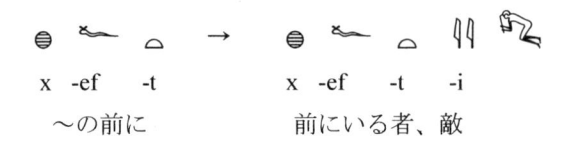

→

x　-ef　-t　　　x　-ef　-t　-i

～の前に　　　　前にいる者、敵

n　-i　u　-e　ħeru

に属する者　私は　ホルス。

形容詞などの前に前置詞 er を置くことによって副詞とする事ができる。

e　-u　-f　senş　er　'a　-('aa)　-a　-u

こそは　彼 恐れた　に　　極端。

写真はサッカラ町のマスタバの一部。中に第5王朝の

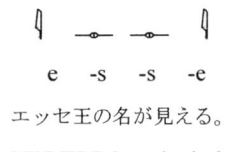

e　-s　-s　-e

エッセ王の名が見える。

LEHNERT Succ. book-shop Cairo より

数詞

基数　(エジプトは古くから十進法であった)

1　u‘a

2　senu　||

3　xemt　|||

4　(e) fedu　|| ||

5　duau　|| |||

6　ses　||| |||

7　sefex　||| ||||

8　xemen　|||| ||||

9　peseş　||||| ||||

10　meş, met　∩

20　şaut　∩　∩

30　m‘aba

40　ħem

50　taiu

60　sau

70	sefexu	
80	xemennui	
90	peseşi	
100	ša (t)	
200	šetau	
1,000	xa	
10,000	şeb'a	
100,000	ħefen	
1,000,000	ħeħ	
10,000,000	šennu	

序数

第九までの序数は基数に -nu （女性では -nut ）を付ける。
ただし第一、だけは tep の nisba 形容詞で

男性 　　女性 

te (p) -pi　　te (p) -p -t

第十以上の序数は、頭に neħ  をつける。
数詞は一般に形容詞と同じように、名詞の後に置かれる。

例

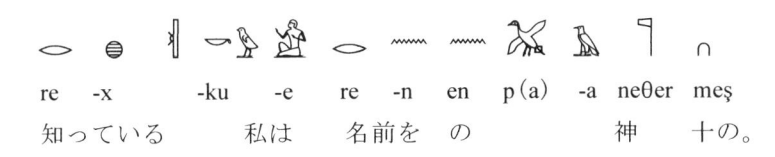

re -x -ku -e re -n en p(a) -a neθer meş

知っている 私は 名前を の 神 十の。

(meħ) meħ xa pu em a(u) -u -f ša-'a pu em

キュービト 千 あり(彼は)で 長さ その、 百 ある で

usex -ef

幅 その。

neθer w('a) -'a -u xep(er)-er em se -p (sep) -tep

神が 一人の 現れた に 原始時代。

rex-kue 私は知っている、は動作でなくそういう状態にある、と言うことで状態動詞の変化を取る。

分数

新王国時代になると、かなり分数も存在したが、二三紹介すると、

 = 1/3  = 2/3 = 1/2 etc.

従って

 ---- 1/3 × 300 = 100

 ---- 1/2 × 6 = 3

を表す。

度量衡

長さ　meḥ　肘から指先までの距離、キュービトとか腕尺とか訳される。1 キュービトの七分の一が　1 シェセプ、又この四分の一が 1 ツバアである。指の幅 1 ツバアは約 1.5 センチ弱であるから 1 キュービトは 40 センチくらいである。しかし時代変遷があるという。

　şb‘a 指 = 1.5 センチ　　　šesep = 6 センチ

　det 掌 = 8.5 センチ　　　xef‘a　拳 = 10 センチ

　šat　スパン = 20 センチ　(大スパンは 23 センチ)

　remen 肘 = 30 センチ = 20 şb‘a = 5 šesep

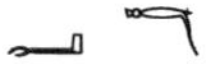　meḥ　腕尺 = 42 センチ = 28 şb‘a　但し 50 センチの説もある。なお、ラテン語では約 44.3cm、ギリシャ語では約 46.3cm と言われる。

面積　100 meḥ x 100 meḥ の面積を 1 sθat  と呼んだ。約 2500 平方メーター程度という。ギリシャ語でアルーラという。約 750 坪の面積である。

この 1/4 は 1 ḥeseb  1/16 を 1 su  と言う。

重さ　1 qedet 　(重さ 1 ケデト = 約 9 グラム)

1 deben 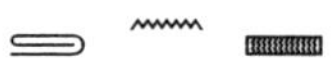　(重さ 10 ケデト = 約 90 グラム)

容量　1 henu 　(容量 1 ヘヌ = 約 500cc)

1 ḥeqat 　(容積 10 ヘヌ = 約 4.8 リットル)

1 denet 　(容積 20 ヘヌ)

時間・季節

時間に関する単語を若干並べてみる。

u(n)-n -n(u) -u -t

時(hour)

h -er -u

日(day)

一日は夜昼をそれぞれ 12 等分していた。当然時間は季節によって長短あった。

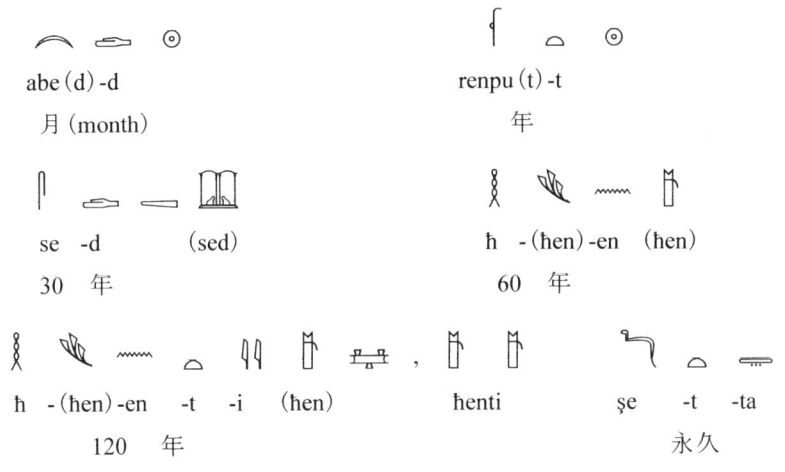

abe(d)-d

月(month)

renpu(t)-t

年

se -d (sed)

30 年

ħ -(ħen)-en (ħen)

60 年

ħ -(ħen)-en -t -i (ħen)

120 年

ħenti

şe -t -ta

永久

エジプトの一週間は 10 日であったから三週間で一ヶ月、十二ヶ月で一年であった。又四ヶ月毎に三季節があった。それは氾濫期、冬、春である。
後に 5 日足りないことが分かり、閏(うるう)日として加えた。

光輝くおおいぬ座の α 星シリウス(エジプト語のセフデト)が日の出の前に東の地平線に観測される日を一月一日としたという。なおシリウスには 50 年で周回する衛星がありこの質量は 1cm^3 あたり 1 トン以上あることで有名である。

氾濫期、種蒔き期(1 ～ 4 月、現在の 7 ～ 10 月)axet 

成長期、冬期 (5 ～ 8 月、現在の 11 ～ 2 月) pert 

収穫期、春期 (9 ～ 12 月、現在の 3 ～ 6 月) šemut 

例

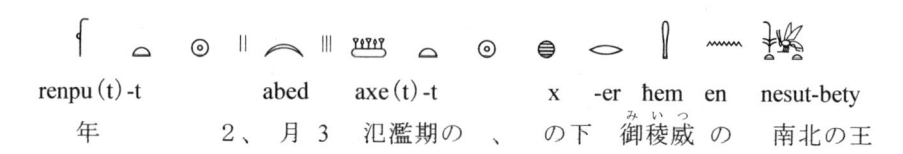

renpu (t) -t　abed　axe (t) -t　x　-er　ħem　en　nesut-bety

年　2、月 3　氾濫期の　、　の下　御稜威（みいつ）の　南北の王

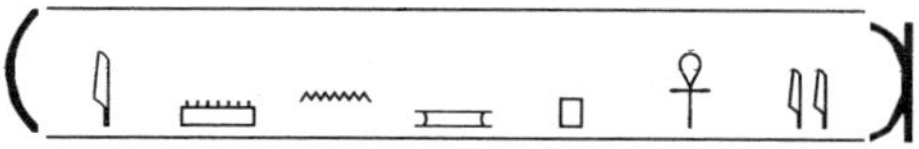

e　-me (n) -n　mer　pe　-‘anx　-i

アーメン・メリ・ピアンキ　(23 王朝第三代王)。

renpu (t) -t　tep　p (er) -er　-t　heru　x -er　ħem　en　nesut-bety

年　5、第一月　冬の、　日　5　の下　御稜威（みいつ）の　南北の王

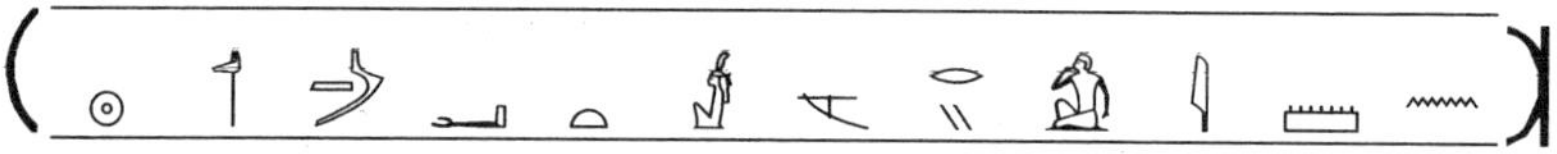

r‘a　-user -ma　-‘a　-t　m (er) -er-i　e　-me (n) -n

ラー・ウセル・マート　メリ　アーメン　(20 王朝ラムセス三世)。

月名は後世、コプト時代は次のように神名で呼ばれるようになった。

 → thoth

abed　axe (t) -t　　氾濫期の 1 月

 → paopi

abed　　氾濫期の 2 月

 → hathor

abed　　氾濫期の 3 月

 → xoiak

abed　　氾濫期の 4 月

時間・季節

⌒ | □ ◯ △ ⊙ → tobi
abed   p(er)-er -t   冬期の1月

⌒ ‖ → mexir
abed   冬期の2月

⌒ ⫶ → phamenoth
abed   冬期の3月

⌒ ‖‖ → pharmuthi
abed   冬期の4月

⌒ | □ 〰 △ ⊙ → paxon
abed   še -mu -t   収穫期の1月

⌒ ‖ → paoni
abed   収穫期の2月

⌒ ⫶ → epep
abed   収穫期の3月

⌒ ‖‖ → mesore
abed   収穫期の4月

年末の5日間は

⊙ ‖‖‖‖ ◎ ◯ ▭ 𓅓 { →
hru duau ħ(er)-er -(her) -u renpu(t)-t
日 五   の上の   年
（直訳すると、「年の上の五日」）

地平線のシリウス（『四季の星座』成美堂出版より）

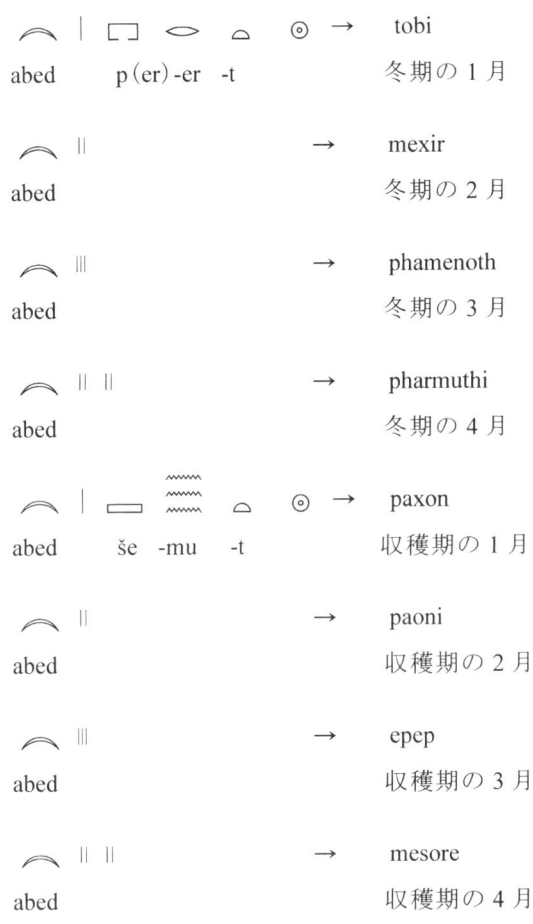

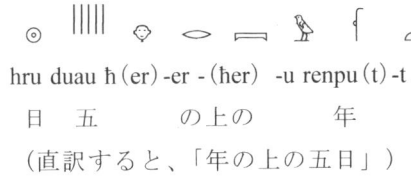

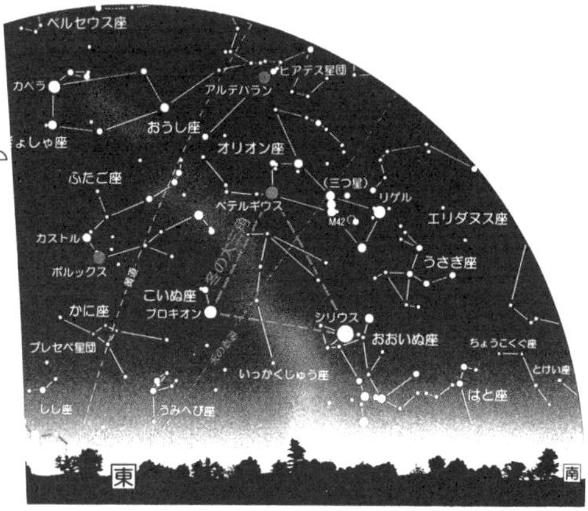

王の尊称

王には特に五つの肩書き、尊称が送られることとなっていた。即ちホルス名、ネブティ名、ヘル・ネブウ名、ネスウ・ビティ名、サーラー名である。

王は天の神、隼の化身と考えられ、隼(ħerus) にあやかる名が与えられた。それがホルス名である。王宮をかたどった枠の中に書かれる。(本書では枠省略)

ネスウ・ビティ名 は上エジプトのシンボルであるスト草と下エジプトのシンボルである蜂をもって全エジプトの王である事を示し、即位時に与えられた名である。サーラー名 は、王は太陽神ラーの息子である、と言う信仰に基づいた名で、誕生の時に付けられた。ネスウ・ビティ名同様、カルトゥーシュの楕円の中に囲まれて書かれる。

ネブティ名 は上エジプトの象徴である、禿鷹(mut) の神ネクベト女神、下エジプトの象徴であるコブラ(e'aret) の神ウワツェット女神に守られた者、を意味する。ヘル・ネブウ名 は黄金のホルス名とも呼ばれるものである。
以上の五王名が整うのは第18王朝以降のことである。

ここで第18王朝ラムセス二世の名を挙げて五王名について説明する。

ホルス名　ka -next　-mere -ma'at

ネブティ名 em　-'a　-k　kem -et　u　-'a　-f　-u　me -xas(t) -t

ヘル・ネブウ名 user rempu(t) -t　'aa　nex(t) -t

ネスウ・ビティ名　user-ma‘at　r‘a　step　-en　r‘a

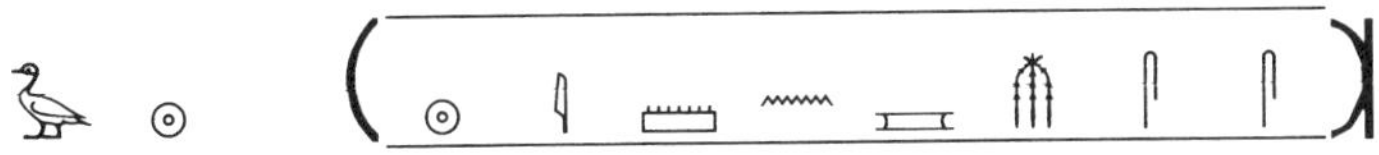

サーラー名　r‘a　e　-me (n) -n　mer　me (s) -se　-s

前述のアーメン・メリ・ピアンキもラムセス三世のものもネスウ・ビティ名を使っている。

同じく第 18 王朝であるが、100 年ほど前のトトメス三世の王名は

ホルス名　ka -next　-x‘a　-em　Was (t) -t

ネブティ名　wah- (ne) su -t　-i　-me　r‘a　em　p　-et - (pet)

ヘル・ネブウ名　sexem　-peħty　-şeser　-x‘a　-u

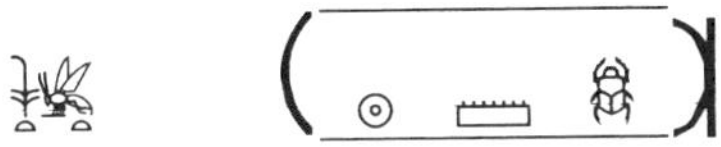

ネスウ・ビティ名　men　-xeper　r‘a

サーラー名　şeħw(ti) -t　-i　me (s) -s

şeħwti　はトト神。智慧学問の神で文字の発明者という。サーラー名でトトメスとなるが、彼がアッシリアの楔形文字で manahbiria　と呼ばれるのはネスウ・ビティ名の men-xeper-r‘a の訛ったもの。

Ⅲ　エジプト語文法

写真は有名なトゥトアンク・エーメン(ツタンカーメン)王の棺桶のマスクである。頭の上に禿鷹のネクベト女神とコブラのウワツェット女神を頂いている。上下エジプトの王の象徴であった。

動詞

セム語の動詞は三子音であることが多いが、エジプト語では二子音から五子音まで様々である。若干の例を挙げよう。(すべて完了形である。)

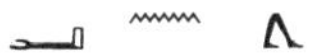

‘a -n

戻る(脚の逆向きは後世の書き方)

h -a

行く

‘a-ħ(-‘a) -‘a

立つ

ša- -‘a -d

切る

re -r(e) -em

泣く

ne -m -me -s

輝く

ne -ş ne -ş (neş)

会話する

ne -m -es -m -es

洪水する

動詞を文字の上から畳音動詞(最後の二つの子音が同一の物)、弱動詞(最後が-e,-u で終わる動詞)、強動詞(一般動詞)、不規則動詞(er-de, ere, ee, eu, ene)に分類するが余り気にしないでよい。エジプト語に限らず古代語は未完了と完了しか無かった。しかも碑文では殆どが完了形であった。(将来形は 7 分詞、参照)

1　動作形動詞(接尾辞活用)

動詞は動作を示す動作形動詞と状態を示す状態形動詞に分けられるが、まず、

動作形動詞現在形の活用を「聞いた」seşem 𓄔 𓅓 で並べると、

単数

一人称		𓄔 𓅓 𓀀	seşem-e
二人称	男	𓄔 𓅓 𓎡	seşem-k
	女	𓄔 𓅓 𓏏	seşem-t
三人称	男	𓄔 𓅓 𓆑	seşem-f
	女	𓄔 𓅓 𓋴	seşem-s

複数

一人称	𓄔 𓅓 𓈖 𓏥	seşem-en
二人称	𓄔 𓅓 𓏏 𓈖 𓏥	seşem-ten
三人称	𓄔 𓅓 𓋴 𓈖 𓏥	seşem-sen

2 状態形動詞

① 完了 en の消失

エジプト語の完了形は初め、古エジプト語の時代の公式文書では -en を挟み seşem-en-ef　彼が聞いた、であったが、中期エジプト語時代以降になると、seşem-ef　彼が聞いた、となった。つまり en が消失したのである。例えば

𓆓	𓂧	𓇋	𓈖	𓇏	𓏏	𓇌	𓀀	𓊪	𓈖
şe	-d	-e	-n	sex	-t	-i		p	-en
言った				農夫は				この。	

 . 私は要望した

se -še(d) -d -en -e

 私は埋めた

q -re -s (qeres) -en -e

 私は見た

ma (a) -a -en -e

但し後世は、

 私は見た

maa -e

 私は祈りを捧げた

s -(sem) -em -i -u -e

 私は調べた

se -m (e) -e -e

 私は開いた

un -n -(un) -e

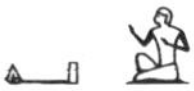 私は～させた

da -e

 私は生んだ

met -t -er -u -e

 私は生きた

‘a (nx) -n -x -e

 私は罪を犯した

xe -b -en -t -e

 私は食べた

un (em) -em -e

 私は計画した

de -g -a -e

 私は得た

se -x -em - (sexem) -e

 私は引き倒した

e -t -ħ -u -e

② 能格での完了

エジプト語には他の古代語同様、能格 (ergative) を使う文章表現方法があり、この方法による完了形がある。

英語で

On him, (he is) in good condition.

In his health, it is fine.　　　　と言う場合、

前者は副詞文、後者は形容詞文であるが、 him, his health は共に能格と呼ばれる。エジプト語でもこの能格表現はかなり多く使用されている。

eu-f ħer seşem　　彼はといえば、聞いた状態にある　(ħer : の中に)

eu-f ħer tem seşem .. 彼はといえば、聞いていなかった状態にある

ここでは eu-f がその能格に当たり、副詞文であるから状態形副詞文といえる。

動詞文の場合では

eu-f seşem-u　　彼はと言えば、彼は聞いていたのだ。

これは状態形動詞文という。すなわち動作の結果が今にも残っている状態を示す。ここで -u は接尾代名詞三人称だが、以下のように特別な状態活用をする。

動　詞

初期エジプト語動詞過去の基礎活用

数	人称	接尾辞活用	状態活用(stative)	参考
	1	seşem.e	(eu.e) seşem.kue	不定法
		「私は聞いた」	「私は聞かされていた」	seşem
単	2m	seşem.ek	(eu.k) seşem.te	「聞く」
	2f	seşem.et	(eu.t) seşem.te	
数	3m 代	seşem.ef	(eu.f) seşem.u	分詞
	3m 名	seşem remet	(NP) seşem.u	seşem
	3f 代	seşem.es	(eu.s) seşem.te	「聞く人」
	3f 名	seşem ħimet	(NP) seşem.te	
	1	seşem.ne		
双	2	seşem.tene		
数	3m	seşem.sene	(eu.sene/NP) seşem.ue	
	3f	seşem.sene	(eu.sene/NP) seşem.te	
	1	seşem.en	(eu.n) seşem.win	
	2	seşem.ten	(eu.ten) seşem.teuni	
複	3m 代	seşem.sen	(eu.sen) seşem.u	
数	3m 名	seşem remet.u	(NP) seşem.u	
	3f 代	seşem.sen	(eu.sen) seşem.te	
	3f 名	seşem.sen	(NP) seşem.te	

代は代名詞、名は名詞、NP は、名詞句、 remet は、男性、 ħimet は、女性の意味。

動作の結果としての状態を示す動詞の活用を 知る、 rex で示すと

単数

一人称  rex-kue

二人称  rex-te

三人称 男  rex-u

女  rex-te

複数

一人称  rex-win

二人称  rex-teuni

三人称 男  rex-u

女  rex-te

動作形動詞でも終わった後の状況を示す場合は状態形の変化をする。
例えば

x -en (xen) -k -u -e er eu en k(em)-em -ur

休んだ 私は で 島 の ケム・ウル。

しかし、次の場合は「浄められて、浄い状態にある」事を意味する。

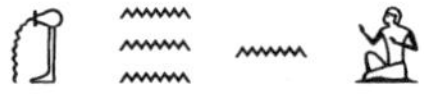 私は浄めた。

w‘ab -en -e

 私は浄い。

w‘ab -k -u -e

願望を状態形(三人称)で示す事がある。

‘a-a -per ‘anx-u uşa-u seneb-u

ファラオは 生きよ、栄えよ、健康であれ

こうして、「彼は聞いた」と言う文は三つになった。

seşem-ef　　　　　彼は聞いた

eu-f　seşem-u　　　彼についていえば、彼は聞いていた

eu-f　ħer　seşem　. 彼についていえば、聞いた状態にある

この一番目と二番目の言い方は　er-ef　seşem　彼は聞いていた、に改められた。（この場合 er- も eu- 同様、～については、の意味である。）

なお三番目は未完了形と解釈されるにいった。

又 ne seşem-en-ef　彼は聞いていなかった、は中期エジプト語時代になると、bu　er-ef　seşem　となった。

3　未完了形 

動詞の不定詞の前に ħer  がつくと、動詞の進行形を示す。英語の being to do

に当たる。文法的には　ħer  ＋不定詞、は副詞句を構成するので、全文は副詞文と呼ばれる。文頭に eu- と付くことが多いが、文頭に eu- が付くと、普通文の従属節になり、又 unen- 存在する、が付くと未来形に訳す場合が多い。

su　ħer　seşem　＝　he（is）being to hear.

と言う副詞句の形は進行形に訳すが、ここで su　は従属代名詞三人称である。つまり、彼は聞いた状態にある、と言うことで未完了を示している。

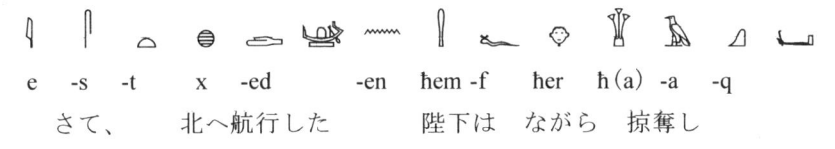

e　-s　-t　x　-ed　-en　ħem -f　ħer　ħ(a)　-a　-q

さて、　北へ航行した　陛下は　ながら　掠奪し

d　-m(e)　-e　-u

村々を。

ħem -f　陛下、は本来「彼の威厳」の意味。

e -u s -en ħer e -fe -d em ge -b -ge -b -i -t

について は 彼ら、(いる) 逃げて して ひれ伏すように。

u(n) -ne -n -ku ħer er -de -t de -t -u ne -f ‘aq -u

よって 汝に、 させるように 与え に 彼 食料を。

～ように、は助動詞のようではあるが、unen-ku は、汝の存在によって、の意味であるから能格と理解すべきである。

4 受動態

従来、動詞が他動詞の場合、受け身に訳すのが普通である。

例えば seşem-ef の形で

setep-e 私は選ばれた。

setep-u 彼は選ばれた。

en x -ef -‘a -e e -n šu

なかった 捕らえられ 私は によって シュ神。

はじめ seşem-en-ef 彼が聞いた、に完了を強調すべく -tu を加えて

seşem-en-tu-f 彼は聞かされていた、 を作った。

これは、後に en- が落ちて seşem-tu-f となるのだが、 seşem-ef との違いが不明確となり、遂に tu- は不定代名詞 tu 人、と誤解されるに至る。

即ち、聞かされる、という受け身にするには「聞く」という動詞の後に tu(不定代名詞、人に)を加える、と解釈されたのである。

me -s　-en　-tu　-e

産まれた　私は。

şe　-d　-tu　ne　-f　er　p　-en

言われた　彼に　言葉は　この。

seşem　-tu　-e

聞かされた　私は(人から)

5 使役動詞

動詞の語頭に s- をつけて使役を表す。コプト語も同様である。

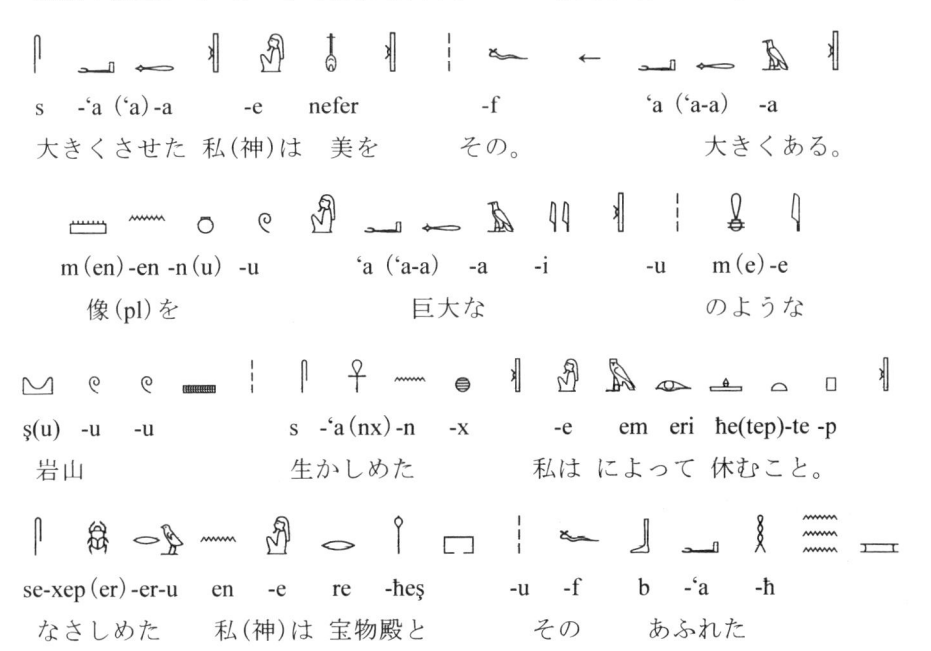

s　-‘a (‘a)-a　-e　nefer　-f　‘a (‘a-a)　-a

大きくさせた 私(神)は　美を　その。　大きくある。

m(en)-en -n(u)　-u　‘a (‘a-a)　-a　-i　-u　m(e)-e

像(pl)を　巨大な　のような

ş(u)　-u　-u　s　-‘a(nx)-n　-x　-e　em　eri　ħe(tep)-te -p

岩山　生かしめた　私は によって 休むこと。

se-xep(er)-er-u　en　-e　re　-ħeş　-u　-f　b　-‘a　-ħ

なさしめた　私(神)は 宝物殿と　その　あふれた

em　x　-et　　　　　ta　　neb　　　　‘a(nx)　-n　-x

で　　物　　　　　　国を　全ての。　　　　生きる。

但し w‘ab 綺麗である、は w が落ちて s‘ab 綺麗にする、となる。

6 不定法

動詞の名詞化されたものを不定詞という。但し普通、原型のまま不定詞となる。若干のものは女性語尾 -t を付ける。英語の to do に当たる。

不定詞は単独で主語、あるいは動詞の目的語として用いられるものである。

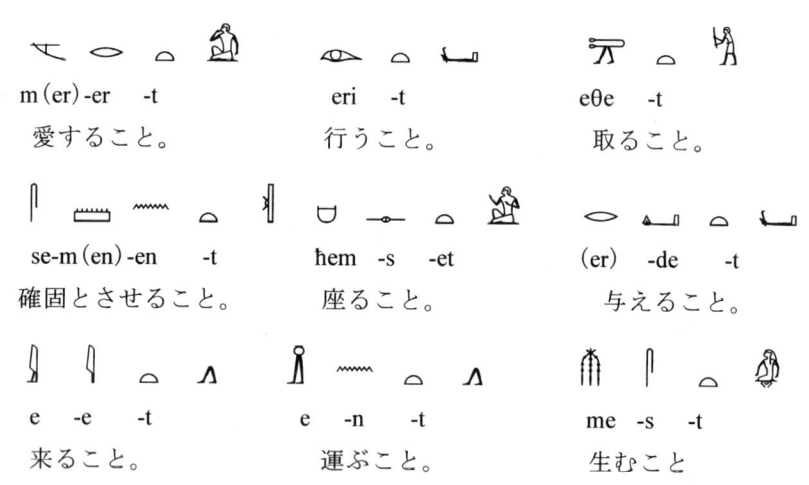

u-(u)ş　ħem　-f　　s　-‘aħ(‘a)-‘a　u-(u)ş　　　p　-en

命じた　陛下は　建てさせることを 石碑を　　　この。

女性名詞となる不定詞の例

m(er)-er　-t　　　　eri　-t　　　　eθe　-t

愛すること。　　　　行うこと。　　　　取ること。

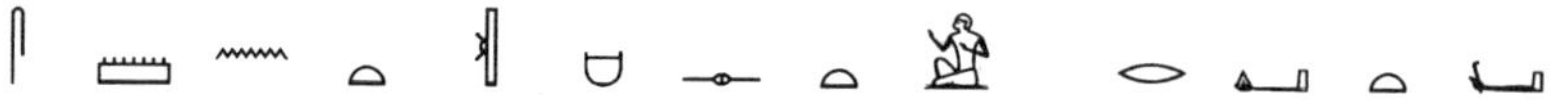

se-m(en)-en　-t　　ħem　-s　-et　　　(er)　-de　-t

確固とさせること。　座ること。　　　　与えること。

e　-e　-t　　　　e　-n　-t　　　　me　-s　-t

来ること。　　　　運ぶこと。　　　　生むこと

er-det は er が落ちる事もある。

　　これらは d, t に同化している。

x　-ed　　　　　　　xe(nt)-n　-t

北へ航行する。　　　南へ航行する。

一般に女性語尾は中エジプト語以降、だんだん発音されなくなる。

例えば　xeper  は「ある」又は「〜になる」とかの動詞であると共に、「なった所の物」をも指している。

xeper　が色々に使われた例

xep(er)-er　-u　-ku　-e　　em　xep(er)-er　-u　　en

変わった　私は　　に　姿　　の

xeper　-e　　xep(er)-er　　em　sep　te(p)-pi

神ケペル　現れた所の　　に　第一番目。

不定詞が前置詞 ħer の後に付くと進行形を表すことは「未完了形」参照。

前置詞＋不定詞でなく、状態形動詞だけの場合もある。

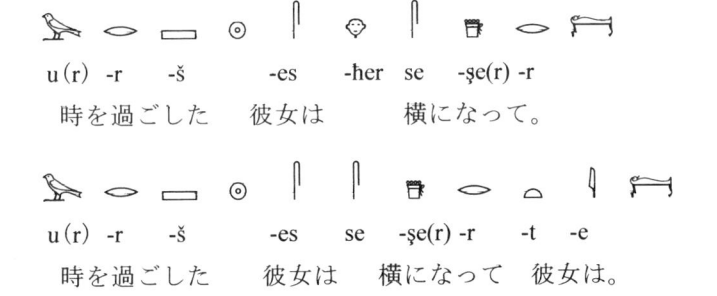

u(r)　-r　-š　　-es　-ħer　se　-şe(r)　-r

時を過ごした　彼女は　　横になって。

u(r)　-r　-š　　-es　se　-şe(r)　-r　-t　-e

時を過ごした　彼女は　横になって　彼女は。

7　分詞

これも動詞から出た名詞の事だが、英語で言うと ～ is doing. に当たる。
勿論受動態では　～ is being done. となる。

例えば、  は年取った、と年老いた人、の意味がある。

e　-a　-u

この年老いた人、つまり、老人はここでは能動分詞である。
完了形か未完了形かを区別するのは普通意外に難しい。前後の文章から判断することとなるが、畳音のある場合は未完了と考えて良い。

未完了

能動

 見る(事)

m(aa)-a　- a

 なす(事)

er　-er

 愛する(事)

me(r)-r　-er

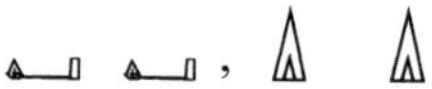 与える(もの)

da　-da

受動

 見られる(事)

m(aa)-a　- a　-u

 なされる(事)

er　-er　-u

 愛される(事)

me(r)-r

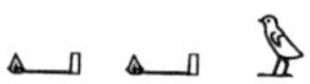 与えられる(もの)

da　-da　-u

完了

 見た(もの)

m(a)a-a

 なした(事)

er

 なされた(事)

er　-i

 愛した(もの)　　 愛された(もの)

me(r)-r　　me(r)-r　-i

 与えた(もの)　　 与えられた(もの)

(er)　-de　　d　-i

将来

 見るだろう(事)

m(aa)-a　- a　-t　-i

 与えるだろう(もの)

(er)　-de　-t　-i

即ち受動形の未完了は -u、完了は -i　を付けるが、能動形の将来は -ti　を付ける。

er　-er　-ti　e　-a　-u　en　re　-θ　b　-e　-n

なすだろう事は　老人が　に対し　人々　悪い

em　x　-et　neb　-et

に　事　全ての。

 は erit と読めば、なされた事、である。

er　-en　-e　me(r)　-r　-er　-ti　re　-θ　ħ -(ħes) -es　-se　-ti　neθer-u

なした　私は　望む事を　人々が、　称賛する事を　神々が。

前置詞

	en	～に向かって、～のため
	em	～から、～の中に、～の時
	er, eu	～まで、～に対して、～によって
	ħer	～の上に、～のために、～において
	tep	～の上に
	xer	～の下に、～を運んで
	xer	～から、～の間に
	m‘a	～の手中に、～によって
	ħen‘a	～とともに
	em-tu	～とともに
	xeft	～の前に、～の時
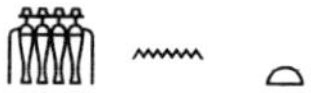	xent	～の正面に、～をリードして
	ħa	～の後ろに
	me	～のように、～に従って
	şer	～以来、～やいなや
	emi	～の間に

前置詞

eri	～と関係する、中にある
em-baħ	～の前で
er-ħat	～の前で
em-sa	～の後ろに
em-‘abu	～の反対に
em-xem	～無しでは
em-xet	～の後で
em-qed	～の回りに
er-‘aq	～とは反対に
er-ges	～の側に
er-ša‘a	～まで
ħer-eb	～の中に
er-ħer-sa	～の後

アテン神とアクエンアテン一家

前置詞の例

passe̦(t)-t　em　h　-en　-n(u)　-u　en

ヘリオポリスの九神は　に(ある)　称賛の中　によって

u　-b -(uben) -en　-k

出現　貴男の。

ta　em　š　-er　-tu　-(šert)　en　maa　se(t)　-te　-t　-k

大地は　に(ある)　喜びの中　て　眺め　光を　貴男の。

u　-b(uben)　en -ef　em　axe(t)-t　ea　-b　-te　-t　en　-t　pe　-t

昇った　彼は　から　地平線　東の　に　天。

maa　en　-e　Ħeru　em　e　-r　-i　ħ(em)-em　-u

見る　私は　ホルス神を　と　監督者　船舵の。

n　-en　x　-en　-d　-e　ħ(er)-er　-f　em　te　-b　-t　-e

ない　歩か　私は　上を　その　で　サンダル　私の。

（ヘリオポリスの九神とは、ヘリオポリス神話で世界創造に拘わったのはアテム、シュウ、オシリスなど九人の神であったということ。）

(ヌン)---アテム ─┬ シュウ ─┬ ゲブ ─┬ オシリス ─ (ホルス)
(太陽神)　　　　　│ ‖　　　　│ ‖　　　├ イシス
　　　　　　　　　└ テフネト └ ヌト　├ セト
　　　　　　　　　　　　　　　　　　　└ ネプチュス

（創造神アテンはラーから太陽神の性格も貰ったと言う。）

e -u -f š(em)-em -i em -sa na -i -f

こそは 彼 続いた 後ろに 彼の

e -a -u -t er sexet

家畜の で 野原。

‘a-ħ(-‘a) -‘a di er ħeş -ta u（n） -n pa

立ち上がって、 待て まで 夜明け くる

e -te -n ħer （u -b） ub（en） -en

アテン神（太陽）が 昇って。

en -te -k seşem -et er （‘anx） ‘anxui -k

貴男は 聞いた で 両耳 貴男の。

‘a-ħ(-‘a) -‘a ‘aħ(a)-a -en -ef ħ(er)-er -s

そこで、 戦った 彼は ために その。

‘a-ħ-‘a は普通、立ち上がる、と言う意味だが、ここではそこで、そして、すると、など接続詞の意味で使われている。

耳は、messer, eden, ‘anx 等あるが両耳と言う時は ‘anx の双数 ‘anxui が用いられる。そこで  を二つ書いている。

e -(e)r g -er -t re -x re pe -n

もし　今　知られていたら 文章が　この、

se -ma -'a xer(u)-u -f pu tep ta em xert-neθer

鎮めた(だろう) 騒ぎを　彼の これは 上も 地の、 でも　地下。

e -(p)-(u)p -u -t -i en pa ser en

使者は　の　王子　の

be -x -t -en e -u x -er e(nu)-nu

ベクテン　やって来た　を持って　贈り物

'aša -t -u en ħem -t su -t -en

沢山の　の所へ　女王。

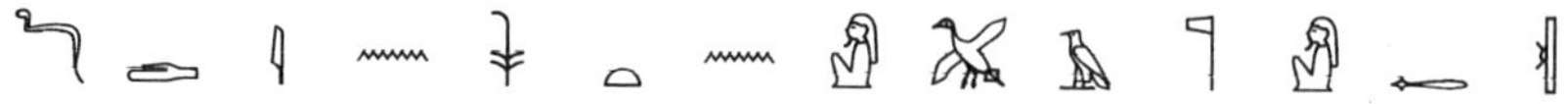

şe -d e -(e)n su -t -en p(a) -a neθer 'a-a

と語った　そこで　王は　「神は　偉大な

x -er ser -u ħa(t) -u -t -i

共に(いた)　王子達や　首長達と」。

ベクテンの王子の使者は---　動詞文でこのように主格が動詞の前に来ることは珍しい。

x -er ħem en ne-su-t be-ty e -s -se ʻanxu

のもと 御稜威（みいつ） の 南北の王 エッセ、 人生(あれ)

şe -(t) -ta er ne -(neħ) -ħe -ħ

永遠 (また)に 永遠。

(なお、下のように  はしばしば国王の名と共に用いられる。)

ʻa-a -per ʻanxu uşau senebu

ファラオは 生きよ、繁栄せよ、健康であれ。

e -u -f er ħem -s ħe -n -ʻa ta -i -f

については 彼、 ながら 座り と共に 彼の

ħem -t em -t -u -f s -u(r) -r -e

妻 (そして) 彼は 飲んだ。

debe(n) -n -k pe -t ħe -n -ʻa rʻa

巡り 貴男は 天を と共に ラー神、

m(aa) -a -a -k re -x -i -t -(rexit)

見る 貴男は 国民を。

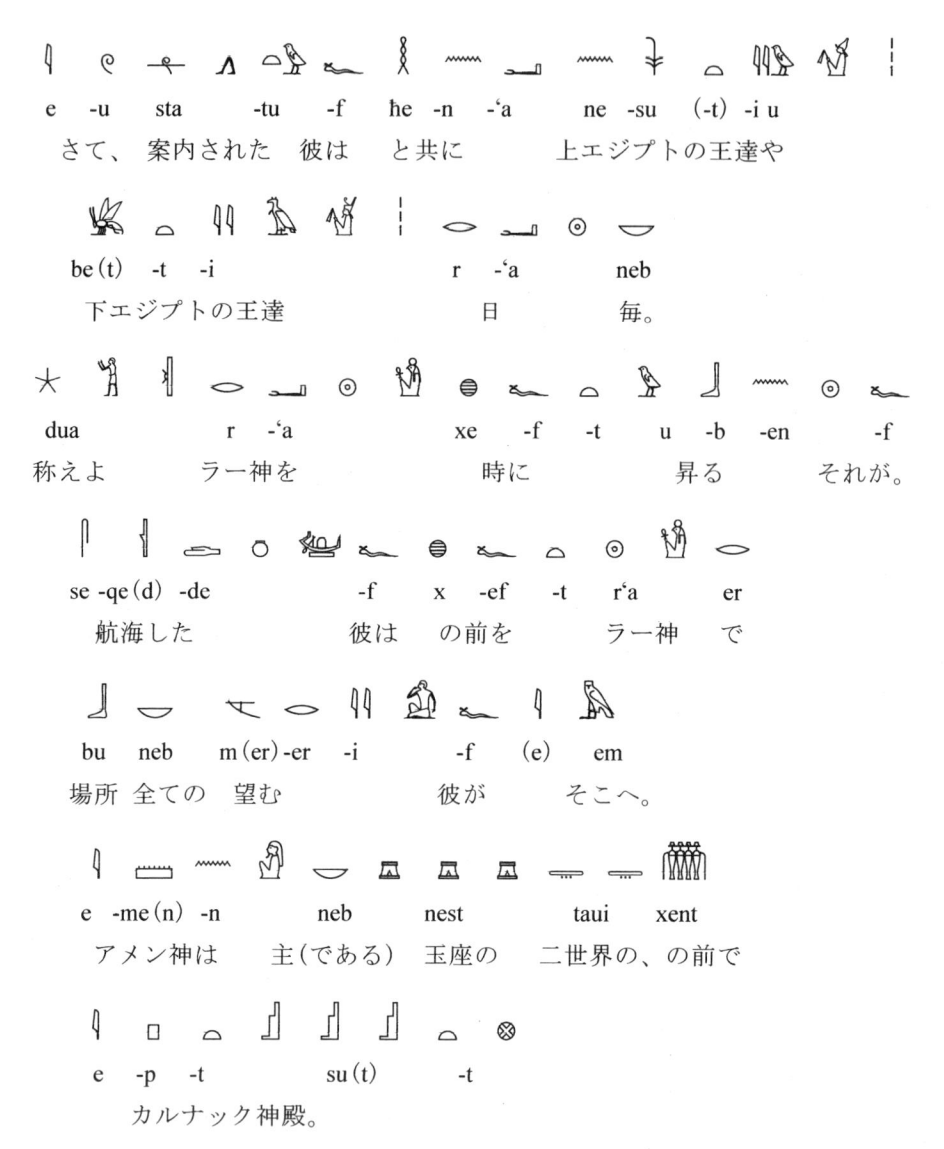

e -u sta -tu -f ḥe -n -‘a ne -su (-t) -i u

さて、 案内された 彼は と共に 上エジプトの王達や

be(t) -t -i r -‘a neb

下エジプトの王達 日 毎。

dua r -‘a xe -f -t u -b -en -f

称えよ ラー神を 時に 昇る それが。

se -qe(d) -de -f x -ef -t r‘a er

航海した 彼は の前を ラー神 で

bu neb m(er)-er -i -f (e) em

場所 全ての 望む 彼が そこへ。

e -me(n) -n neb nest taui xent

アメン神は 主(である) 玉座の 二世界の、の前で

e -p -t su(t) -t

カルナック神殿。

玉座は沢山だが、世界は上下エジプトの二つである。

pex (er) -er　en　-e　ħ　-a　su　-ħe　-t　-f

回った　私は　の後ろに　卵　彼の。

d　-er　te　-n　ş(u)　-u　neb

取り去れ　貴男は　悪を　全ての

(e)　er　-i　(eri)　-e

関係する　私に。

s (u)　-u　u　-‘a　-r　er　ħa(t)　-t　ħem　-f

彼は　逃げ出した　の前を　権威者　彼の

ş(e) -er　seş(em)-em -f

時　(それを)聞いた　彼が。

de　-g　-a　-e　sen　-t　-r　-e　(sentr)

植えた　私は　香木を

em　pa　-i　-k　se　-xe　-t (sexet)

に　貴男の　畑、(しかし)

pexer-en-e　私は回った、と dega-e　私は植える、と出てくるが、-en があるのは公式文書。

bu pe -t -r -e -(tre) u ‘a -n ş(e) -er
なかった　見られ　それらが　戻るようには　にまで

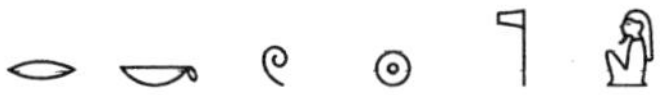

re -k -u neθer
の時代　神代。

e -ne -ş -(eneş) ħer -ek em -i -(emi) em
敬意！　に　貴男　中にいる　の

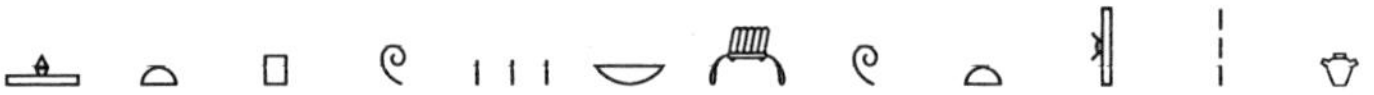

ħe(tep)-te -p -u neb a(u) -u -t eb
平安　（そして）　主に　歓喜する　心が。

x(‘a)-‘a t -e em neb şa -şa -u em
戴冠された　貴男は　として　主　タッツの　（又）　として

ħeqa em -i -(emi) a(b) -b -ş -u
王子　住む　アビドスに。

‘an　戻る、は元来　‘anen　だが畳音していない。

eneş　ħer は「～に万歳！」の意味。

x‘a-te　は　状態活用で、「貴男は戴冠された、そして今に続いている」の意味。

前置詞

s -fe -x -en -e e -s -fe -t

追放した 私は 不正を

e -r -et -θ -en

中にある 貴男の。

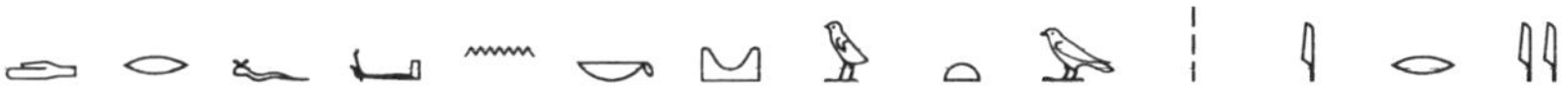

d -er -f ne -k ş -u -t e -r -i

追い出した 彼は のため 貴男 悪を の中にある

ħ -‘a -u -k em a(x) -x -u tep -re -f

身体 貴男の で 力 発言の 彼の。

e -t -u -r -f er se -ş(e) -er

来た 彼は ため 横たわる

x(e) -er -i pa ‘a -š

の下に 杉の木。

nu -k ka em xe(nti)-n -t -i sexet

私は 雄牛である の 先頭に立つ 野原で。

sfex-en-e 私は追放した、ではまだ-en が残っている。

da -u(n)-ne -f ħeq -e k(em) -em -et de -š(e) -er -t

あらしめた 彼は 支配を エジプトの、 （又） 砂漠も

em es(u) -u e -r -i

として 報酬 それ故。

tu -t e -n fa -‘a em ‘a -q

姿が(ある) の ファア神 に 中央

ħa(t) -t -i -f

胸の 彼の。

e -u up -(up -p) -u ne -f (u)se(t)-t -f em

さて、 分けた 彼は 彼のため 王座を 彼の に

‘a-bu -(‘ab) seba -u

反対側 星々の。

daun-ef　彼が～であるべく成した、の意味。

ファア神はファイア神とも言う。荷運びの神様。

eu　up-u　彼は分けた、の状態活用だが、厳密には eu-f　up-u　であろう。

k -i sa emi -(em -i) -t w‘ab -u em -waħ ħer sa xemt

もう 一班(がある) 間に 清浄司祭の 加えて に 班 第三。

‘ah(‘a) -‘a -en s -en se -f -t em -baħ neθer-u

そこで、 彼らは 殺された の前で 神々。

em me -te -t em -t -u -k e -en -k

同じように、 とともに 貴男 来る (貴男は)

er sexe(t) -t x(e) -er -i p(er) -er -t -u

に 野原 を持って 木の実。

en m -et en -ef em uħ(em)-em

ない 死な 彼は と 二度(繰り返し)。

eb -k ne -h(e)-em e -‘a -r -t -i

心は 貴男の 喜ぶ (そして) ウラエウス(聖蛇女神)が

x(‘a) -‘a -θ em -ħa(t) -te -k

立ち上がる の前に 貴男。

‘ah(‘a) -‘a -en 話題を起こすが、の意味。

emtu-k 貴男とともに。 en 運んでくる。 met は mut だと言う意見もある。

e -u ħu -t neθer -ef em ħ(er) -er s -et

について は 神殿 彼の に(ある) の上 大地。

eu ne -bi -na -i -te -t em ħ(er) eb waş -ur

島は キプロスの に(ある) の中 緑の 大きな(海)。

wa(ħ) -ħ ka -f en eri -t -e em x -em -(en) -f

彼が置いたので 魂を 彼の (私に)、ない 働か 私は 無しでは 彼。

(u)se(t)-t -f em x(en)-en -n(u) -u ke -k -i -u

王座は 彼の に(ある) の中 闇。

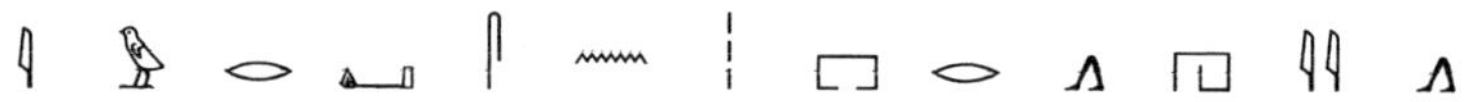

e -u er -da s -en p(er) -er h -i

さて、 許せよ 彼らに 出てくる事を 進んで

em x(e) -er ħ -(ħ)e(s) -s -u en -t use(t)-eri

に の中 寵愛した者 の オシリス。

nebinaitet　がなぜキプロス島を表すかは不明である。

waş-ur　緑の大海、だが海は省略されている。

「彼は置いたので---」は前後関係からの判断である。

use-ri　でオシリスを表す。 user　で書いても良い。言うまでもなくオシリス神は冥界の王で豊饒の神。

前置詞

e -u -f ‘a(q) -q -f em (xet) xe -t

について は 彼、入った 彼は に の後

p(er) -er -t neθer x(er)-er -t en -t

出発 冥界からの による

emen(t) -te -t ne(fer)-f -er -t

西(アメンテト)の 美人（神）。

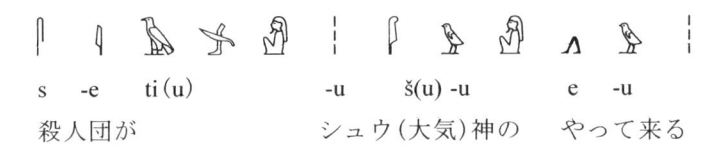

s -e ti(u) -u š(u) -u e -u

殺人団が シュウ(大気)神の やって来る

em sa -k er ħe -s -q tep -k

から 背中 貴男の ため 切り落とす 頭を 貴男の。

qed -e se -b -t -i em qe(d)-d -s

建てた 私は 壁を に 回り その(f)。

u(n) -ne -n b -es ‘aša -t em qe(d) -d -et -f neb

ある（だろう） 火炎が 沢山の には 回り その(m)全て。

西美人はハトホル女神。neθer xert は xert neθer と読む。冥界、墓地のことで、直訳すれば、神の事柄。一字で  とも書く。

er -i -(eri) n -ef me -te -t em x -et -(xet)

せよ　彼に　同じ事を　に　の後

me -n -e -(mene) -f em şeba -u e -r

死　彼の、として　報復　事の

er -i -(eri) en -ef n -e

なした　彼が　私に。

n -en re -x -ef ş(a) -a -i er pa en -t -i

ないだろう　知ら　彼は　渡り方を　までの　（いた）場所

pa -i -f sen šere e -m em ş(er) -er n -en

彼の　弟の　下の、そこには　に　ため　いた

me -se -ħ -u

鰐が。

雀  šere　は、小さい、弱い、悪い、等の意味を持つが、燕  ur　は大きい、強い、等の意味を持つ。よく似ているが意味は逆なので注意を要する。

n-en　は未来形の打ち消し。

e -u p(a) -a t u -t en p(a) -a su -t

と言えば 彫像 の 王

-en ‘aħ(‘a)-‘a ħer p(a) -a -i -f uş -u (uş)

立って(いた) の中に 彼の 石碑、(そして)

e -u p(a) -a -i -f θe -s -em -u er

こそ 彼の グレイハウンド犬 に(いた)

e(u) -u -d re -d -u -f

の間 脚 彼の。

da -k n -e se(t) -t em xert-neθer er ges

許せ 貴男は 私に 座席を の 下界 に の側

ne(b)-b ma -‘a -t

あらゆる 「正義」。

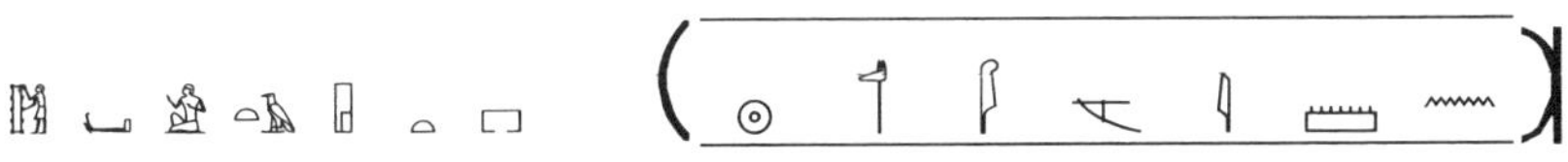

qed -e ta ħu -t R‘a usr ma‘at meri e -m(e) -en

建てた 私は の家を ウスル・マート・ラー・メリ・アーメン(ラムセス三世)。

ラー R‘a も神、王同様に文字を文頭に出す。

s -me -n　　　ħe -te -p　　　-u -e　ma -‘a -u

確実とさせる事は　　供物を　　　私の、　よる

en　ka -e　s -me -n　　　em　e -me -n -i -t

に　私のカー(霊) 確固にされた　　よって　　毎日の奉仕に

er　š(a)　-a　-‘a　　ne(ħ) -ħe -ħ

に　　まで　　　　永遠。

s -et　　u -ş(a) -a　　s -et　　(x) xu(i) -i

彼らは　　安全である、　　彼らは　　保護され、

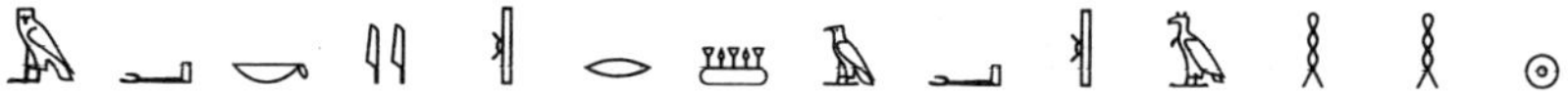

m -‘a -k -i　　er　š(a)　-a　-‘a　　ne(ħ)-ħe -ħ

守られている　　　に　　まで　　　　永遠。

ħ -‘a　　　er -ek　ħer eb　u -e　-a　-k

喜び(あり)　　貴男に　　の中の　　船　　　貴男の、

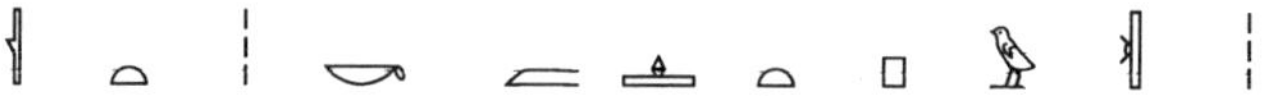

qe(t) -t　　-k　em　ħe -te　-p -u

船頭達は　　貴男の　に　　満足 (ある)。

e -(eneş) -ne -ş　ħer -ek　r -‘a　　　neb　ma -‘a -t

敬意！　　に 貴男、ラー神、　　支配者　正義の、

e -me -n ka -r -e -f neb neθer -u

隠れた者 聖堂に その、 支配者 神々の。

‘ah (‘a) -‘a en un (un) -en s -en ħer -‘a

そこで、 (戸を)開いた 彼らは 直ちに。

e -u -f ħer ħe -t (em) -em (ħetem) em -baħ e -pi -tu -f

こそ 彼 (いた) 滅ぼされて の前に 計算(判決) 彼の、

ħer -baħ q -en -(nu) -u -f

の前 不幸 彼の。

eri -en θ -u en -en ħer m -‘a me (s) -s -t

なした 貴男が これを によって 仕上げること(誕生)

ş -u -(şu) em nebu er a (u) -u -f

山の の 金箔 を すべて その。

s -qe -be -b -e ħer x (e) -er -u ne -he -t -e

涼ましめよ 私を で の下 鈴掛の木 私の。

eri-en θu 貴男がなした、は従属する副詞文を受けるため、従属代名詞。

s-qebeb 涼ませる(使役)。

em -em -e ta -u en da -da se -n

求めた　私は　パンを　の　供物　彼らの。

e -(e)r ħer -sa eri -e er -u nu tep-renpit -ħept

に　後　なした 私が　儀式を　の　新年祭

u -d -en -(uden)-e en e -t neθer e -me -n

奉納した(所の)　私が　に　父　アメン神、

ħ -u(n -n) -n(u) -u ne(fer)-f -er xep(er)-er -u

少年が　美しい　やって来た

er per -e ş(er) -er -ʻa

に　家 私の　すぐに。

en se -p (sep) eri -t ea(t)-t t -en ş(er) -er baħ

なかった 決して　作られ　役職は　この　以前は。

er(u) -u en s -en ħe-şe e -me -n

なしていた　彼らは　悪事を　こっそり

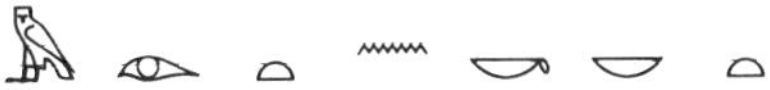

em eri -t ne -k neb -t

では 仕事 に対し 貴男 全て。

e -u -f ne(θer)-t -er (ter) -i em-m -‘a e -q -er -u

こそは 彼 神聖で(ある) 中でも 完全な者達の。

em -t -u -f en na -i -f e -a -u -t

彼は 連れてきた 彼の 家畜を

er -ħa(t) -t -f er da -t se -ş(er) -er -u em

前に その人の ため させる 横たわ に

pa -i -s -en e -ha -i -t

それらの 小屋。

şe -d tu ne -f re p -en

語られた に 彼 言葉は この。

şe -d tu re p -en e -n -s

語られた 言葉は この によって 男。

 da-t ～させる(使役の動詞)。前頁 eru nu tep-renpit-ħept の nu ～の、は男性複数であるが、中王国以降は男性単数 en と同じになる。

şed tu 語られた、tu は自動詞の受け身を示す。

接続詞・疑問詞・否定詞

主な接続詞、小詞(疑問詞・否定詞など)は以下の通り。

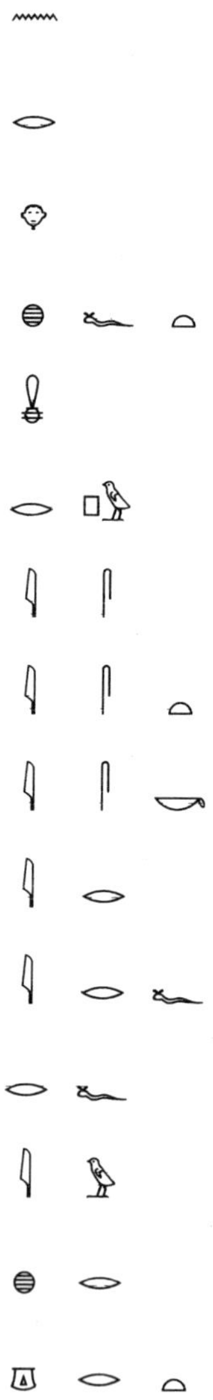

en	〜の原因で
er	〜ため、〜ならば
ḥer	なぜなら
xeft	〜の時
me	〜のように
re-pu	又は
es	〜の時
est	〜の時
esk	〜の時
er	それ故、今や(文の強調)
erf	それ故、今や(文の強調)
erf	それ故、今や(文の強調)
eu	今や、さて
xer	今や、さて
gert	しかし更に

	en	～か？
	ex	何？、そうすれば（命令文のあと）
	nim‘a	誰？
	ešeset	何、誰？
	tennu	どこの、どこから？
	ten	どこで
	peti	何？
	petre	
	en	～しない
	nen	～しないだろう（未来）
	en-sep	決して～ない
	bu	～しない
	ben	～しない
	tem	～しない
	em	～するな（命令）

例

e -u -t -u ħem -s her ne -b -d se -t

と言えば 貴男は、 座っていた ながら 髪を梳かし 彼女の。

e -r re -x meşa(t) -t t -en ħer tep -ta

ならば 知られている 本が この で 地上、

e -u -f eri em sexa -u ħer qe -re -s

こそは 彼 なした ことを 書く の上に 包帯。

şe -d en s -en e -n ħem -f

尋ねた に 彼ら におかれては 陛下(彼の威厳)

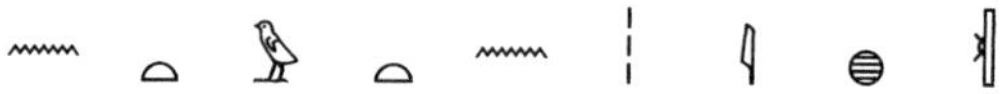

en -t -u -t -en e -x

「汝らは 何者か」と。

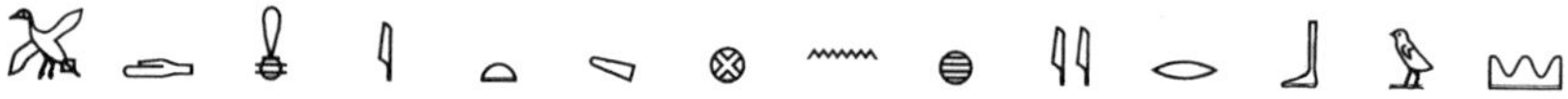

pa de -m(e) -e -t en x -i -re -b -u

町は の アレッポ

em me -te -t m(e)-e e -x

には 外観的 よう(であるか) 何の。

em sexa 文書を書くこと、古くは em seš 。 ħem-f 彼の威厳「陛下」の意味。

n -i m -‘a t -re -(tre) -tu en -te -k

では、 誰を 尊敬するか 貴男は (貴男は)。

n -i m -‘a en -t -i ħ -en -‘a -k

では、 誰か いるのは と共に 貴男。

e -še(s) -se -t pu ax pu -i š -em

何で あるか 霊は 所の 働く

ħer xa -t -f

の中で 腹 彼の。

e -še(s) -se -t pu xep(er)-er -t se -t em

何が 起こったか 彼らに の

me(s) -su nu -t

子供達 ヌート(空女神)の。

e -še(s) -se -t pu ‘aħ(‘a)-‘a -u em ‘a -n -x

どれだけ であるか 期間は での 人生。

pu が動詞として使われている事に注意。

er -da ne -k unem -k t -en

与えるか　貴男に　食物は　貴男の　どこで。

e -u -k t -en -n (u) -u

については　貴男　　どこから (か)。

pe -t -re - (tre) re -n -k

何か　　　　　名は　貴男の。

pe -t -re - (tre) er -ef s (u) -u

何か　　　　(について それ)　それは。

pe -t -re - (tre) ma (a) -a -t ne -k e -m

何が　　　　　見えたか　　貴男には　そこで。

e -u ma (a) -a en -e e -ḥ -‘a -‘a -t

さて、見た　　私は　　喜びを

em n - (nu -nu) -u en ta f -en -x -u

に　　これら　　　で　国　フェンクウの。

su 彼 (従属代名詞) は sut (独立代名詞) でも良い。en-e　私は、en-sen　彼らは、にはまだ -en が残っている。fenxu　フェニキア、のこと。

pe -t -re (tre) er -da en -s -en ne -k

何を 与えたか 彼らは 貴男に。

n -en xese (f) -f n -en še (n) -n -'a -f ħer

ないし 妨害され 彼は、ないだろう 戻され で

sb (au) -a -u nu ement -et

戸口 の 西の国(地界)。

e (n) -n -f s (u) -u m (e) -e b -e -a -u

捧げた 彼は それを のように 不思議なもの(珍品)

en ne-su -t x -ef -t m (a) -a -a -f en -t -et

に 王、 時 見た 彼が ものを

se -še -t -a -(ta) pu ('a-a) 'a -a en

神秘な あった所の 偉大で なく

m (a) -a -a en pe -t -r (e) -e (tre)

見たことも ないほど 観察したことも。

ement は右、西、死者の国などと訳される。ne-su-t 王、は su を語頭に出す。

em　-m　-‘a　eθe　-t　　-u　-e　em　ħ(a)　-a　-q　-et

中で(にしても)　取り込む　　私を　として　　捕虜

en　use(t)-er(i)　　en　se　-p　-(sep)　u(n)-n　-e　em

の　オシリス神、な　　決して　　　置く　私を　の中に

sm(a)　-a　-i　-t　　　　s(u)　-u　-t　-i

仲間　　　　　　　　セト神の。

en　se　-p　(sep)　p　-(pa)　-a　-t　eri　-t　me　-t　-et

無かった　決して　　　以前は　　　なされ　同じ事が

en　ba　-k　　neb

によっても　従者　　いかなる。

b　-u　e(ri)　-r　-u　-k　uş(it)　-i　-t　　er　qa(d)-d　-eš

かった　　しな　　貴男は　旅を　　　に　カデシュ

ħ　-en　-‘a　t　-u　-ba　x　-et

や　　　ツバケット。

次ページ medet　話する、は -1500 年までは　medu。　bu　pu　～なかった。
er　em　の解釈は難しいが「たとえ～でも」くらいの意味。

b -u p -u w（‘a） -‘a me（du）-d -et m -‘a -e

なかった　誰も　話をし　とは　私

ħe(r) -r -u pa -i -k sen šereu

除いて　貴男の　弟を　下の。

se -xa se -n r -en -e b -en

思い出すように　彼らが　名を　私の　なしに

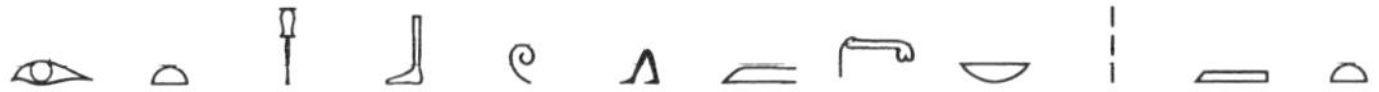

eri -t a（b） -b -u em -baħ neb -u ma‘a -t

すること　中止　前で　長官達の　法務の。

e -s b -en e -r em ne -ş(er) -er -u -e

時にさえ　いなかった　たとえ　して　労働　私が、

ha -b -k er e（n）-n en-n -u p（er） -er -t -u （pert）

送ってくれた　貴男は　べく　届ける　我々に　穀物を。

e -（en） -m -k eri ħ(er ħer) -er -i -t em re -θ -u

な　貴男は　作る　恐怖を　に　人類。

e（m -en） -m er -de ne -k -en er -e

な　させる　怪我　に　私。

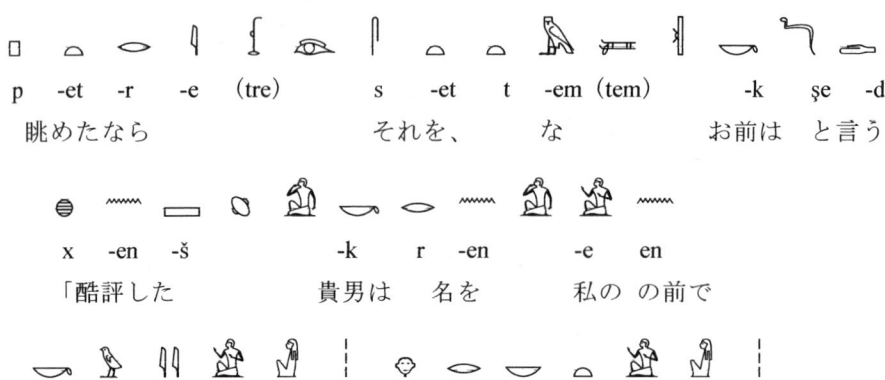

p -et -r -e (tre) s -et t -em (tem) -k şe -d

眺めたなら　それを、　な　お前は　と言う

x -en -š -k r -en -e en

「酷評した　貴男は　名を　私の　の前で

k -u -i ħe(r) -re neb -t

他人　そして　全ての人」。

e -t -ħ -u -e m(en)-en -(nu) -u

引きずった　私は　彫像(pl.)を

‘a(-a) -a -i -u m(e) -e ş(u) -u -u

大きい　のような　山々

em še(s) -s beħ -us

でできた アラバスターと白大理石。

e -u bu pu -i se -t s -t (ta) -a -u er -ħa(t) -t -f

さて、いなかった　彼女は　火を灯して　に　前　彼の。

 は石の決定詞。　kai　他の(女性)、男性では　ki

em eri meħ eb -k a -xe -tu ka -i

な する 満たす事を 心を 貴男の 富で 他人の。

n -en q(em)-em -f

ないだろう 見つけ 彼は。

t -(tem) -em -k şe -d

な 貴男は 話す。

e -m -(en) -k ħem -s e -u k -a -i ‘aħ(‘a) -‘a

な 貴男は 座る から 他の人は 立っている。

右図はツタンカーメン王、即位名 xeperu-neb-r‘a 、誕生名は tut-‘anx-emen-heqa-eunu-šam‘au と書いてある。

不変化詞

文頭においてその文に、あるニュアンスを与える語を不変化詞という。文を疑問文にする疑問詞もこの一部であるが前置詞、接続詞などを除く不変化詞には以下のような物がある。この後の人称代名詞は従属代名詞となる。

me -(me) -k　　見よ、さあ！

s -em -u(n) -n　　多分(推定)

t -re (tre)　　なんと(驚き)

ne -te -t　　～ということを(英語の that)

k -a　　そこで、だから(命令)

ħ(em) -em　　本当に(意志)

例

me -(me) -k u -e er -ges -k
さあ、　私は　側です　貴男の。

re -x ku -e ne -te -t hetep -f ħ(er) -er -s
知っていた　私は　ということを　喜ぶ　彼が　によって　それ。

m -(m)e -k u -e em b -(b)a -ħ (baħ) -k

見よ、 私は に の前 貴男(いる)。

ka ‘a(nx)-n -x -e

本当に 生きよう 私は。

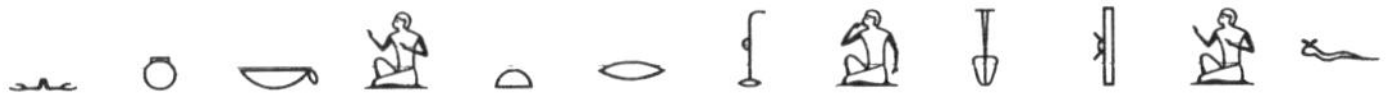

en nu -k t -re (tre) sma -e -f

ない 私は 本当に 共謀者で 彼の。

一人称代名詞が色々出てきたので、解説すると、

me -(me)-k	ue	従属代名詞
re-x	kue	状態形動詞の人称代名詞
‘a(nx)-n-x	e	接尾代名詞
nuk	t-re	独立代名詞

なお、en という言葉は色々に使われるので纏めると、

 en ～に向かって、～のため、～の原因で
～に属する(～の)

 -en 我々の

 en ～か?

 en (後に続く主語名詞の強調)

 en 持ってくる(動詞)

 en ～しない

助動詞的使用

助動詞風に使われる動詞がある。しかし本来、セム・ハム語に「助動詞」はなじみがない。助動詞ではなく、これは能格のための前置詞か副詞句コンバーターであると判断すべきものである。（文体論参照）

（原義　about）　～こそは～（強調）

e　-u

（原義　being）　実在によって～（物語）

u（n）-n　-en

（原義　standing）話を立てると、立場上は～（物語）

'aħ('a)　-'a　-en

（原義　doing）　起こすため～（使役）

eri　（er　-i）

（原義　saying）　言うことには～（使役）

şe　-d

（原義　giving）　与えるべく～（使役）

da

例

'aħ('a)　-'a　-en　ha　-b　en　-ef　en　se　-n

（話の）立場上、送ったものは　彼が　に　彼ら、

em　şe　-d　e　(en)　-m　x　-et　-em　e　(en)　-m　'aħa

で（あった）言葉　「な　封鎖する、　な　戦う」という。

助動詞的使用

e -u pa -i -f per em ke -k -u -i

については　彼の　家、　で(あった)　闇の中。

(彼の家については、を能格という。)

e -u re en -s ne -ħ(em) -em -f s(u) -u

といえば　口は　の　人、　守るもの(だ)　彼を　それは。

e -u ge -r -t x -er -ep -en ne -f ħem -e

いうと　さらに、　捧げた　に　彼　(の威厳)は　私

me(n) -n(u) -u ‘aša u(r) -r -et

記念碑を　多くの　非常に。　(捧げたものだ、習慣だった、の意味。)

u(n) -n e -n -f ħer şe -d n -es se -t

事実として　による　彼、(のである)　話した　に　彼女

‘a-ħ(-‘a) -‘a di -t n -e p(er) -er -t -u

「立って、　下さい　私に　種子を」と。

eri (er-i) -n en -en u(n) -n nu -t s -ş(er) -er-u

させよ　に　我ら　一時間　横たわりを。

b -en e -u -e er da -t p(er) -er -f em re -e

ない　においてて 私 ことは させる　出　それを から 口 私の。

er -u şe -d se -u(r) -r -e u(ʻa) -ʻa ħ(em)-em -u

には 彼ら、させた　飲むように　一杯の　煎じ薬を。

e -u eb -f er(i) -f d -b -d -b

において　心臓 彼の、せしめた 彼は　どきどきと（急拍心）。

右の写真は珍しく木製の扉に彫っている。左の一行に

r -ʻa -ħ -(ħes) -s -i

ラー　ヘシ

と書かれているが彼がどんな人物かは不明である。

Ⅳ 文体論

1　文の種類

通常の文は主部＋述部、で構成されるが、この述部の性質によって多くの文体に分かれる。

まず述部が名詞である場合、つまり主部＝述部＝名詞という文は名詞文と言われる。同じく述部が形容詞であれば形容詞文、副詞であれば副詞文、動詞であれば動詞文という。

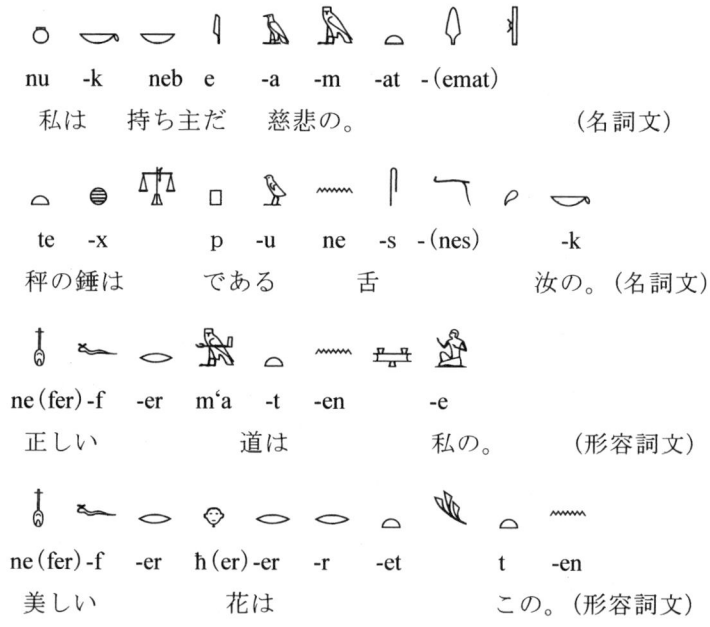

nu　-k　neb　e　-a　-m　-at　-(emat)

私は　持ち主だ　慈悲の。　(名詞文)

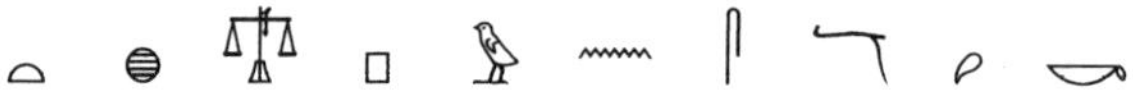

te　-x　p　-u　ne　-s　-(nes)　-k

秤の錘は　である　舌　汝の。(名詞文)

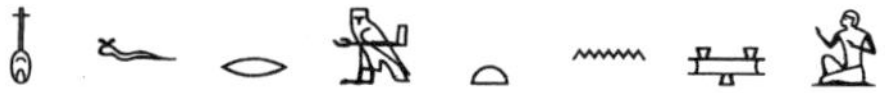

ne(fer)-f　-er　m‘a　-t　-en　-e

正しい　道は　私の。　(形容詞文)

ne(fer)-f　-er　ħ(er)-er　-r　-et　t　-en

美しい　花は　この。(形容詞文)

形容詞文、名詞文は一般に従属代名詞、独立代名詞の使い分け程度で、問題はないが、副詞文について説明する。英語で

In her strength　she was　like a boy.　と言う場合、「彼女の力では」は、能格と呼ばれるが中近東古代語には多い形式である。日本語でもよく使う。

春は、桜がきれいだ。と言う文では、主格は桜だが、春は、を能格と呼ぶ。

「少年のように」であるからこれは副詞文であるが、エジプト語ではこのような文が多い。

u　-b　-en　　r　-‘a　　em　p　-et

昇った　　　ラー神は　　に　天。（動詞文）

e　-t　　-k　em　per　-f　（etf でない、珍しい読みの例）

お父さんは　貴男の　に　家　彼の（いる）。　（副詞文）

e　-u　r　-‘a　　em　p　-et

については　ラー神、　に　天　（いる）。（副詞文）

（eu　r‘a　は主格ではなく能格である。 he is は省略されている。）

e　-u　-f　em　ne　-su　-t

については 彼、 に　　王位 （ある）。

ヘブライ語の例を挙げよう。

baθ　lāyiš　　בַּת לָאִישׁ　その男性には、娘(がいます)

英語で直訳すれば（daughter　to man）　明らかに he has 又は there is が無い。

能格は、日本語をはじめ、ウラル・アルタイ諸語にも多い表現法である。

普通、文章は

能格 ＋ 述部 ＋　主格

で形成されるが、述部は動詞文の時もあるが　ḥer, me, er 等の前置詞に先導される副詞句が多い。疑似動詞文だという説もある。

2 命令文

動詞を文頭に置く以外、一般的には動詞の変化は無い。不規則動詞には若干の例外がある。

 →  又は 

er -de　　e -(em)-(em)-me　　de

与える　　与えよ　　与えよ

 →  又は 

e -i　　m -e　　m-‘a -e -i

来る　　来い　　来い

命令の強調には、貴男のために、(つまり er +接尾代名詞)を加える方法と従属代名詞　貴男に、を添える方法がある。

seş(em)-em er -k n -e

聞け　ため 貴男の から 私。

uş(‘a)-‘a tu şe -s -k

判断せよ　貴男は　自身で 貴男。

de -f renpu(t)-t ‘aša -t ħer ħer renpu(t)-t -e

与えるように 彼は　年齢を　沢山の　更に 越えて 年齢を　私の

en -t ‘a(nx) -n -x

での　(今の)人生。

2　命令文

de -k n -e use(t)-t em xert-neθer er ges neb -u

与えよ 貴男は 私に 場所を では 地界 に 側 主の

ma -‘a (ma‘a) -t

「正義の女神」の。

m-‘a -e -i er(i) -i -n en -en

来い、 時を過ごせ のため 我々自身

u(n) -n -nu -t se -ş(er) -er -u

一時間 横になって。

‘aħ‘a di er ħe(ş) -ş -ta u(n) -n pa

さて、 待て まで 夜明け(日の出) あるところの

e -te -n ħer u -b -en

アトン神が 輝きつつ。

em eri meħ eb -k a -x -et -u ka -i

な さす 満足 心を 貴男の 物で 他人の。

e -u -k en -en t -em se -xa -a -u -k

行け 貴男は 我々の所へ 無しに (悪い)思い出 貴男の。

3 条件文

もし～ならば、という条件文を作るには文頭に er を置く。

e -r g -er -t re -x re p -en

ならば しかし 知られる 文章が この、

s -ma -‘a -xer(u)-u -f pu tep ta em xert-neter

声正しき者と宣告させし者 彼は である で 地上、 で 下界。

(ma‘a-xeru とは裁判にて正しい者と勝利宣言すること、又された者)

e -r re -x meşa(t)-t t -en ħer tep ta

もし 知られているならば 本が この で 上 地球の、

e -u -f eri -s em seša -u ħer qe -re -s

こそは 彼 用いよう それを に 書く事 上に 包帯の。

e -r seş(em)-em -k ne -n şe -d -en -e ne -k

もし 耳をかすなら 汝が この事に 言った 私が に 汝----

4 疑問文

疑問詞を冒頭に付ければ疑問文になるわけだが、それ以外の例を示そう。

e -n e -u g -er en -ek er -es

のですか いた 黙って 貴男は について それ。

4　疑問文

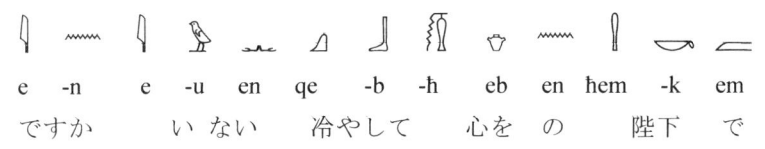

e　-n　e　-u　en　qe　-b　-ħ　eb　en　ħem　-k　em

ですか　い ない　冷やして　心を　の　陛下　で

e(n)-n　-en　eri　en　-ek　er　-e

この事　なした　貴男が　に　私。

(-k　貴男の、でよいのだが威厳がつくと、「陛下」ħem-k の意味となる。)

5　否定文

否定語には enen, bu, en, eme, tem 等がある。

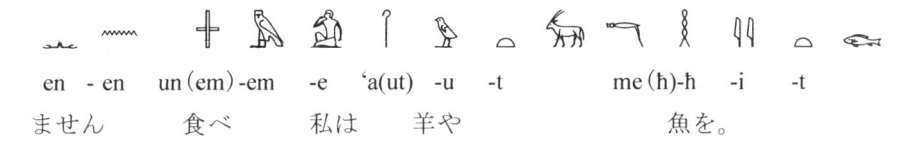

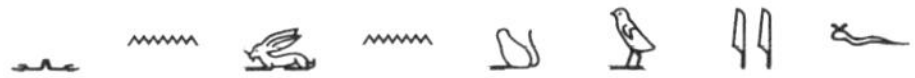

en　- en　u(n)　-n　peħ　-u　-i　-f

無し　ある事　終わりが　その。

en　- en　u　-e　ħer seş(em)-em　s　-et

いません　私は　ては 聞い　それを。

en　- en　un(em)-em　-e　'a(ut)　-u　-t　me(ħ)-ħ　-i　-t

ません　食べ　私は　羊や　魚を。

en　se　-p　(sep)　p　-(pa)　-a　me　-t　-u　s-(s)eş(em)-em

なかった　決して　い　同じ事が　聞かされて。

貴男の威厳、で「陛下」を指す。 否定詞 en は完了に用いられる事が多い。

eu = to be,　pa　= to be

b -u e(ri) -r -u -k u -(u) ş(it) -i -t er

ない なされて 貴男は 旅行を に

qe(d)-de -š ħ -en -'a t -u -ba -x -et

カデッシュ や ツバケット。

（意味上は変わりないが、bu は動詞の否定。）

b -u pu w('a)-'a me(d)-d -et m'a -e ħ(er) -er -u

ない い 誰一人 話した者は と 私(女) を除いて

pa -i -k sen šereu

貴男の 弟 下の。

～するな、という否定に命令形は eme を用いる。

em -(em)e seneş

な 恐れる。

6 感嘆文

形容詞の後に -ui  を付ける。

ne(fer)-f -er u -i per p -en

美しい なんと 家は この。

ne(fer)-f　-er　u　-i　s(u)-u

美しい　なんと　それは。

中央はクフ王の息子、第 4 王朝メンカウラー(ミケリノス)王で、足下にホルス名 ka-xat、即位名 men-kau-r‘a とある。向かって左はハトホル女神、右は地方神ディオスポリス女神。

積み上げられた供物

V 演　習

イヘルセシェトの墓
ラー・ヘテプ像
オシリスを称えるステラ
ネフェレト・エリの墓碑
ピラミッドのキャップストーン
第６王朝ペピ一世の碑文一部
アマルナ６号墓パネヘシの碑文
アネブニのハトシェプスト女王の碑文
第18王朝「死者の書」75章より

イヘルセシェトの墓

供養文の一種で次のように読む。

ħetep de nesu -t us (t) -eri neb şed -u en-pu tepi- şu -f

供物 捧げた 王が オシリスと、主 ブシリスの、アヌビスに、住人 丘の 彼の、

eme -u -t neb ta şeser-t

住人 ミイラ室の、 主 地の 聖なる。

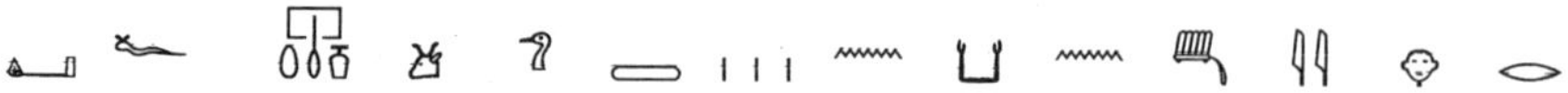

de -f pert-xeru kau -apdu -tau en ka en emax i -ħ(er) -er

与えん事を 彼が 供物を 牛鳥やパンなどの の為に 魂 の 故 イヘル

-se -še -t t (a) -a -še en seşauti-neθer ħetep - (te) - (p)

セシェト。 区分 によって 神官の 供物台、

seš-neθer ħetep - (te) - (p) x - (xue) -u se (n) -n -f

神殿書記の 供物台、 クウと 兄弟 彼の

mer -i -f sebek ħetep - (te) - (p)

メリフ・セベクの 供物台。

イヘルセシェトは王妃なのであろう。王がオシリス、アヌビスに供物を捧げると、オシリスがイヘルセシェトに食物を回す、と言うしきたりであった。
アヌビス神には、彼の丘の住人、ミイラ室の住人、とか聖なる地の主、などの肩書きがあった。pert-xeru に書かれているのはパンとビールである。

ラー・ヘテプ像

メイドゥムの北側で見つかったラー・ヘテプ像は出土品にしては出来が良かったため、発掘の労働者が驚いて逃げたと言われている。高さ約一米の石灰岩製である。(エジプト博物館蔵)

右肩の所に、

nesu(t)-t　sa　ne　-xa　-t　-f　r　-'a ħe(tep)-te　-p　m　-er　meš'a -(š　-'a)

王の　息子　強力な　彼の　ラー・ヘテプは　司令官で　----

とあるようにスネフル王の王子であった。

王妃はやはり右肩に

nesut　er　-x　-et　nefer-(ne　-f　-er) -et

とある。つまり、王の女友達ネフェレト、である。

なお nesut は本当は  である。

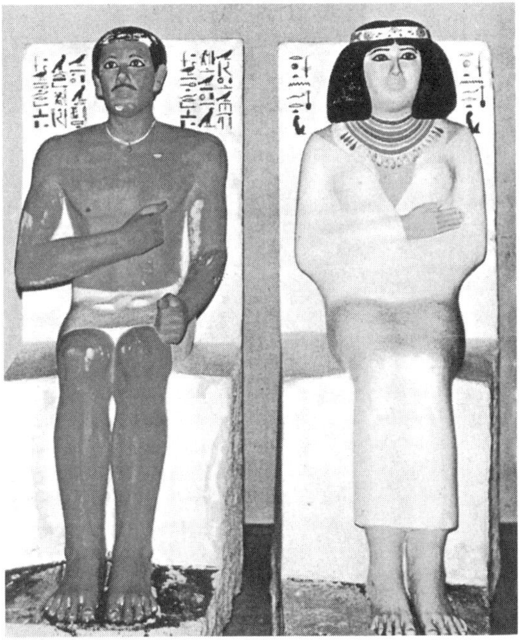

オシリスを称えるステラ

　これはカラオケの場面ではありません。妻ヘレムサエスがロータスの花の匂いを嗅いでいるところです。右端の文字に

ema(x) -x -t er neθer ‘aa neb -a(b) -b şu

扶養者　よるに 神 偉大な 主人 アビュドスの、

とあるように、アビュドスの神であり、冥界の王であるオシリスへの供養文が書かれたステラである。妻の腕の下に

pert-xeru kau-apdu -tau en ka en ħ -er-(xen) em-s(a) -a -es

供物、牛、鵞鳥、パン等の の為の 魂 の ヘレムサエス

とある。その彼女に相対する夫

　セベク・ヘテプ・ラー、は第 13 王朝の王である。

（カイロ博物館資料）

絵画の美しいネフェルト・エリの墓

ネフェレト・エリの墓碑(王家の谷)(前ページ参照)

カルトゥーシュの所に、立った王妃の名が

 と書かれている

us(t)-eri　　mu　-t　nefer　-e　-t　eri　en　mur　-et

が、本当は mut 女神は一番最後に来て、 useri　nefer-et　-eri　mur-et　en　mut と読む。つまり、故「ムート女神に愛されたネフェレト・エリ」と言うことになる。彼女は第 19 王朝ラムセス二世の妃である。useri オシリスは、ここでは「死んだ人」の意味。

次の行は欠けている所は分からないが、

ħenu(t)-t　šem'a　meħet

女主人　上エジプト、下エジプトの、 である。次の行は

ħem　-t　nesut　u(r)　-r　-et　neb　-et　ta-ui　　neb　-et

皇后　王の　偉大な、　女主人　二国の、　　女主人

nesut 王、は  だけで代表している。

şe　-med　　de　-en　en　-t　x('a)　-'a　r('a)　-'a　em　p　-et

語られた言葉「我々は与えた　彼女に　輝きを　太陽の　の　天空。」

şe -med　は　şed -medu　の略。次も似ているが、

şe　-med　　de　-en　en　-t　er　ne　-ħ　-eħ　me　r'a

語られた言葉「我々は与えた　彼女に　に　永遠　　の如く　太陽。」

ネフェレト・エリの墓碑

ħut-ħer（ħu -t -ħer) was（t）-t neb -et p -et

ハトホル テーベの 女主人 天空の

ハトホルは天空の女神。ラーの娘であるから頭上の角の間に太陽が書かれる。愛と戦いの神で、ギリシャ神話のビーナスに当たる。ここでは腰掛けている。

ħenu(t)-t neθer-u neb -u

女主人 神々の あまねく

下図はネフェレト・エリの墓室。右端はケプリ神、中央はイシス女神、左は蠍の神セルケト女神。左端石柱の蔭の写真は次ページ参照。

V　演習

イシス女神に導かれるネフェレト・エリ。イシスは冥界の王オシリスの妹で且つ妻。普通は頭に玉座を乗せるが、しばしばハトホルと同じ形に書かれる。

ここではイシスの肩の所に 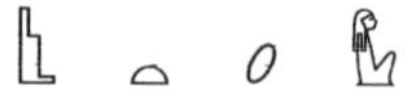 uset とあるので、イシスである。

ネフェレト・エリの墓の入口、鴨居の上にあるマート像。真実と正義の女神。頭の上に駝鳥の羽を頂く。

ピラミッドのキャップストーン

キャップストーンはピラミッドの一番先端に置かれる物で、写真のものはハワラにある煉瓦製の第12王朝エーメン・エムハット三世のピラミッドのもの。
100米四方、高さ58 mの頂上に置かれた。
有翼日輪の下にエーメン・エムハット三世のネスウ・ビティ名

とあり、サーラー名は

en -ma -'a -t r'a

と書かれている。

e -me(n)-n em -ḥa(t)-t

(カイロ博物館所蔵)

第6王朝ペピー世の碑文一部

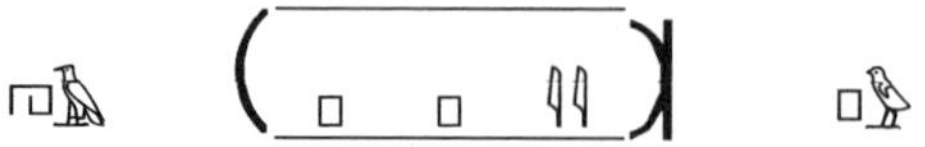

ha　　pe -p　-i　　pu

おお　ペピよ　この、

se　-θ　-es　　θ　-u　'a -('a) ħ('a)　-'a　u　-'a　-(u'a) b -k

起きあがり　貴男は　立て。　清い　貴男は。

u　-'a　-(u'a) b　ka　-k　u　-'a　-(u'a) b　ba　-k

清い　霊は　貴男の。　清い　魂は　貴男の。

u　-'a　-(u'a) b　se -x　-(sexem)　-em　-k

清い　権力は　貴男の。

アマルナ6号墓パネヘシの碑文

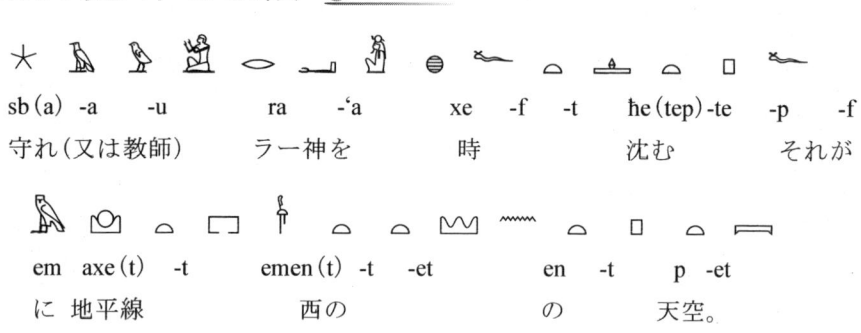

sb (a)　-a　-u　ra　-'a　xe　-f　-t　ħe (tep) -te　-p　-f

守れ(又は教師)　ラー神を　時　沈む　それが

em　axe (t)　-t　emen (t)　-t　-et　en　-t　p　-et

に　地平線　西の　の　天空。

sbau は勉強とか教師の意味で、誤記か。sbax であれば守れ！となる。

アマルナ６号墓パネヘシの碑文

e -n w(‘a) -‘a e -q -er seš udeħu en

と言えば 一人の 優れた 書記 供託物の で

ep(t) -t nesut pa-neħe(s)-s -i

納税所 王室の、(それは) パネヘシ(である)。

şe -d -f e -ne(ş)-şe ħer -k ra -‘a eri

言う 彼は 「賛美! 貴男を、ラーよ、 造り主

t -(tem) -em -em -u t -(tem) -em

滅びる物の、 テム(宇宙)と

ħeru -em -a(xt) -x -u -t -i neθer w(‘a) -‘a

ハルマキス(日の出)の神、 神 唯一の

‘a(nx) -n -x em ma -‘a (ma-‘a) -t

生きる に 正義、

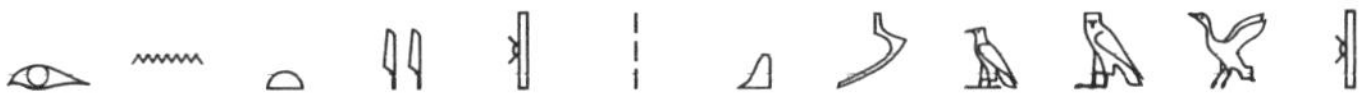

eri en -t -i qe -m(a) -a -m

造り主 所の 創り出した

nesut 王室の(語頭に出す)。 ハルマキスはハラクティとも言う。

u(n) -ne -ne -t en ʻa(ut) -t -u

存在する物を、 又(創り主) の 動物と

re -θ -u pe -r -t em maa -t -f

人間 出てきた所の から 目 彼の。

アネブニのハトシェプスト女王の碑文

eri -t em ħ-(ħ)es -et neθer -t nefert neb -t ta-ui

作られ で 好意 女神の 美しい、貴婦人 二国の

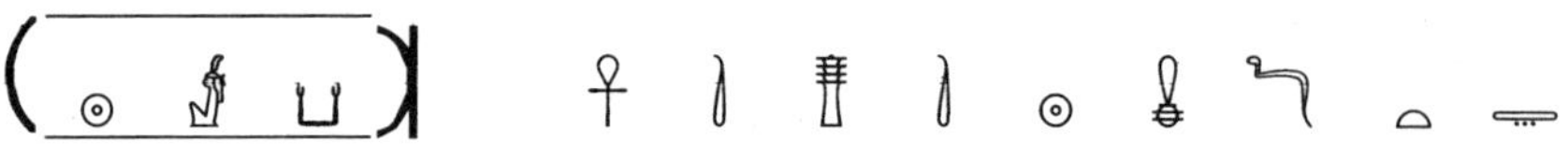

maʻat ka rʻa ʻanx -et şed -et rʻa me şe -t -ta

ハトシェプスト女王は 生ける、安定させた ラーが のように 永遠。

ħ -en -ʻa s(en) -en -s nefer neb eri x -et

そして 弟であり 彼女の 美しい、 主・創造者である 物事の、

men xeper rʻa de ʻanx rʻa me şe -t -ta

トトメス三世は、 置く 生命を ラーの の如く 永遠。

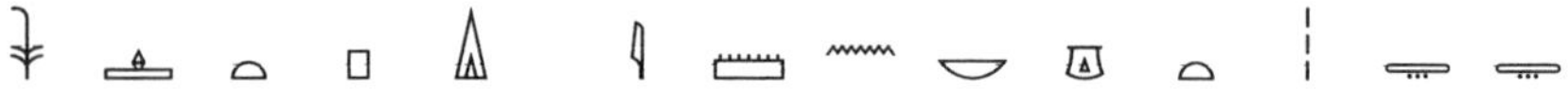

ħe(tep) -te -p de nesut e -m(en) -en neb nes(t) -t taui

捧げ物 与えた 王が エメン神に 主 王座の 二国の。

第18王朝「死者の書」75章

us(t) -eri　hhe(q) -q　şe -t -ta　e -(e)n -pu　xent

オシリス神よ　王子　永遠の、　アヌビス神よ　の前に立った所の

ħet neθer em u(ħa) -t neb ta şes(er)-er da s -en

寺院　の中で　ミイラ、　主よ　地の　神聖な、与え給え　彼らに

perter-xeru šes-menxt seneθer merħ x -et neb -t nefer(t) -t w'ab -t

葬祭食、アラバスタや布、灯明、香油や物を　全ての　美しく　純粋な。

第18王朝「死者の書」75章より

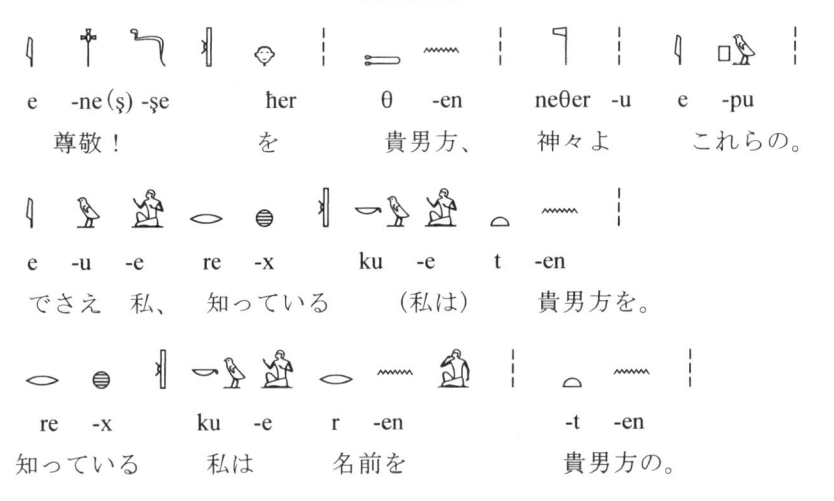

e -ne(ş) -şe　ħer　θ -en　neθer -u　e -pu

尊敬！　を　貴男方、　神々よ　これらの。

e -u -e re -x ku -e t -en

でさえ　私、　知っている　（私は）　貴男方を。

re -x ku -e r -en -t -en

知っている　私は　名前を　貴男方の。

em ut　ミイラ造りが盛んに行われていた地方で、の意味。

ħet neθer　は　ħut neθer　とも呼ばれる。perter-xeru　死者が求めると、墓前に現れたという供養物。

en -en x -er -e en š -‘a -t -t -en

な 投げる 私を 上に 屠殺包丁の 貴男方の。

en -en s -‘a -r -t -en b -e -e en

な さらけ出す 貴男方は 悪さを 私の の前に

neθer p -en en -t -i θ -en em x -et -(xet) -f

(死に)神 この 所の 貴男方も 従っている 彼に。

en -en e -u -t s -ep -(sep) -e ħ(er) -er -t -en

な 来させる 順番を 私の の前で 貴男方の。

şe -d -t -en ma -‘a -(ma-‘a) -t er -e

宣言せよ 貴男方は 正義を ために 私の

em -baħ ‘a neb -er -ş(er) -er ħer en -t -et

の前で 手 ネベルツェル神の、 によって 所のこと

erit n -e ma -‘a -(ma-‘a) -t em ta mer -e -(re)

なしていた 私は 正義を にて エジプト。

neb-er-şer 「宇宙の主」という神。死に神とはババイ神。

第18王朝「死者の書」75章

en š(en) -en -e neθer en e -u s -ep -(sep) -e

いないし 呪って 私は(死に)神を、いない 来て 機会は 私の。

e -ne(ş) -şe ħer t -en neθer -u e -(e)mi

尊敬します を 貴男方、 神々よ 住む所の

u -(u)sex -t θ -en en -t ma -‘a -t -(ma‘at) -i

会堂に 貴男方の の 正義、(そして)

eu(ti) -t -i g -r -(ger)eg em xa -t s -en

がない所の 虚偽 に 体内 彼らの、(又)

‘anx -i -u em ma -‘a -(ma-‘a) -t em eu(n) -nu

生きる所の に 正義 で ヘリオポリス、

s -‘a -m -i -u em ħ(a) -a -u -t

(更に) 呑み込む所の を 心臓(pl.)

s -en em -baħ ħeru e -(e)m e -t -en -f

彼らの、 の前で ホルス神 を持つ 日輪 彼の。

ħaut 心臓、の単数は ħat。 eten アトン神、太陽のこと。

V　演習

ne -ħ(em)-em　t　-en　-u　-e　m　-‘a

助け給え　貴男方は　私を　から

b　-a　-b　-a　-i　a(nx)　-n　-x　em　b　-es　-k　-u

（オシリスの長男）ババイ　生きる所の　によって　腸

ser　-u　hru　pu　-i　en　e　-p　-t

王子達の、　日に　その　の　裁判

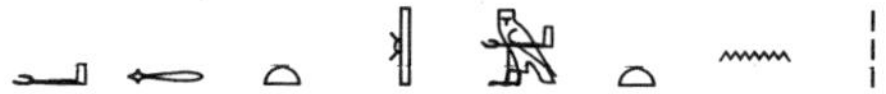

‘a　(‘a)-a　-t　m‘a　t　-en

偉大な　による　貴男方。

e　-i　-k　-u　-e　x　-er　t　-en

来た　私は　の所へ　貴男方。（しかし）

en　-en　e　-s　-f　-et　-e　en　-en

なかった　罪を犯さ　私は。　なかった

x　-eb　-en　-t　-e　en　-en　ş(u) -u　-e

歪曲し　私は。　しなかった　悪行を　私は。

en -en me(t) -t -er -u -e

しなかった (嘘を)証言 私は。(だから)

en -en eri -n -e x -et er -ef

な なさしめる 私に 何事も 故に その。(むしろ)

‘a(nx) -n -x -e em ma -‘a (ma‘at) -t

生きたし 私は に 正義、

s -‘a -m -e em ma -‘a (ma‘at) -t eb -e

養った 私は で 正義 心を 私の。

e -u eri n -e şe -de -t re -θ

てきた なして 私は 言う事と 人々の

h -er -er -et neθer -u ħer -s e -u

満足する事を 神々の そこで。(又) きた

s -ħe(tep) -t -ep -nu -e neθer em m(er)-er -t -ef

鎮めさせて 私は (死に)神を には 意志(実行) その。

s-ħetep 静かならしめる(s-使役)。死に神とはババイ。

V　演習

e -u er -da -n -e t -(t)a -u en

きた　与えて　私は　パンを　に

ħe -q -er mu en e -b (eb) -i

飢えた者、　水を　に　渇いた者、

ħe -b -es -u en ħ(a) -a -i -u

衣服を　に　裸の者、

m'a xe(n) -n -t e(u) -u -i

渡し船を　難破者には。

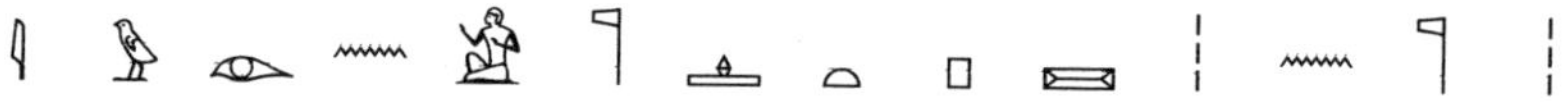

e -u eri -en -e ħe(tep) -te -p neθer-u en neθer -u

てきた　なして　私は　捧げ物を　に　神々、

pert-er-xeru en a(x) -x -u

供物を　に　諸霊。

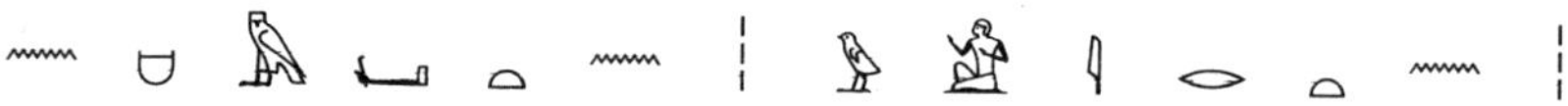

ne -ħ(em)-em t -en -u -e e -(e)r t -en

助けよ　(貴男方は)　私を、　こそ　貴男方。

善行を重ねて来たから、神々は死に神に取りなせ、と言っている。

第18王朝「死者の書」75章

x -u (xu) e u -e e -r t -en

守れ 私を、 こそ 貴男方。(そして)

en -en s -m (e) -e t -en er -e em -baħ neθer ‘aa

な 告発する 貴男方は を 私 の前に 神 偉大な。

nu -k w‘ab re w‘ab ‘a -i -u

私は 浄いし 口は、浄い 両手も。

şe -d -tu ne -f e -e u -e sep sen e -n

言われた 「彼の所に 行け」と 私は 二度も によって

ma (a) -a -i -u s (u) -u ħer en -te -t seş(em) -em -en -e

会った所の人々 彼に。 なぜなら 聞いたのだ 私は

me (d) -d -et tu -i şe -d -et en ‘a -(‘a) a

会話を その 語られた によって 驢馬と

ħ -en -‘a m (e) -e -u em per ħa -p -d -er

と 猫 の中で 神殿 ハプデル神の。

偉大なる神、とはオシリスの子ババイ。 şed-tu 言われた (-tu 受動形)。

m(et) -et -er -u -e em ḥ(er) -er -f

証言をした　私は　で　前　彼の。(そこで)

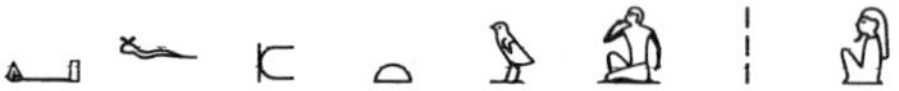

da -f ten -t -u

与えた 彼は　叫びを。

e -u maa -n -e pe -se -š e -še -d

きた　見て　私は　伐採を　鈴掛の木の

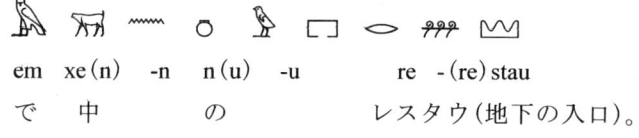

em xe(n) -n n(u) -u re -(re) stau

で　中　の　レスタウ(地下の入口)。

nu -k se (sem) -em -i -u -e em -baḥ

私は、　祈りを捧げる　(私は)　で　の前

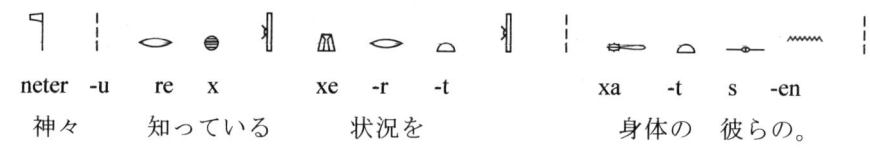

neter -u re x xe -r -t xa -t s -en

神々　知っている　状況を　身体の　彼らの。

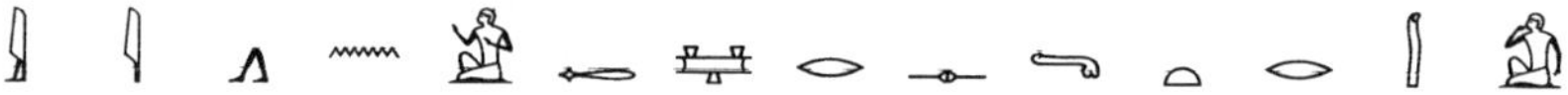

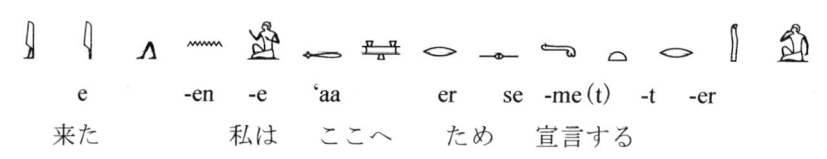

e -en -e ʻaa er se -me(t) -t -er

来た　私は　ここへ　ため　宣言する

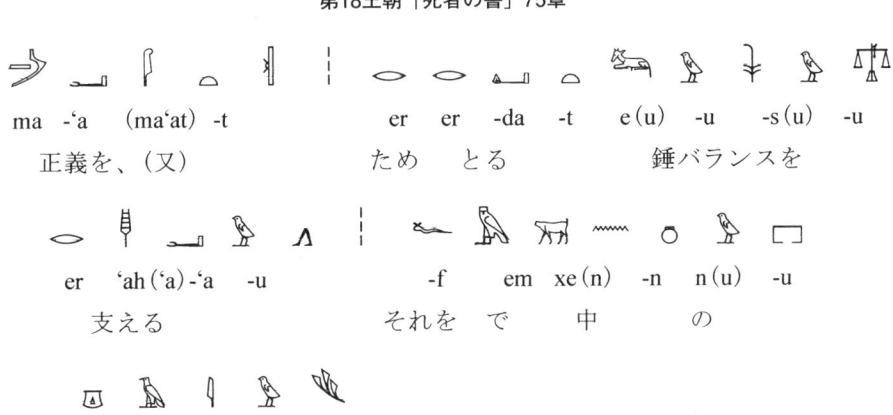

ma -‘a (ma‘at) -t er er -da -t e(u) -u -s(u) -u

正義を、(又) ため とる 錘バランスを

er ‘ah(‘a)-‘a -u -f em xe(n) -n n(u) -u

支える それを で 中 の

g -a -e -u

アマランサス(常世の花)。

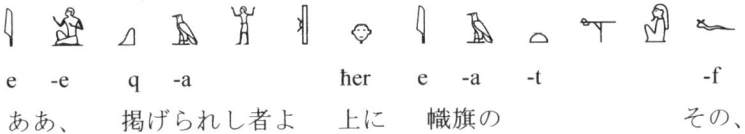

e -e q -a ħer e -a -t -f

ああ、 掲げられし者よ 上に 幟旗の その、

neb a -te -f -u er(i) -i r -en -f em neb θa(u) -u

主よ アテフ冠を被る 称して 名を その と 「主 風の」、

ne -ħ(em)-em -k -u -e m‘a

助けよ 私を から

na -i k en u(p) -p -u -t -i -tiu

貴男の 使者たち

u -de -d -i -u te -me(s) -s -u

布告する所の 運命の審判を、(そして又)

V　演習

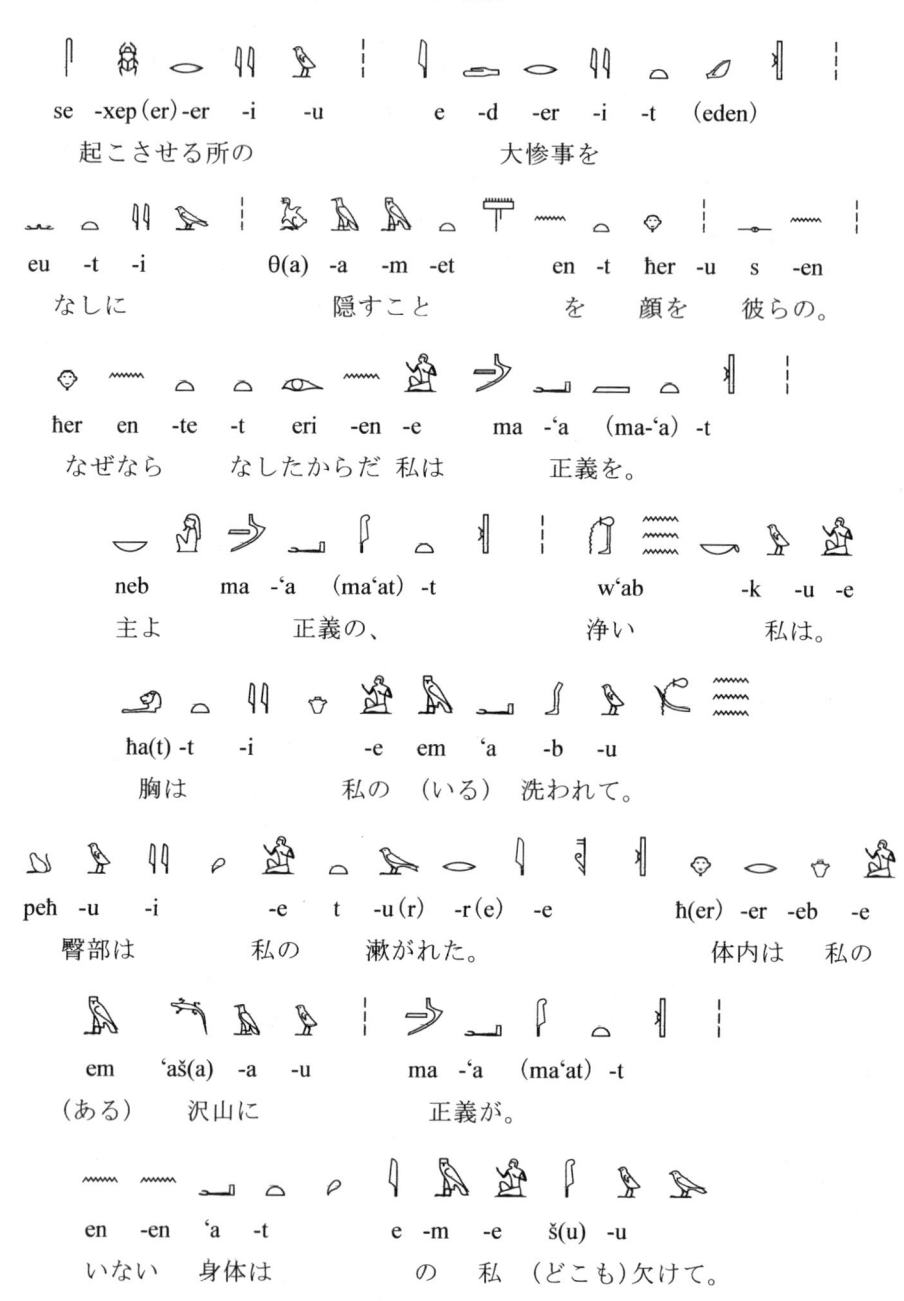

se -xep(er)-er -i -u　e -d -er -i -t (eden)

起こさせる所の　大惨事を

eu -t -i　θ(a) -a -m -et　en -t ħer -u s -en

なしに　隠すこと　を　顔を　彼らの。

ħer en -te -t eri -en -e　ma -‘a (ma-‘a) -t

なぜなら　なしたからだ 私は　正義を。

neb　ma -‘a (ma‘at) -t　w‘ab　-k -u -e

主よ　正義の、　浄い　私は。

ħa(t) -t -i　-e em ‘a -b -u

胸は　私の (いる) 洗われて。

peħ -u -i　-e t -u(r) -r(e) -e　ħ(er) -er -eb -e

臀部は　私の　漱がれた。　体内は　私の

em ‘aš(a) -a -u　ma -‘a (ma‘at) -t

(ある)　沢山に　正義が。

en -en ‘a -t　e -m -e š(u) -u

いない　身体は　の　私 (どこも)欠けて。

第18王朝「死者の書」75章

w‘ab en -e em ‘aša -i -t res -et

浄めている 私は で 港 南国の。

ħe(tep)-te -p en -e em ħu -me -t meħ -te -t

休んだが 私は で フメット 北方にある町

em sex -et sa -n -ħe -m -u

の 野原 バッタの多い、

w‘ab -et -e qe(t)-t -i e -m -s em

水を掛けた 私は (神々の)水夫(双数)に 中の その には

u(n) -n -(n)u -t g -re -ħ

時間帯 夜の

-en s -en -‘a -‘a eb en neter -u

ために 揉む(喜ばす) 心を の 神々。

em x -et swa -e ħ(er) -er -s em g -re -ħ em heru

時に 過ぎた 通って 私は 側を その 夜も 昼も、

de -u e -u -t -f

許した 彼らは 来たるを その。

e -n -s -en er -e

言われた 彼らに は 私。

ne -m‘a t -re (tre) tu e -n -s -en er -e

「誰か さて 汝は。」 言われた 彼らに は 私。

pu -t -re (tre) r -en -k e -n -s -en er -e

「何か 名は 汝の。」言う 彼らは に 私。

nu -k re -d xe -r -i en ħa -i -t

「私は 成長し(たので) 下で の 花、

e -(emi) -m -i b -a -a -q r -en -e

『に住む オリーブ』(というのが) 名である 私の。」

swa -en -k ħer -em‘a e -n -s -en er -e

「通り過ぎよ 汝は 直ちに」と 言われた 彼らに は 私。(そこで)

swa -en -e ħer new -t meħ -te -t ba (-ba) -t

通り過ぎた 私は まで 町 北方にある とうもろこし畑の。

p -et -i t -re (tre) ma -a -en -k e -m

「何を では 見たか 汝は そこで。」

第18王朝「死者の書」75章

x -en -d pu ħ -en -‘a me(s)-s -d -et

「足の脛（すね） （それは、でした） と 腿。」

p -et -i t -re (tre) e -n -k en s -en

「何と では 言ったか 汝は に それら。」

e -u ma -a -n -e e -h -eh -i

「きました 会って 私は 歓声をあげて

em en -(nu) -n(u) -u ta -u f -en -x (fex) -u

に それら 地で フェニキアの。」

p -et -i t -re (tre) re -de -t s -en ne -k

「何を それで 与えたか それらは 汝に。」

be -s -u pu en seşe(t) -t ħ -en -‘a waş en

「炎 （それは）でした の 火 と エメラルド の

θe -ħ -en (θeħen)-t

結晶。」

脛も腿も人名か。フェニキアでは死者に緑色のエメラルドのお守りを渡したという。

p　-et　-i　t　-re　(tre)　eri　en　-k　er　-es

「何を　次に　なしたか　汝は　そこで。」

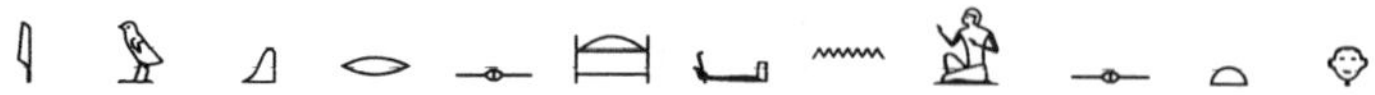

e　-u　q　-er　-es　(qeres)　-en　-e　s　-et　ħer

「のです　埋めた　私は　それらを　に

uş　-eb　en　ma　-'a　-t　-i　em

河岸　の　マーチの地　に

x　-et　x(a)　-a　-u　-i

の後　夜。」

p　-et　-i　t　-re　(tre)　g(em)　-em　en　-k　e　-m

「何かを　それから　見つけたか　汝は　そこで

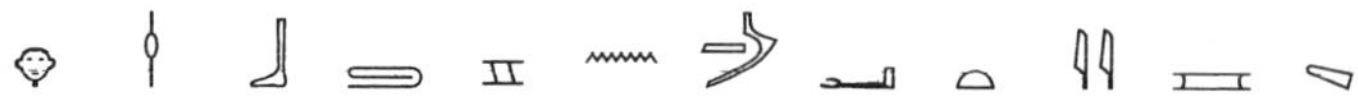

ħer　uş　-eb　en　ma　-'a　-t　-i

に　河岸　の　マーチの地。」

was　pu　en　d　-es

「王錫(おうしゃく)　でした　の　フリント(火打ち石)。」

e -u se -še(d) -d ne -k s(u)-u

「させたな　王冠を　汝に　それは。

p -et -i t -re (tre) e -re -f s(u)-u

何であったか　さて　それについて、それ(つまり)

was pu en d -es

王 錫(おうしゃく)とは その の フリント(火打ち石)。」

er -da θa(u) -u re -n -f

「『与える者　風を』です　名は　その」

p -et -i t -re (tre) e -re -f eri en -k er

「どう　さて　そこでだが、したか 汝は　につき

p(a) -a be -s -u en seşe(t) -t ħ -en -‘a

炎　の　火　と

p(a) -a waş en θe -ħ -en (θeħen)-t em

エメラルド の　結晶と　に

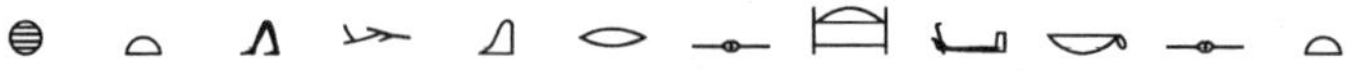

x -et q -er -es (qeres) -k s -et

後 埋めた 汝が それらを。」

e -u h -a en -e ḥ(er) -er -s

いました 叫んで 私は について その事。

e -u se -še(d) -d n -e s -et

させました 王冠を 私に それらが。

e -u ‘a -x -em en -e seşe(t) -t

消して 私は 火を、

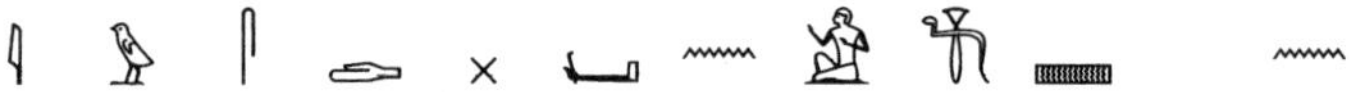

e -u se -d en -e waş en

ました 粉砕し 私は エメラルドを ために

q -em -a -m en mer

作り出す を 運河。

m‘a -e -i e -re -k ‘a(q) -q ḥer sb(a) -a

「よし、行け については 汝 通り過ぎよ 扉を

第18王朝「死者の書」75章

p -en en usex -t t -en en -t ma -'a -t -i

この の ホール この の マーチの地。

e -u -k re -x t -e -n

いるが 汝は 知って 我々を(よく)、

en -en da -e 'a(q) -q -k ħ(er) -er -e

られない させ 入れ 汝を 越えては 私を、

e -n b -en -š en sb(a) -a p -en

と言うなら 『門(かんぬき)』 の 扉 この

n -e -s şe -d en -k r -en -e

以外 呼ぶ 汝が 名を 私の。」

te -x en bu ma -'a r -en -t

「錘 の 場所 正義の」 名は 貴男の。

en da -e 'a(q) -qe -k ħ(er) -er -e e -n

「ない させ 私は 入れ 汝を 越えて 私を、と言うなら

門の扉には色々の神々が付いていて、その都度名を呼ばぬと通れない。

V　演習

'a -r -i -t em -(em) en -t en -t sb (a) -a

『入り口　右の』　の　扉

p -en n -e -s şe -d en -k r -en -e

この　ずに　呼ば　汝が　名を　私の。」

ħ -en -k (ħenk) -u ne -f f -a (fa) -i -t

「奉仕する　彼は　支持を

ma -'a (ma'at) -t r -en -t

正義の」です　名は　貴男の。

en -en da -e 'a (q) -qe -k ħ(er) -er -e e -n

「ない　させ　私は　入れ　汝を　越えて　私を、と言うなら

'a -r -i -t ea (bet) -b -et en -t sb (a) -a

『入り口　左の』　の　扉

p -en n -e -s şe -d ne -k r -en -e

この　ずに　呼ば　汝が　名を　私の。」

ħ -en -k (ħenk) -u en e -re -p r -en -t

「奉仕 の ワイン」である 名は 貴男の。

en -en da -e se -še -k ħ(er) -er -e e -n

「ない させ 私は 通り過ぎ 汝を 越えて 私を、と言うなら

sa -t -i en -t sb(a) -a p -en

『敷居』 の 扉 この

n -e -s şe -d ne -k r -en -e

ずに 呼ば 汝が 名を 私の。」

e -wa -a en ge(b)-b r -en -t

「牛である の ゲブ(大地神)」 名は 貴男の。

en -en u(n) -n (un) -e ne -k e -n q -er -t

「ない 開か 私は 汝に、 言うなら『閂(かんぬき)の受け口』と

en -t sb(a) -a p -en n -e -s

の 扉 この ずに

şe -d ne -k r -en -e

呼ば 汝が 名を 私の。」

s -(sa) -a -ħ (saħ) en mu(t) -t -f r -en -t

「足指 の 母 彼の」である 名は 貴男の。

en -en u(n) -n (un) -e ne -k e -n

「ない 開か 私は 汝に、 と言うなら

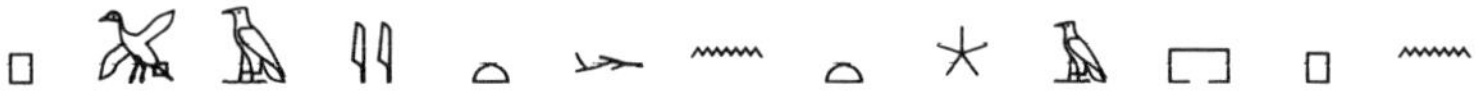

p (pa) -a -i -t en -t sb(a) -a p -en

『錠前 の 扉 この』

n -e -s şe -d ne -k r -en -e

ずに 呼ば 汝が 名を 私の。」

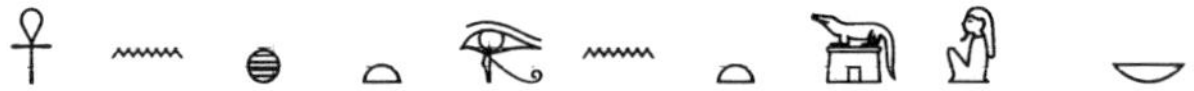

'a(nx) -n -x -et uşat en -t sebek neb

「生きている 目は の セベク(水神)、 主

b -(ba) -a -xa -u r -en -t

バハウ(日の出の地)の」です 名は 貴男の。

第18王朝「死者の書」75章

en -en u(n) -n (un) -e ne -k en -en

「ないし 開か 私は 汝に、 ない

da -e ‘a(q) -q -k ħ(er) -er -e e -n

させ 私は 入れ 汝を 越えて 私を、と言うなら

e -r -i (eri) ‘a(a) -(‘a)a en -t sb(a) -a

『門番 の 扉

p -en n -e -s şe -d ne -k r -en -e

この』 ずに 呼ば 汝が 名を 私の。」

qe -b -t š(u) -u er -da ne -f em

「腕 シュ(大気神)の 置いた に 彼女 のため

s(a) -(sa) -a -u us(t) eri r -en -k

保護 オシリスの」です 名は 貴男の。

en -en da -n se -še -k ħ(er) -er -n

「ない 許さ 我々は 通り過ぎを 汝の 越えて 我々を、

e -n ħ -p -t en -t sb(a) -a

と言うなら『脇柱 の 扉

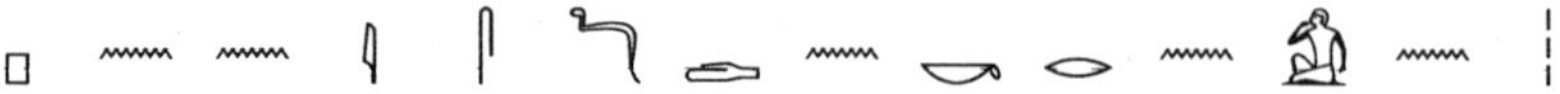

p -en n -e -s şe -d ne -k r -en -en

この』 ずに 呼ば 汝が 名を 我々の。」

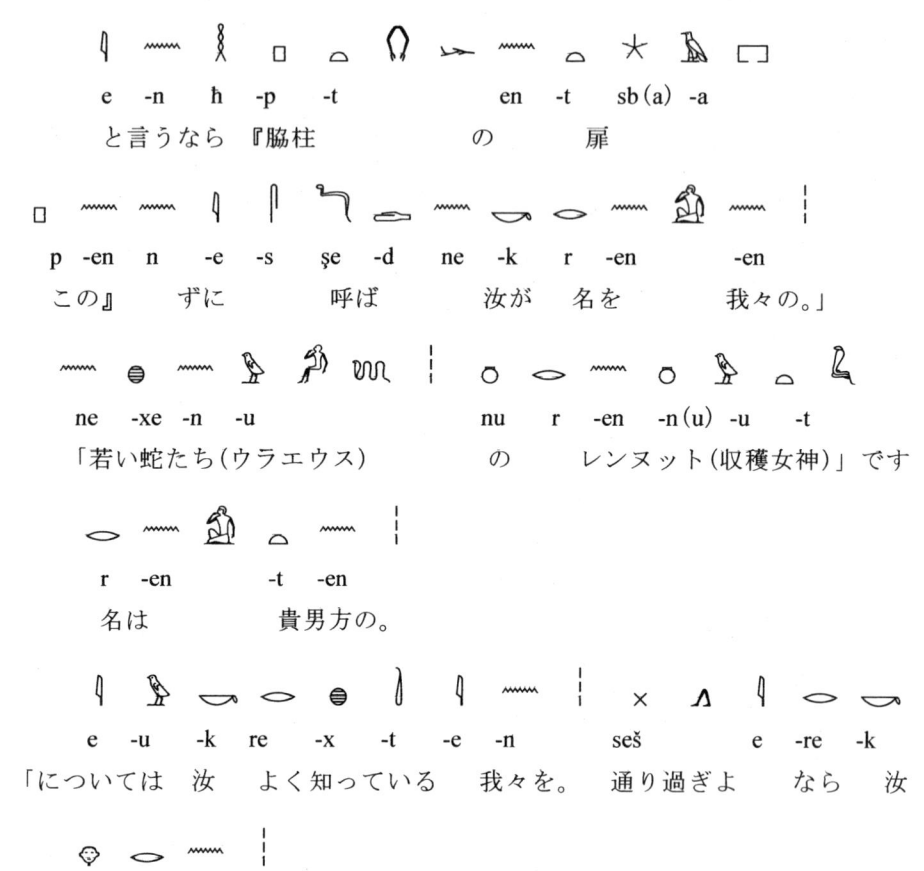

ne -xe -n -u nu r -en -n(u) -u -t

「若い蛇たち(ウラエウス) の レンヌット(収穫女神)」です

r -en -t -en

名は 貴男方の。

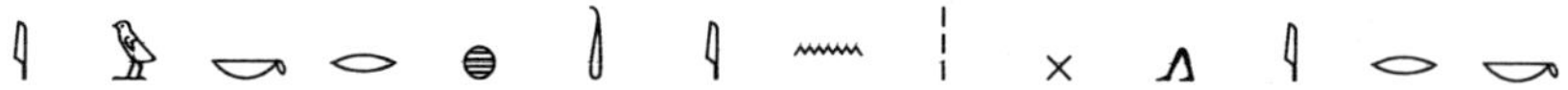

e -u -k re -x -t -e -n seš e -re -k

「については 汝 よく知っている 我々を。 通り過ぎよ なら 汝

ħ(er) -er -n

越えて 我々を。(但し)、」

en -en x -en -d -k ħ(er) -er -e e -n

「ないぞ 踏んで行け 汝は 越えて 私を、と言うなら

sa -t -i en u -se -x -(usex) -t -(usext) t -en

『敷居 の ホール この』

n -e -s şe -d en -k r -en -e

ずに 呼ば 汝が 名を 我が。」

e -u -e g -er w‘ab -ku -e ḥer -en -te -t

「といえば 私は、 静かだ。 綺麗だ 私は。 なぜなら

e -n re -x -en re -di -k

ないから 知ら 我々は 二本の足を 汝の

x -en -d -k ḥ(er) -er -n e -(e)m s -en

踏んで行くという 汝が 越えて 我々を によって それら。

şe -d e -re -k n -e s -et

告げよ ここで 私に それら(の名)を。」

b -es -(bes) -u em -baḥ aḥu r -en en re -d -e

「群像 の前の アフ神」だが 名は の 足 私の

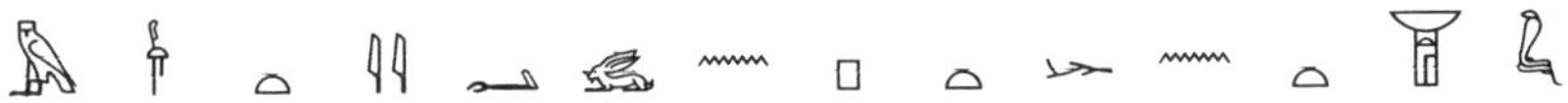

em -(em) en -t -i un -n -p -et en -t nebt-ḥut

右の、 「破壊 の ネフテュス神」

V 演習

r -en en re -d -e ea (bet) -b -et -i

（です） 名は の 足 私の 左の。

x -en -d e -re -k ħ(er) -er -n

「踏んで行け それでは 越えて 我々を。

e -u -k re -x -t -e -en

こそ 汝 熟知した 我々を。（但し）

en -en se -m (e) -e -e tu e -en

ない 尋問し 私は 汝に、と呼ぶなら

e -r -i (eri) ‘a (a) - (‘a) a en u -se -x - (usex) -t - (usext)

『門番 の ホール

θ -en n -e -s şe -d ne -k r -en -e

この』 ずに 呼ば 汝が 名を 我が。」

se (a) -a eb ş -‘a -r xa -t r -en -k

「識別者 心の 探求者 腹の」（です） 名は 貴男の。

アフ神はミン神と同じで、アフミームの豊饒神。ネフテュスは王宮の女主人の意味。オシリスの妹、ゲブとヌートの娘。

の意味。オシリスの妹、ゲブとヌートの娘。

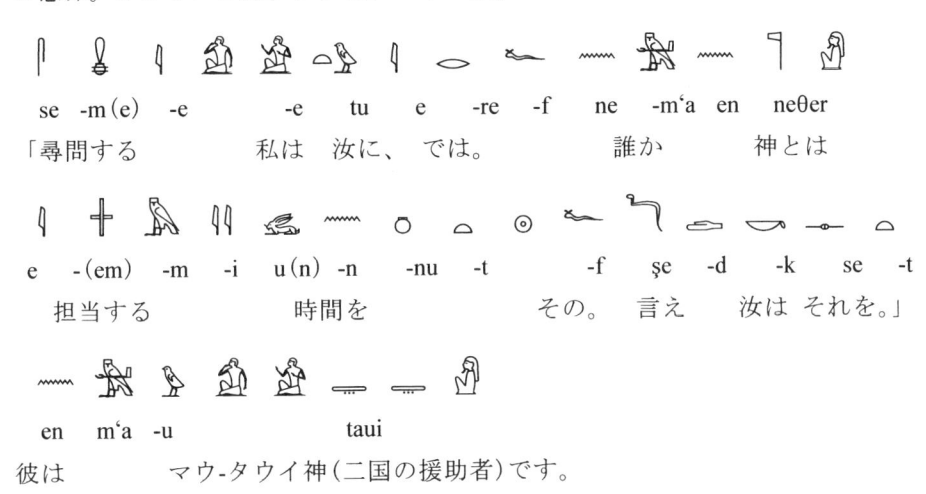

se -m(e) -e -e tu e -re -f ne -m‘a en neθer

「尋問する 私は 汝に、 では。 誰か 神とは

e -(em) -m -i u(n) -n -nu -t -f şe -d -k se -t

担当する 時間を その。 言え 汝は それを。」

en m‘a -u taui

彼は マウ-タウイ神(二国の援助者)です。

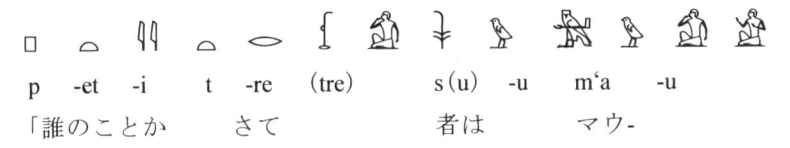

p -et -i t -re (tre) s(u) -u m‘a -u

「誰のことか さて 者は マウ-

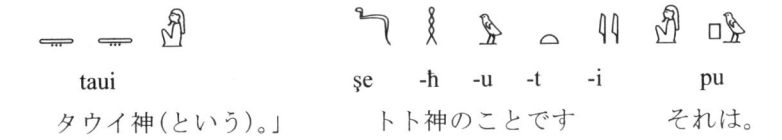

taui şe -ħ -u -t -i pu

タウイ神(という)。」 トト神のことです それは。

m‘a -e e -n şe -ħ -u -t -i

(そこで)「それでは」と 言った トト神は。

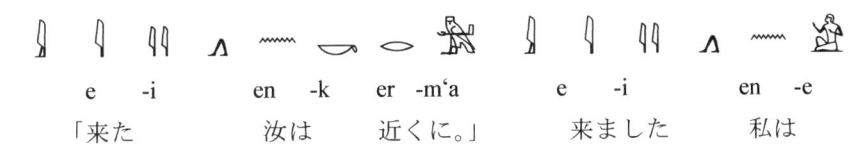

e -i en -k er -m‘a e -i en -e

「来た 汝は 近くに。」 来ました 私は

マウ-タウイ、直訳すれば二大陸の援助者だが、上下エジプトに協力する神。

‘a (a -‘a) -a er se -m (e) -e -t

ここに のため 尋問（を受ける）。

p -et -i t -re (tre) x -er -t -k

「どうか ところで 状態は 汝の。」

e -u -e w‘ab ku -e em x -u -(xu) neb

については 私、綺麗です 私は から 汚れ 全ての。

e -u x -u -(xu) -nu -e em še (n) -n -te -t

います 守られて 私は から 病的行為

en -t e -(em) -m -u -t h -er -u -s -en

の 住んでいた人 当時 その。

en -en tu -e em -m‘a -s -en

いなかった 私は 中に 彼らの。

se -m (e) -e -e e -re -f -tu

「尋ねるが 私が それでは 汝に、

第18王朝「死者の書」75章

ne -m'a en h -a -a -t em seşe(t) -t

誰か のは 降りて行った の中に 火炎。(但し)

e -ne -(eneb) -b -et -es em e -'a -re -tu

壁は (囲まれており) その(炎の) に ウラエウス(聖蛇)たち、

u(n) -n -nu -u sa -tu -f em ne -(nu) -nu e -m

あるのだ 墓も 彼の の中に その同じ そこに。」

seb -e pu us(t) -eri pu

反逆者 オシリスです それは。

u -(u)ş(a)-a e -re -k em -r -'a se -m(e) -e -t -e

「進んで行け については 汝。 よく 答えた 汝は。

e -u t -(t)a -u -k em u -(u)ş(a) -a -t -(uşat)

については パン 汝の から(与えられる) ホルスの目。

ħe -qe -t em u -(u)ş(a) -a -t -(uşat) e -u p(er) -er -tu

ビールも から ホルスの目。 される 持たら

ne -k xer(u) -u tep ta em u -(u)ş(a) -a -t -(uşat)

汝に 財産も での 地上 から ホルスの目。」

Ⅵ 王名表

王名	ホルス名	ネスウ・ビティ名	サーラー名他名
第 4 王朝			
50 Seneferu スネフル王 	neb-ma‘a-t	s-ne (fer) -f -er -u	
51 Xufu クフ王 	meşed	x -u -f -u	
52 Şed-ef-R‘a 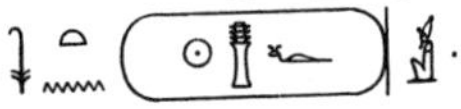		şed -ef -r‘a	
53 X‘a-f-R‘a ケフレン王 	user -eb	x‘a -f -r‘a	ne -su -t x‘a -u -f -r‘a
54 Men-kau-R‘a メンカウラー王 	ka -xa (t)	men -ka-u -r‘a	
55 Šep(s)-s-es-ka-f 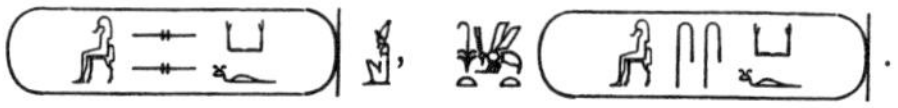	šep(s)-s-es-ka-f	šep(s) -s -es -ka -f	
第 5 王朝			
56 User-ka-f 	eri-ma‘a-t	user -ka -f	
57 Saḥu-R‘a 	neb -x‘a -u	saḥ -u -r‘a	
58 Nefer-eri-ka-R‘a 	user -x‘a -u	nefer -eri -ka -r‘a	ka -ka -e
59 Šep(s)-s-es-ka-R‘a 		šep(s)-s-es-ka-r‘a	e -s -e
60 Nefer-f-R‘a 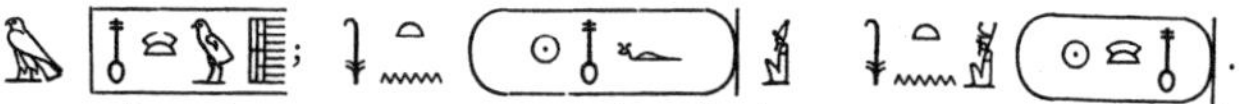	nefer -x‘a -u	nefer -f -r‘a	x‘a-nefer-r‘a
61 Ne-user-R‘a 	set -eb -taui	ne -u (ser) -s-er -r‘a	e - (en) -n
62 Men-kau-Ḥeru 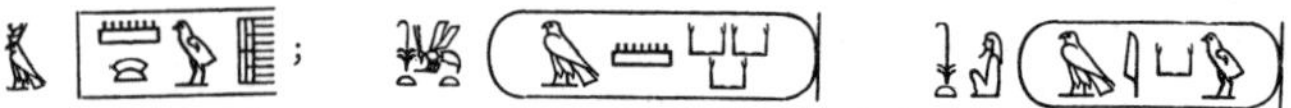	men -x‘a -u	men -ka -u -ḥeru	e -ka -u -ḥeru

63　Şed-ka-R‘a 
又は　şed　-x‘a -u　　şed -ka -r‘a

Ma‘at-ka-R‘a 
ma‘at -ka -r‘a　　e -s -s -e

64　Unes 
ウナス王　waş　-ta -ui　　u(n) -n -e -s,　　u(n) -n -e -s.

第 6　王朝

65　Tete 
テティ王　s-ḥetep -taui　　te -te.

66　User-ka-R‘a 
sexem -x‘a -u;　　user -ka -r‘a　　e -ti.

67　Meri-R‘a Pepi I 
ペピ一世　mer -i -ta-ui;　　mer -i -r‘a,　　pe -pi.

68　Mer-en -R‘a I 
Meḥti-em-sa-f I　‘anx -x‘a -u;　　me(r) -re -n -r‘a,　　meḥti-em-sa-f.

69　Nefer-ka-R‘a III 
ペピ二世 Pepi II.　neθer-x‘a-u;　　nefer -ka -r‘a　　pe -pi.

70　Mer-en -R‘a II 
Meḥti-em-sa-f II　----　　mer -en -r‘a　meḥti-em-sa-f.

71　Neθer-ka -R‘a 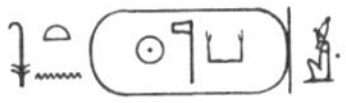
----　　neθer -ka -r‘a.

72　Net-eqerti 
----　　ne -t -e -q -er -t -i.

73　Nefer-ka II 
----　　nefer -ka.

第 7, 8 王朝

74　Men-ka -R‘a 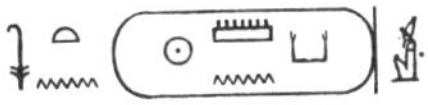
----　　me(n) -n -ka -r‘a.

75　Nefer-ka-R‘a IV 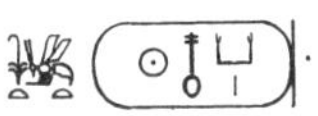
----　　nefer -ka -r‘a.

76 Neferes 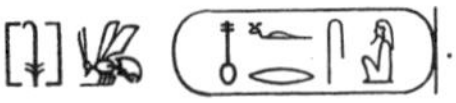

---- ne（fer） -f -er -es

77 Eb 

---- e -b

78 Nefer-ka-R‘a V Nebi 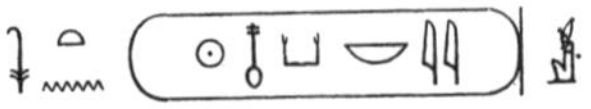

---- nefer -ka -r‘a neb -i

79 Şed-ka-R‘a -Ma‘a 

---- şed -ka -r‘a -ma‘a

80 Nefer-ka-R‘a VI 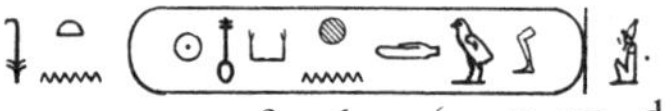

Xendu ---- nefer -ka -r‘a x -en -d -u

81 Mer-en-Ħer 

---- m（er）-er -en -ħeru

82 Snefer-ka I 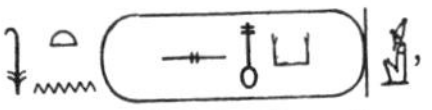, 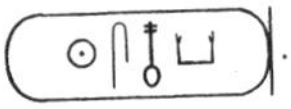.

Snefer-ka-R‘a I ---- s -nefer -ka　s -nefer -ka -r‘a

83 En-ka-R‘a I 

en -ka -r‘a

84 Nefer-ka-R‘a VII Terer ---- 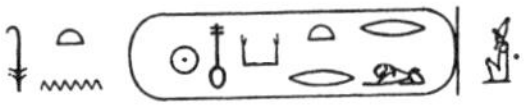

nefer -ka -r‘a t -er -er

85 Nefer-ka-Ħer ---- 

nefer -ka -ħeru

86 Nefer-ka-R‘a VIII 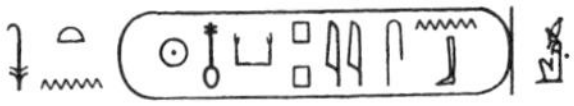

Pepi III Seneb ---- nefer -ka -r‘a pe-p-i se -ne -b

87 Snefer-ka II 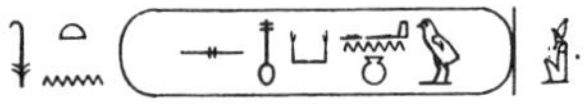

‘Annu ---- s-nefer -ka ‘a -n -n（u）-u

88 En-kau -R‘a 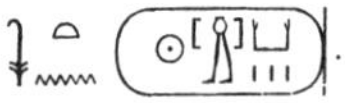

---- en -ka-u -r‘a

89 Nefer-kau -R‘a 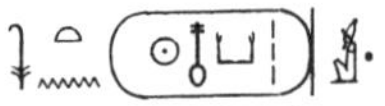

---- nefer -ka-u -r‘a

90 Nefer-kau -Ħer 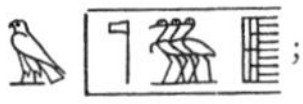; 

neθer-bau　nefer -ka-u -ħeru

91 Nefer-eri-ka -R‘a 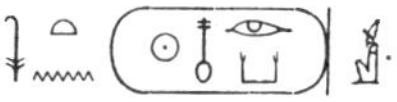

---- nefer-eri-ka -r‘a

92 Eti 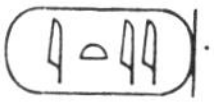

---- e-t-i

93 Sexem-ka -R‘a 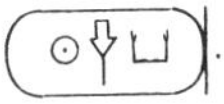

---- sexem -ka -r‘a

94 Ei-em Ḥetep 

---- ei -em ḥe (tep) -te -p

95 Waṣ-ka -R‘a 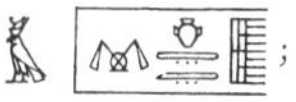 

demeṣ -eb -ta-ui waṣ -ka -r‘a

第 9, 10 王朝

96 Nefer-ka -R‘a IX 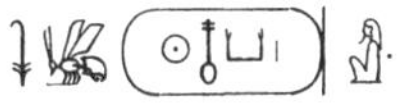

---- nefer -ka -r‘a

97 Eb-meri -R‘a  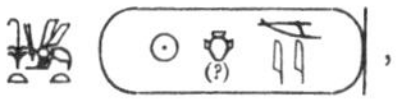 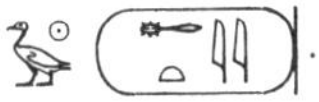

mer -i -eb ta-ui eb -mer-i -r‘a xa -t -i

98 Mer-i -R‘a 

---- mer -i -r‘a

99 Nefer-ka -R‘a X 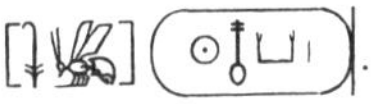

---- nefer -ka -r‘a

100 Wah-ka-R‘a 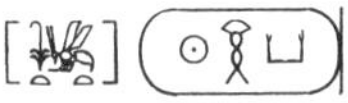 

---- waḥ -ka -r‘a xa -t -i

101 Ka-meri-R‘a 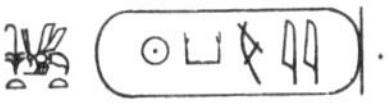

---- ka -mer-i -r‘a

102 Neb-kau-R‘a Xa-ti 

---- neb -ka-u xa-t-i neb -ka-u ‘anx -ṣ-et

103 S-x‘an-R‘a 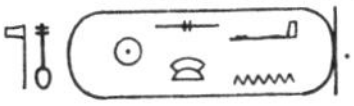

---- s-x (‘a) -‘a -n -r‘a

104 X‘a-user-R‘a 

---- x (‘a) -‘a -u (ser) -s -er -r‘a

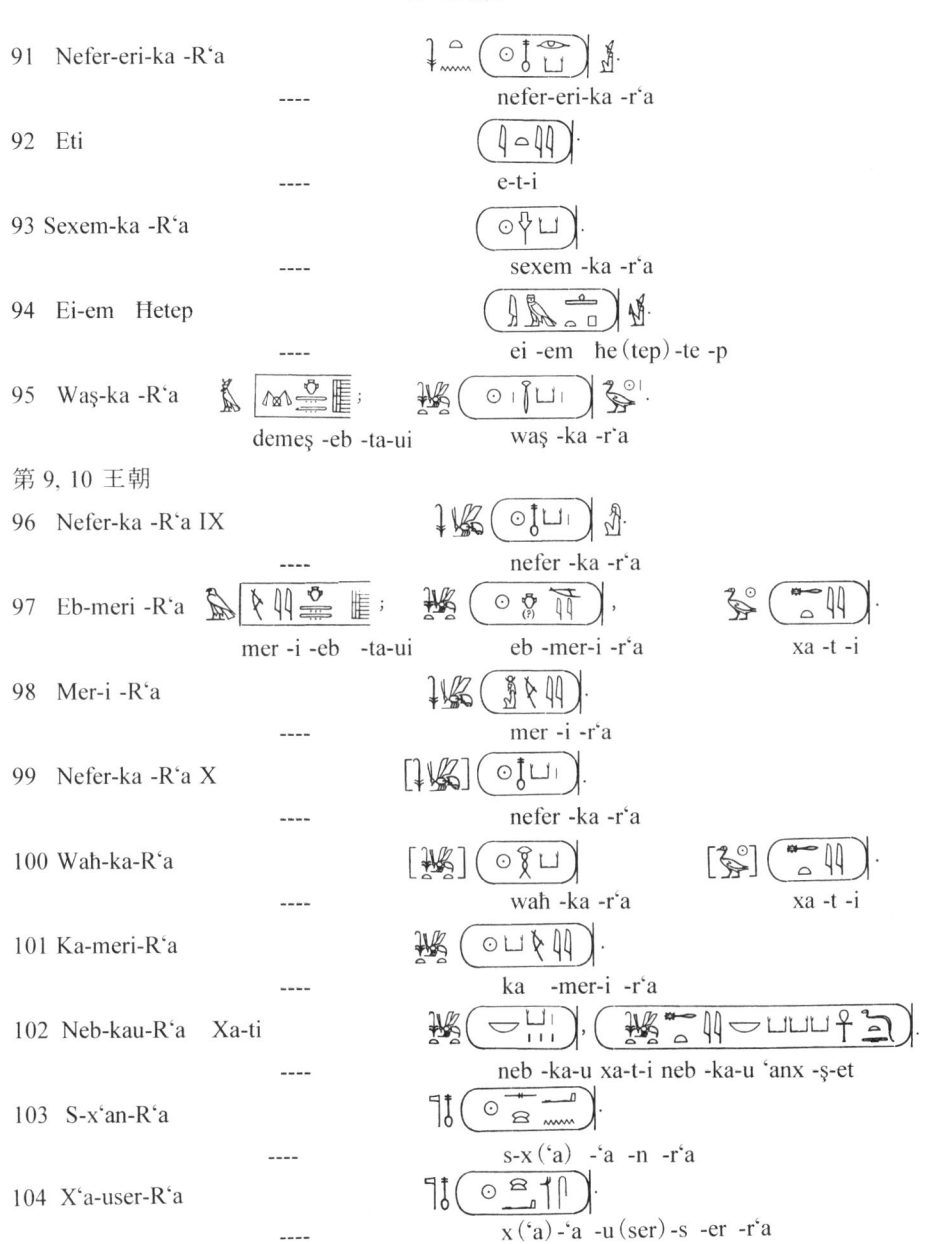

105 Nubu-taui-R'a 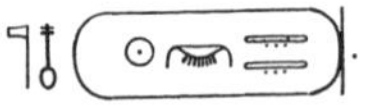

---- nubu -ta-ui -r'a

106 'Aa-ḥetep-R'a 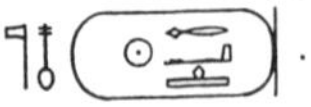

---- 'a -('a) a -ḥetep -r'a

107 'Aa-x'a -R'a 

---- 'a -('a) a -x'a -r'a

108 Ma'a-eb-R'a 

---- ma('a) -'a -eb -r'a

第 11 王朝

109 En-tef Erpa 

---- e(n)-n -te -f er -p -'a r -'a

110 Menθu-ḥetep 

te(p)-p -'a me(n)-n -θu -ḥe(tep)-te-p

111 En-tef II 

---- he -e(n)-n-te-f

112 En-tef III 

Waḥ-'anx waḥ -'anx e(n)-n-te-f

113 En-tef IV 

Next-neb-tep-nefer. ne-xe(t)-t -neb-tep-nefer e(n)-n-te-f

114 Qa-ka-R'a 

Entef V s-nefer-taui-f qa -ka -r'a e(n)-n-te-f

115 S-'anx-eb-taui 

Menθu-ḥetepII. s-'anx-eb-ta-ui ---- me(n)-n-θu-ḥe(tep)-te-p

116 Neb-xerut-R'a 

Menθu-ḥetep III ---- neb-xeru-t -r'a me(n)-n-t-u-ḥe(tep)-te-p

117 Entef VI 

---- ---- e(n)-n-te-f

118 Neb-taui-R'a 

Menθu-ḥetep IV. neb -ta-ui neb -ta-ui -r'a me(n)-n-θ-u-ḥe(tep)-te-p

119 S-‘anx-ka-R‘a 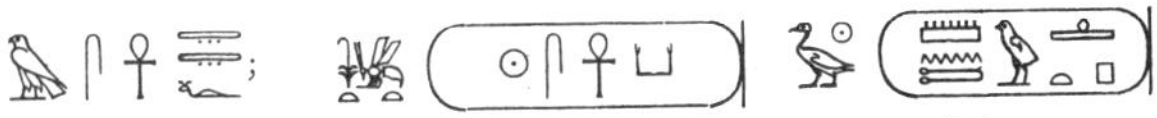

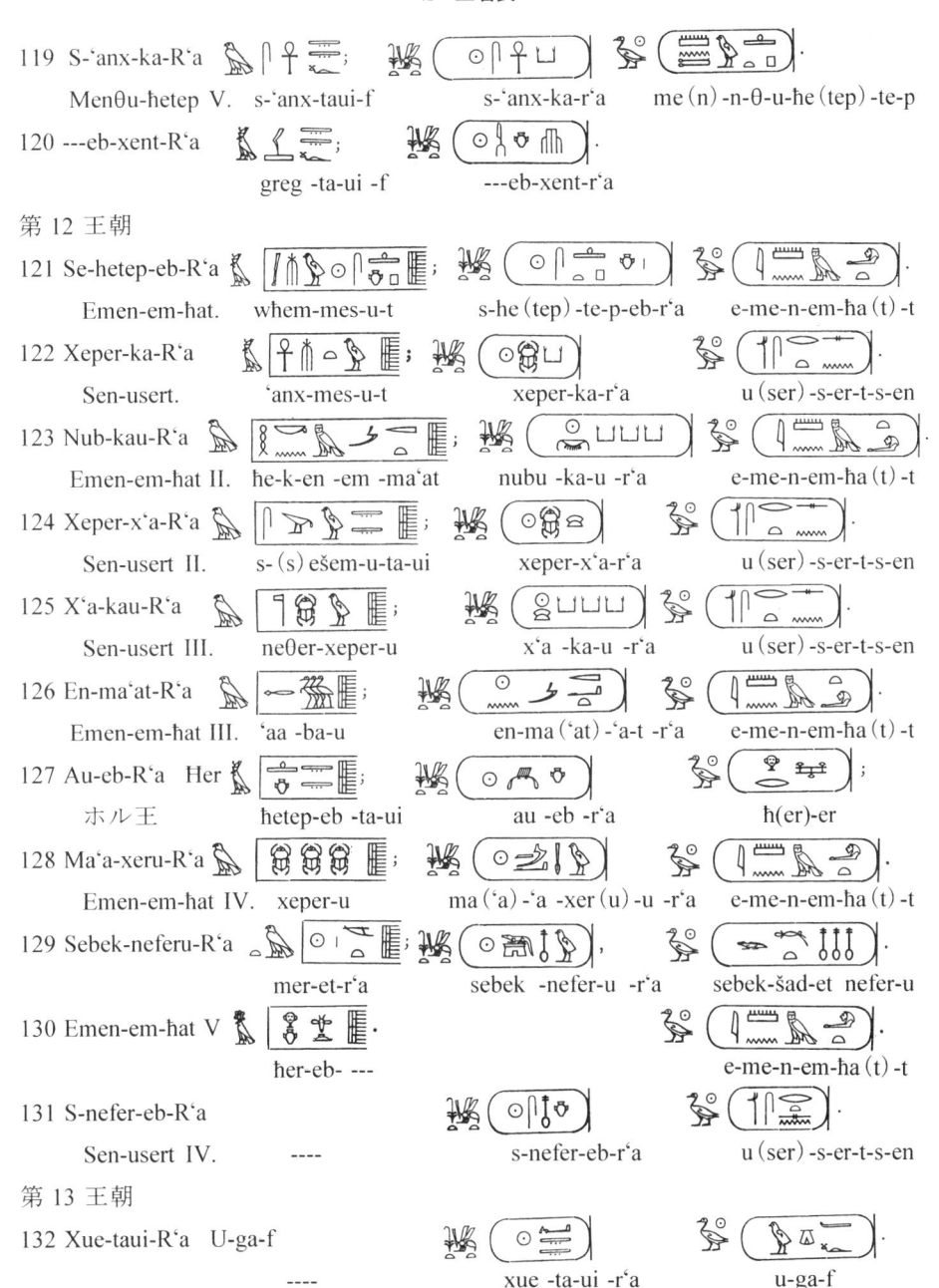

Menθu-ħetep V.　s-‘anx-taui-f　s-‘anx-ka-r‘a　me(n)-n-θ-u-ħe(tep)-te-p

120 ---eb-xent-R‘a 

greg -ta-ui -f　---eb-xent-r‘a

第 12 王朝

121 Se-hetep-eb-R‘a 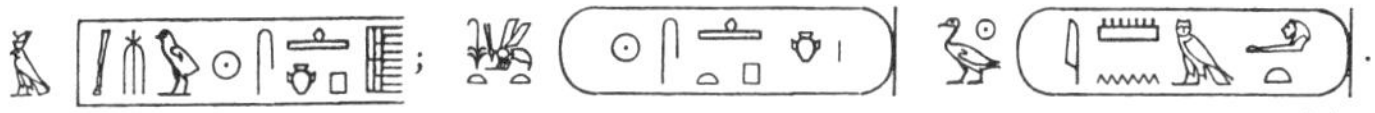

Emen-em-ħat.　wħem-mes-u-t　s-he(tep)-te-p-eb-r‘a　e-me-n-em-ħa(t)-t

122 Xeper-ka-R‘a 

Sen-usert.　‘anx-mes-u-t　xeper-ka-r‘a　u(ser)-s-er-t-s-en

123 Nub-kau-R‘a 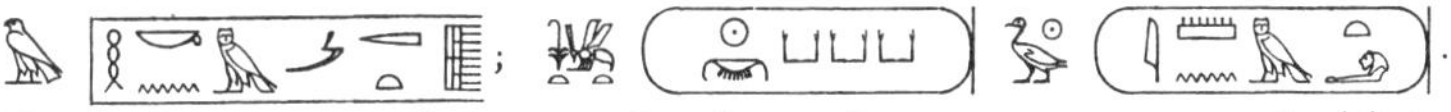

Emen-em-ħat II.　ħe-k-en -em -ma‘at　nubu -ka-u -r‘a　e-me-n-em-ħa(t)-t

124 Xeper-x‘a-R‘a 

Sen-usert II.　s-(s)ešem-u-ta-ui　xeper-x‘a-r‘a　u(ser)-s-er-t-s-en

125 X‘a-kau-R‘a 

Sen-usert III.　neθer-xeper-u　x‘a -ka-u -r‘a　u(ser)-s-er-t-s-en

126 En-ma‘at-R‘a 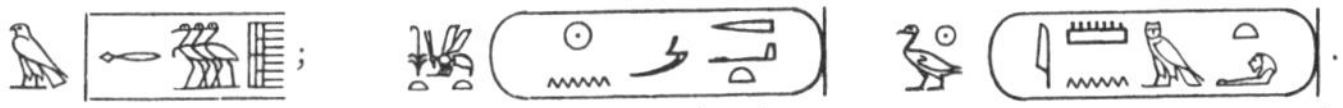

Emen-em-ħat III.　‘aa -ba-u　en-ma(‘at)-‘a-t -r‘a　e-me-n-em-ħa(t)-t

127 Au-eb-R‘a　Ħer 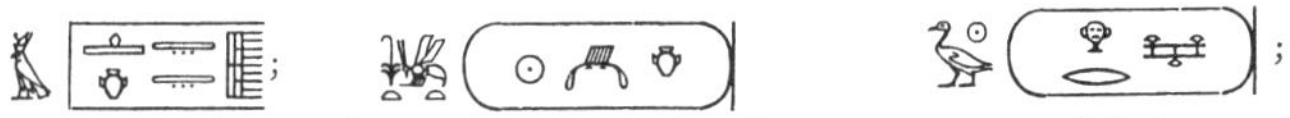

ホル王　ħetep-eb -ta-ui　au -eb -r‘a　ħ(er)-er

128 Ma‘a-xeru-R‘a 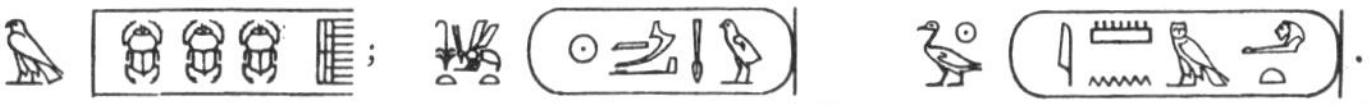

Emen-em-ħat IV.　xeper-u　ma(‘a)-‘a -xer(u)-u -r‘a　e-me-n-em-ħa(t)-t

129 Sebek-neferu-R‘a 

mer-et-r‘a　sebek -nefer-u -r‘a　sebek-šad-et nefer-u

130 Emen-em-ħat V 

ħer-eb- ---　e-me-n-em-ħa(t)-t

131 S-nefer-eb-R‘a 

Sen-usert IV.　----　s-nefer-eb-r‘a　u(ser)-s-er-t-s-en

第 13 王朝

132 Xue-taui-R‘a　U-ga-f 

----　xue -ta-ui -r‘a　u-ga-f

133 Sexem-ka-R‘a II 
s-‘anx -ta-ui exem-ka-r‘a

134 Se-šeš-ka-R‘a 
Emen-em-ḥat VI. meḥ -eb -ta-ui se-šeš-ka-r‘a e-me-n-em-ḥa (t) -t s-en-b-ef

135 Emen-em-ḥat VII 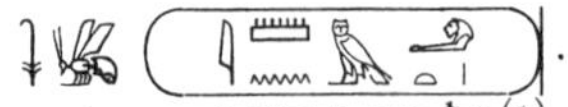
---- e-me-n-em-ḥa (t) -t

136 Se-ḥetep-eb-R‘a II 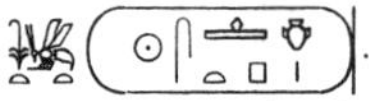
---- s-ḥe (tep) -te-p -eb -r‘a

137 Eu-f-ni 
---- e-u-f-n-i

138 S-‘anx-eb-R‘a Emeni 
Entef Emen-em-ḥat VIII. s-h-er-taui s-‘anx-eb-r‘a e-men-ni-en-te-f e-me-n-em-ḥa (t) -t

139 S-men-ka-R‘a 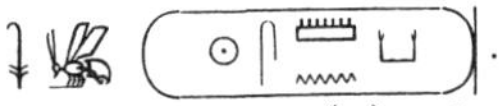
---- s-me (n) -n-ka-r‘a

140 Se-ḥetep-eb-R‘a III 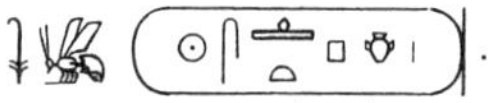
---- s-ḥe (tep) -te-p -eb -r‘a

141 -----ka-R‘a 
---- -----ka -r‘a

142 S-nefer-ka-R‘a II 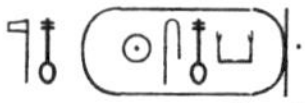
---- s-nefer-ka-r‘a

143 S-nefer-eb-R‘a II 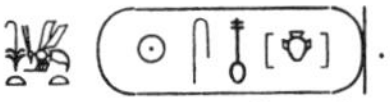
---- s-nefer-eb-r‘a

144 Neşem-eb-R‘a 
---- neş(em)-em-eb-r‘a

145 Sebek-ḥetep-R‘a 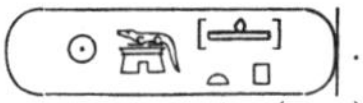
---- sebek-ḥe (tep) -te-p-r‘a

146 Ren-Senb 
---- re-n-s-en-b

147 Au-eb-R‘a II 
---- a (u) -u -eb -r‘a

148 Se-şe-f-----R'a

---- se-şe-f-----r'a

149 Sexem-xue-taui-R'a

Emen-em-ħat IX.Sebek-ħetepII. x'a---ba-u. sexem-xue-taui-r'a sebek-hetep. e-me-n-em-ħat

150 User-ka-R'a

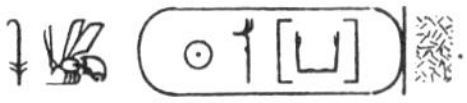

---- user -ka -r'a

151 S-menx-ka-R'a

Mer-m'a-šau ---- s-me (n) -n-x-ka-r'a m-er-š 'a-u

152 ----ka-[R'a]

---- ----ka -[r'a]

153 Ka-set-R'a

---- ka-set-r'a ka-set-r'a

154 Sexem-swaş-taui-R'a

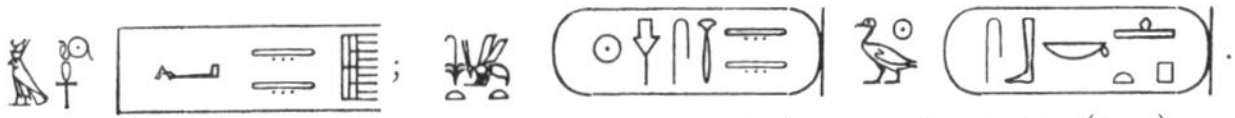

Sebek-ħetep III. xue -ta-ui sexem-s-waş-taui-r'a se-be-k-ħe (tep) -te-p

155 X'a-sešeš-R'a

Nefer-ħetep greg-ta-ui x'a-sešeš-r'a ne (fer) -f-er-ħe (tep) -te-p

156 Sa-ħet-ħer(Hat-hor)

---- ħe (t) -t -ħer-sa

157 X'a-nefer-R'a

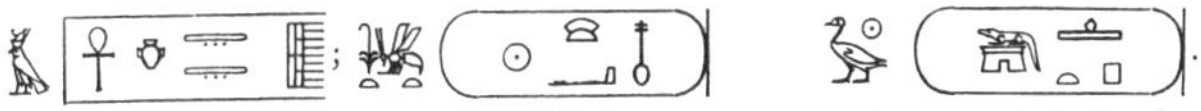

Sebek-ħetep IV. 'anx-eb-taui x ('a) -'a -nefer -r'a sebek-ħe (tep) -te-p

158 X'a-ka-R'a

---- x'a-ka-r'a

159 X'a-'anx-R'a

Sebek-ħetep V. sma -ta-ui x'a-'anx-r'a sebek-ħe (tep) -te-p

160 X'a-ħetep-R'a

Sebek-ħetep VI. ---- x'a-ħetep-r'a sebek-ħe (tep) -te-p

161 Waħ-eb-R'a

E'a-eb ---- wa (ħ)-ħ-eb-r'a e'a-eb

162 Mer-nefer-R'a

Ei ---- m (er) -er -nefer -r'a e-i

163 Mer-ħetep-R'a

En ---- m (er) -er ħe (tep) -te-p-r'a e-n

164 Mer-ħetep-R'a II

Sebek-ħetep VII. ---- mer -ħetep -r'a sebek-ħe (tep) -te-p

165 S-'anx-en-R'a
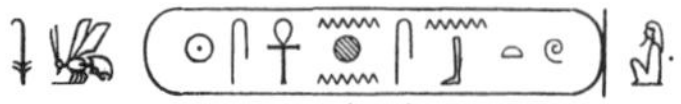
Sen-betu ---- s -'a (nx) -n-x -en -r'a s-en-b-et-u

166 Mer-sexem-R'a

En---- ---- m (er) -er-sexem-r'a e-n----

167 S-waş-ka-R'a Ħeru-e

---- s-waş-ka-r'a ħeru-e

168 Mer-neşem-R'a

---- m (er) -er-neş(em) -em-r'a

169 Mer-'anx-R'a

Menθu-ħetep VI. ---- mer-'anx-r'a me (n) -n-θ-u-ħetep

170 Mer-xeper-R'a
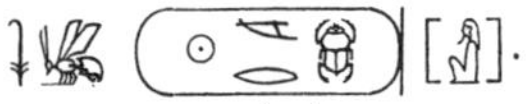
---- m (er) -er -xeper -r'a

171 Mer-ka-R'a

Sebek-ħetep VIII. ---- m (er) -er -ka -r'a sebek-ħe (tep) -te-p

172 Şed-nefer-R'a

Dadu-mes ---- şed-nefer-r'a da-d-u-me (s) -s

173 Neb-ma'at-R'a

---- neb -ma ('a) -'a-t -r'a

174 U-ben-R'a
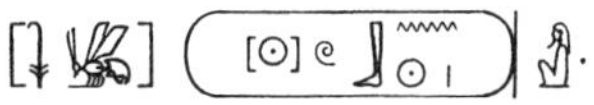
---- u-b-en-r'a

175 ----ka-R'a
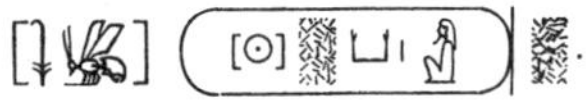
---- ----ka -r'a

176 Neb-ma'at-R'a II

---- neb -ma ('a) -'a-t -r'a

177 Şed-'anx-R'a

Mentu-em-saf ---- şed-'anx-r'a me (n) -n-t-u-em-sa-f

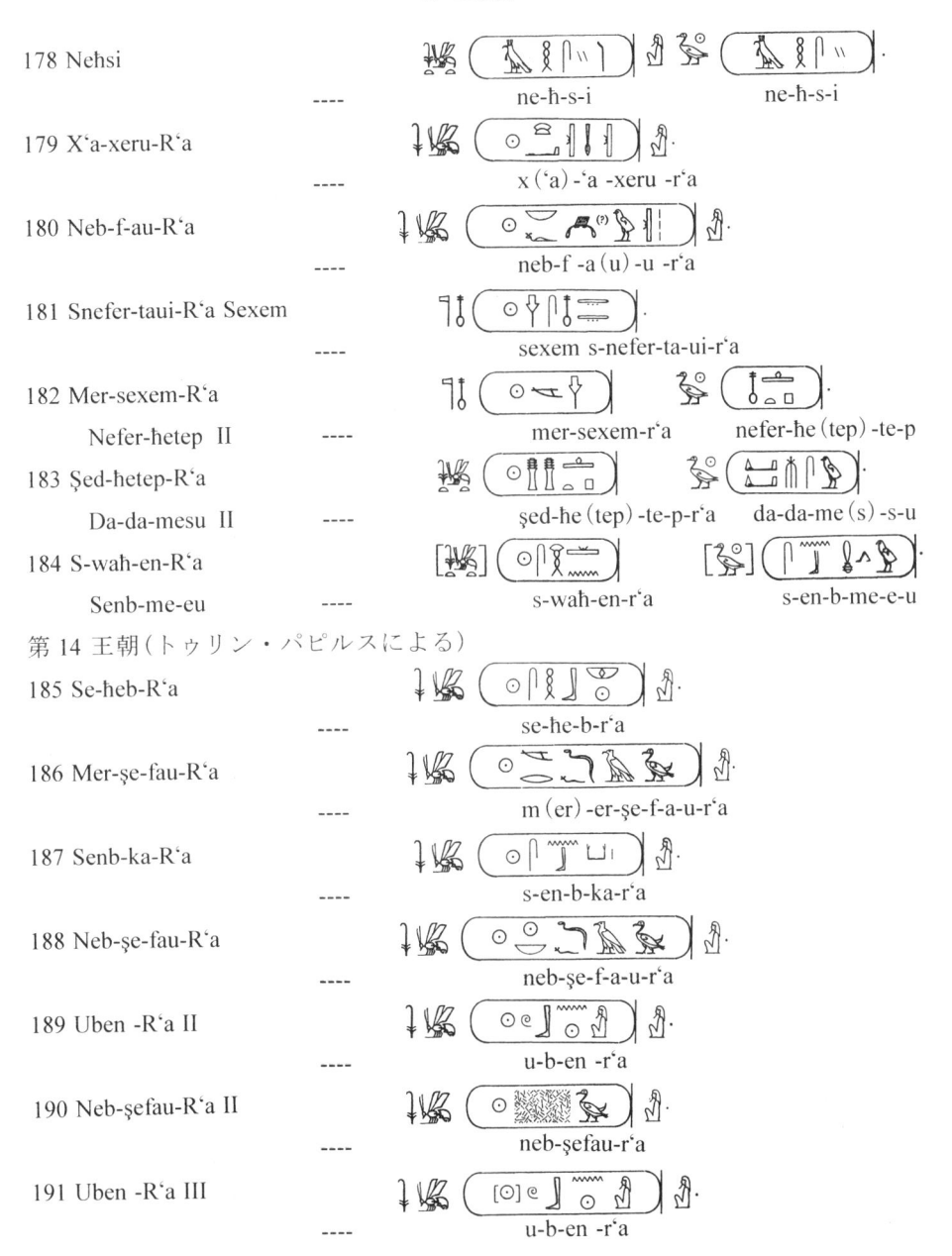

178 Neħsi

---- ne-ħ-s-i　ne-ħ-s-i

179 X'a-xeru-R'a

---- x('a)-'a -xeru -r'a

180 Neb-f-au-R'a

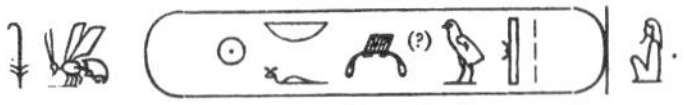

---- neb-f -a(u) -u -r'a

181 Snefer-taui-R'a Sexem

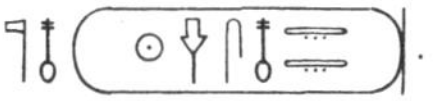

---- sexem s-nefer-ta-ui-r'a

182 Mer-sexem-R'a
Nefer-ħetep II

---- mer-sexem-r'a　nefer-ħe(tep)-te-p

183 Şed-ħetep-R'a
Da-da-mesu II

---- şed-ħe(tep)-te-p-r'a　da-da-me(s)-s-u

184 S-waħ-en-R'a
Senb-me-eu

---- s-waħ-en-r'a　s-en-b-me-e-u

第 14 王朝(トゥリン・パピルスによる)

185 Se-ħeb-R'a

---- se-ħe-b-r'a

186 Mer-şe-fau-R'a

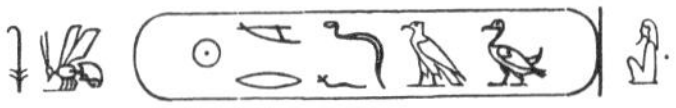

---- m(er)-er-şe-f-a-u-r'a

187 Senb-ka-R'a

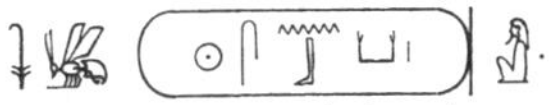

---- s-en-b-ka-r'a

188 Neb-şe-fau-R'a

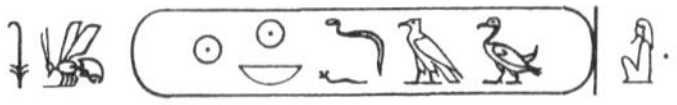

---- neb-şe-f-a-u-r'a

189 Uben -R'a II

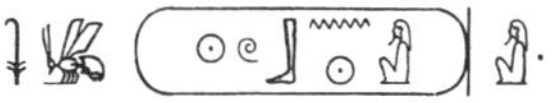

---- u-b-en -r'a

190 Neb-şefau-R'a II

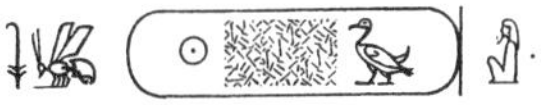

---- neb-şefau-r'a

191 Uben -R'a III

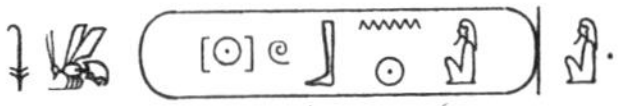

---- u-b-en -r'a

192 Aut-eb-R‘a III

---- a (u) -u-t-eb-r‘a

193 Her-eb-R‘a

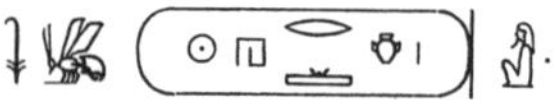

---- h-er-eb-r‘a

194 Neb-sen-R‘a

---- neb-s-en-r‘a

195 ------R‘a

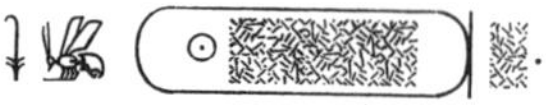

---- ------r‘a

196 Se-xeper-en-R‘a

---- se-xep (er) -er-en-r‘a

197 Şed-xeru-R‘a

---- şed-xeru-r‘a

198 S-‘anx-ka-R‘a

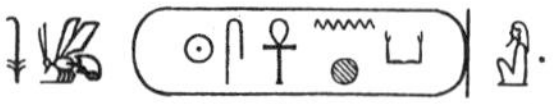

---- s-‘a (nx) -n-x -ka -r‘a

199 Nefer-tem----R‘a

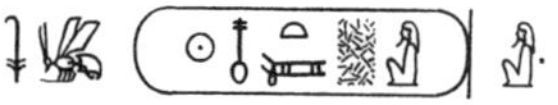

---- nefer-t- (t) em----r‘a

200 Sexem----R‘a

---- sex (em) -em----r‘a

201 Ka----R‘a

---- ka----r‘a

202 Nefer-eb-R‘a

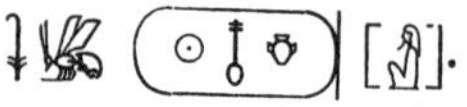

---- nefer-eb-r‘a

203 E----R‘a

---- e----r‘a

204 X (‘a) -‘a-----R‘a

---- x (‘a) -‘a-----r‘a

205 ‘Anx-ka-R‘a

---- ‘anx-ka-r‘a

206 S-men----R‘a

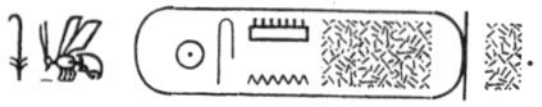

---- s-me (n) -n----r‘a

207 Mer-sexem----R'a	----	m (er) -er-sexem----r'a	
208 Sba-----R'a	----	s- (s) ba-----r'a	
209 Men-x'au-R'a Seš-eb	s-waş -ta-ui	me (n) -n -x ('a) -'a-u -r'a	seš-eb
210 Seb-kai	----	----	se-b-ka-i
211 Xu-eqer	----	x-u-e-q-er	
212 Sebek-ka-R'a	----	se-bek-ka-r'a	

第 15, 16 王朝(ヒクソス)

213 ~ 215 不明

216 ----ka-R'a 'Aa-na-te	----	----ka-r'a	'aa-n-a-t-e
217 ----ka-R'a Bebenem	----	----ka-r'a	be-be-n-em
218 ----ka-R'a	----	----ka-r'a	
219 En-nubu----	----	e- (e) n-nubu	
220 E-----	----	e-----	
221 E-p----	----	e-p----	
222 User-ka-R'a III Xenşer	----	u (ser) -s-er-ka-r'a	x-en-ş(er)-er
223 'Aa-user-R'a E-pepe	----	'a- ('a) a -u (ser) -s-er -r'a	e-pe-pe

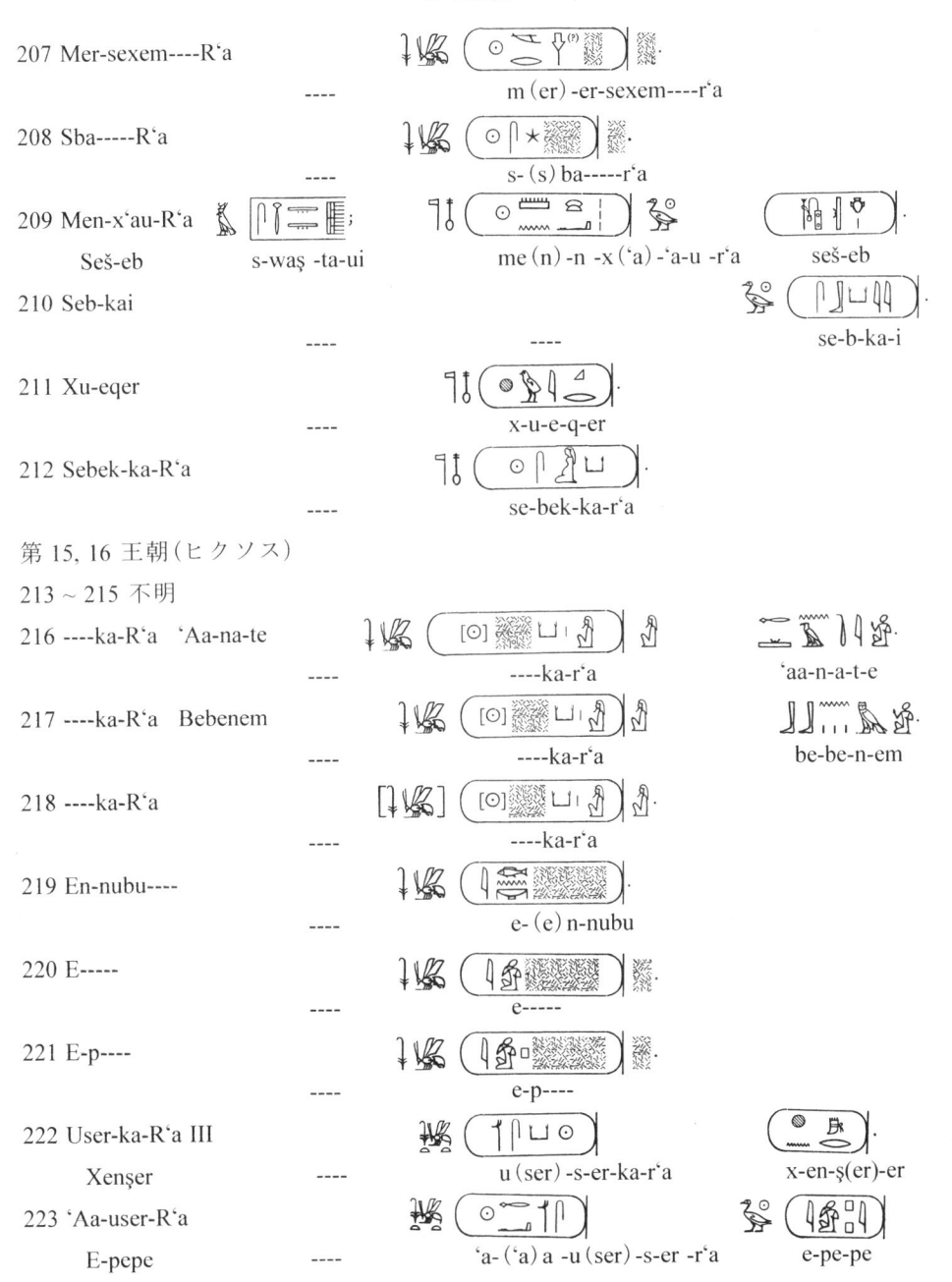

224 S-user-en-R‘a 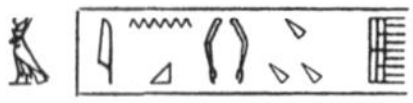 ; 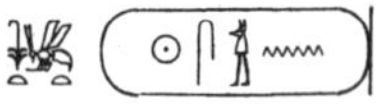  .

Xian e-n-q-ħepet s-user-en-r‘a x-i-a-n

225 Neb-xepeš-R‘a  

E-pepe II ---- neb-xepeš-r‘a e-pe-pe

226 ‘Aa-‘arq -R‘a  .

---- ‘a-(‘a) a -‘arq -r‘a

227 Mer-user-R‘a 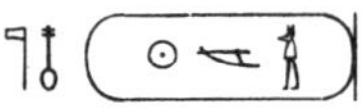 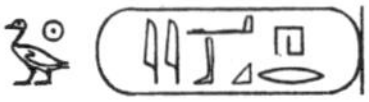

I-‘abeq-her ---- mer-user-r‘a i-‘a-be-q-h-er

228 ‘Aa-qenn-R‘a 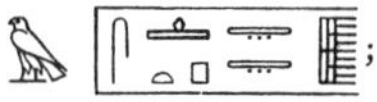 ; 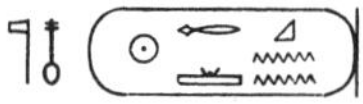  .

E-pepe III s-he (tep) -te-p-taui ‘aa-q-en-n-r‘a e-pe-pe

229 ‘Aa-peħty-Set 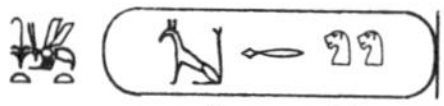 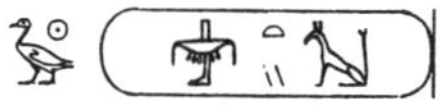

Nubti ---- ‘aa-peħty-set nubu-t-i

230 ‘Aa-peħ-R‘a 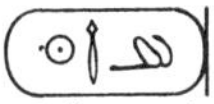 .

---- ‘aa-peħ-r‘a

231 ‘Aa-neθer-R‘a  .

---- ‘aa-(‘a-a) -neθer-r‘a

232 ‘Aa-ħetep-R‘a II 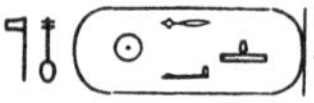 .

---- ‘aa-(‘a) -ħetep-r‘a

233 ‘Aa-x‘a-R‘a 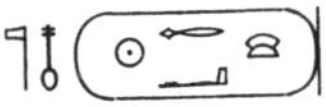 .

---- ‘a-(‘a) a-x‘a-r‘a

234 Waş-ka-R‘a  .

---- waş-ka-r‘a

235 Nub-ka-R‘a  .

---- nubu-ka-r‘a

236 Neb-şed-R‘a 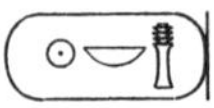 .

---- neb-şed-r‘a

237 Nub-tet-R‘a 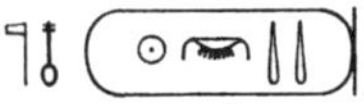 .

---- nub-t-et-r‘a

238 Ne-ka-R‘a  .

---- ne-ka-r‘a

239 X‘a-user-R‘a 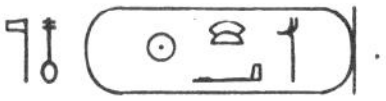

---- x‘a-(‘a)-user-r‘a

240 X‘a-mu-R‘a 

---- x‘a-(‘a)-mu-r‘a

241 Ka-set-R‘a II   

Sexenn---uput. se-x-en-n---uput ---- ka-set-r‘a

242 Waşit-set-R‘a 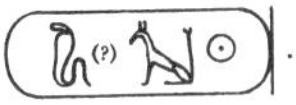

---- waşit-set-r‘a

243 Semqen  

he(q)-q-hast-u s-em-q-en

244 ‘Aant-her  

he(q)-q-hast-u ‘aa-n-t-h-er

245 ‘Aa-mu 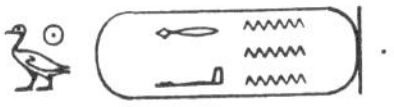

---- ---- ‘a-(‘a)a -mu

246 I‘a-peq-her 

---- ---- i-‘a-pe-q-h-er

247 I‘a-mu 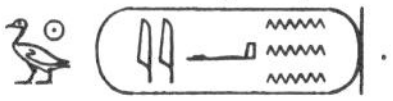

---- ---- i-‘a -mu

248 I-peq-Ħeru 

---- i-pe-q-ħer

249 Waş-şed 

---- waş-şe-d

250 Seket 

---- ---- se-k-et

251 Šeše  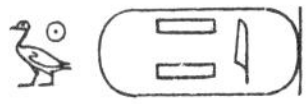

---- še-še še-š-e

252 Qar 

---- ---- q-a-r

第 17 王朝（トゥリン・パピルスによる）

253 Sexem------R‘a II

---- sexem----r‘a

254 Sexem------R‘a III

---- sexem----r‘a

255 Sexem------R‘a IV

---- sexem----r‘a

256 Ses-----R‘a

---- se-s-----r‘a

257 Neb-eri-au-R‘a

---- neb-e-r-i-a (u) -u-r‘a

258 Neb-eri-au-R‘a II

---- neb-e-r-i-a (u) -u-r‘a

259 S-men-taui-R‘a
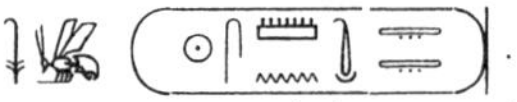
---- s-me (n) -n -ta-ui -r‘a

260 S-user----R‘a
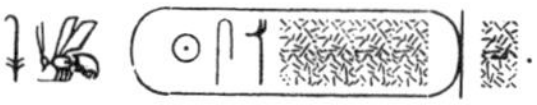
---- s-user----r‘a

261 Sexem----R‘a V
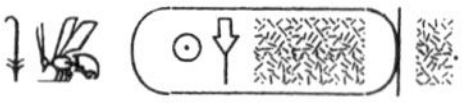
---- sexem----r‘a

262 --------R‘a
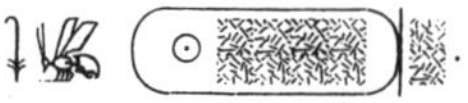
---- --------r‘a

263 Eu-----R‘a
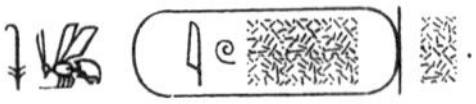
---- e-u-----r‘a

264 Set ----

---- set ----

265 Sunu-----
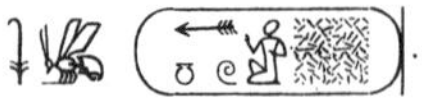
---- su-n (u) -u-----

266 Ḥeru-----

---- ḥeru----

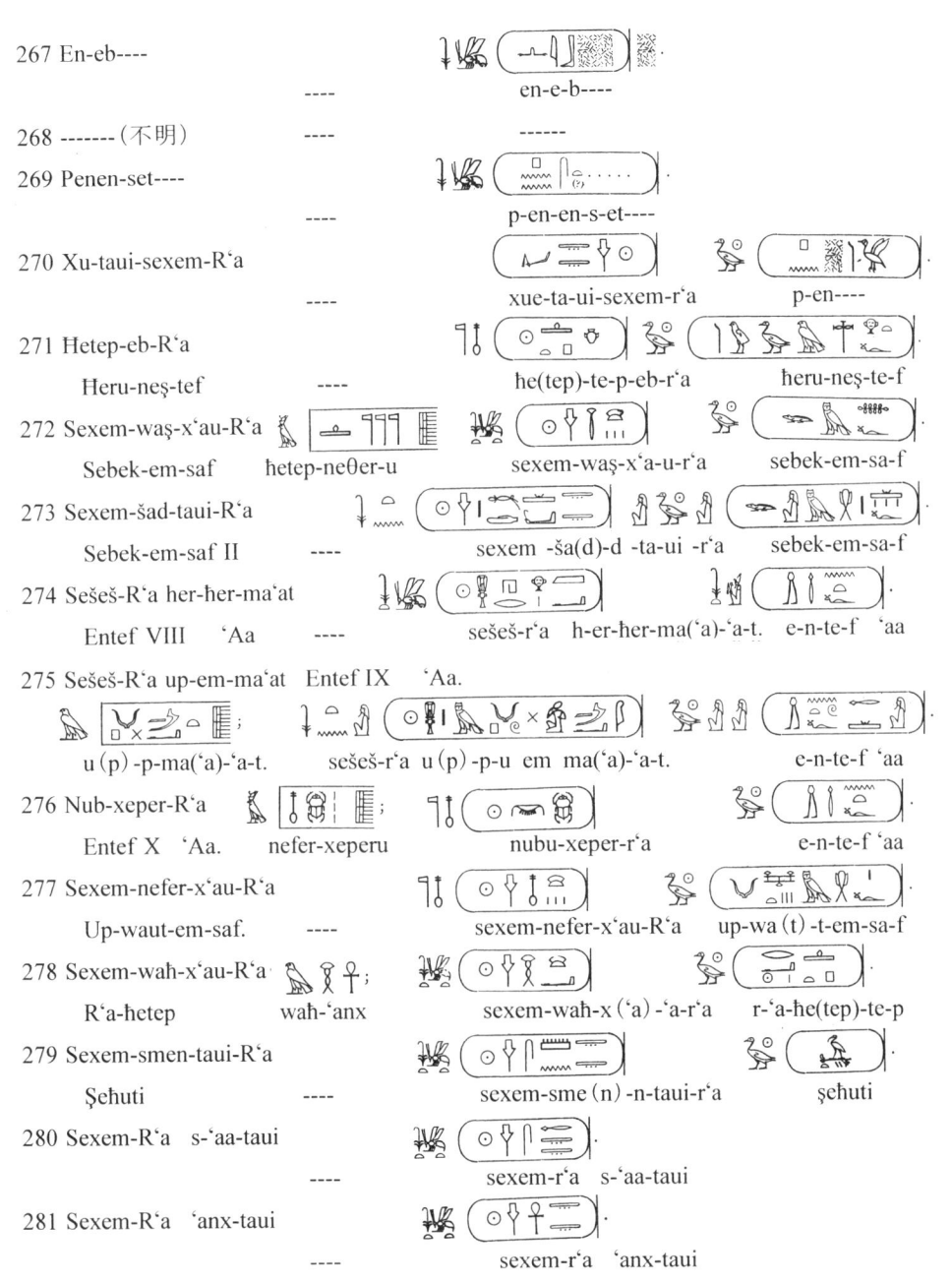

267 En-eb----

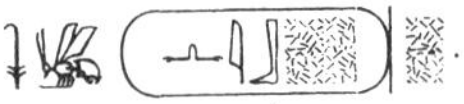

---- en-e-b----

268 -------（不明） ---- ------

269 Penen-set----

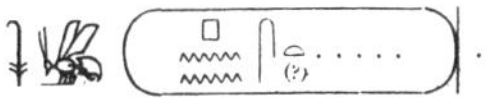

---- p-en-en-s-et----

270 Xu-taui-sexem-R‘a

---- xue-ta-ui-sexem-r‘a p-en----

271 Ḥetep-eb-R‘a

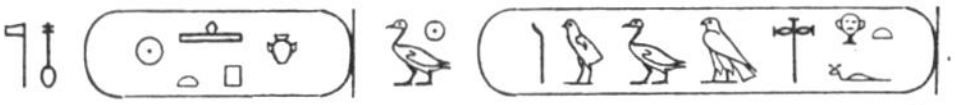

Ḥeru-neş-tef ---- ḥe(tep)-te-p-eb-r‘a ḥeru-neş-te-f

272 Sexem-waş-x‘au-R‘a

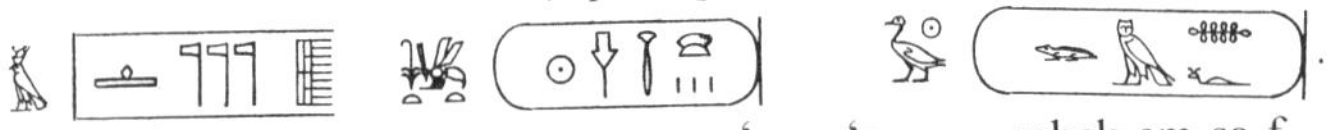

Sebek-em-saf ḥetep-neθer-u sexem-waş-x‘a-u-r‘a sebek-em-sa-f

273 Sexem-šad-taui-R‘a

Sebek-em-saf II ---- sexem -ša(d)-d -ta-ui -r‘a sebek-em-sa-f

274 Sešeš-R‘a her-ḥer-ma‘at

Entef VIII ‘Aa ---- sešeš-r‘a h-er-ḥer-ma(‘a)-‘a-t. e-n-te-f ‘aa

275 Sešeš-R‘a up-em-ma‘at Entef IX ‘Aa.

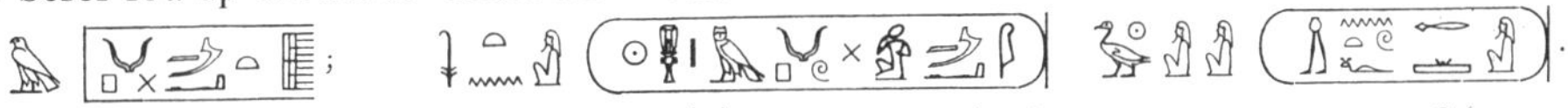

u (p) -p-ma(‘a)-‘a-t. sešeš-r‘a u (p) -p-u em ma(‘a)-‘a-t. e-n-te-f ‘aa

276 Nub-xeper-R‘a

Entef X ‘Aa. nefer-xeperu nubu-xeper-r‘a e-n-te-f ‘aa

277 Sexem-nefer-x‘au-R‘a

Up-waut-em-saf. ---- sexem-nefer-x‘au-R‘a up-wa (t) -t-em-sa-f

278 Sexem-waḥ-x‘au-R‘a

R‘a-ḥetep waḥ-‘anx sexem-waḥ-x (‘a) -‘a-r‘a r-‘a-ḥe(tep)-te-p

279 Sexem-smen-taui-R‘a

Şeḥuti ---- sexem-sme (n) -n-taui-r‘a şeḥuti

280 Sexem-R‘a s-‘aa-taui

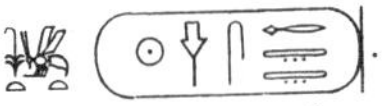

---- sexem-r‘a s-‘aa-taui

281 Sexem-R‘a ‘anx-taui

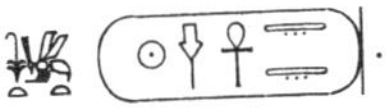

---- sexem-r‘a ‘anx-taui

282 R‘a -mes -s-user -taui 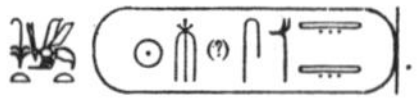
---- r‘a -mes -s-user -taui

283 S-waş-en-R‘a 
---- s-waş-en-R‘a

284 S-waş-en-R‘a II 
---- s-waş-en-R‘a

285 S-xent-en-R‘a 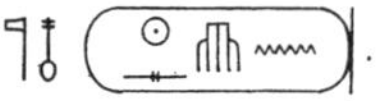
---- s-xent-en-r‘a

286 S-nexet-en-R‘a 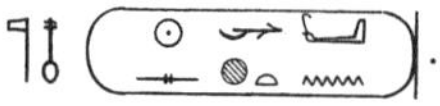
---- s-ne (xet) -x-et-en-r‘a

287 Seqenen-R‘a 
Tau-‘aa ---- se-q-en-en-r‘a t-a-u-‘a- (‘a) a

288 Seqenen-R‘a II 
Tau-‘aa ‘Aa ---- se-q-en-en-r‘a t-a-u-‘aa -‘aa

289 Seqenen-R‘a III 
Tau-‘aa Qen ---- se-q-en-en-r‘a t-a-u-a‘a- (‘a) q-en

290 Waş-xeper-R‘a 
Kames se-şe-f -ta-ui waş-xeper-r‘a ka-me (s) -s

第 18 王朝

291 Neb-peħti-R‘a 
Eaħ-mes. waş-xeperu neb-peħ(ti)-ti-r‘a eaħ-me(s)-s

292 Şeser-ka-R‘a 
Emen-ħetep ka-u-‘aa-f-taui şeser-ka-r‘a e-me (n) -n-ħe(tep)-te-p

293 ‘Aa-xeper-ka-R‘a 
Şeħuti-mes. ka-next-meri-Ma‘at ‘aa-xeper-ka-r‘a şeħuti-me(s)-s

294 ‘Aa-xeper-en-R‘a 
Şeħuti-mes II. ka-next-u (ser) -s-er-peħuty. ‘aa-xeper-en-r‘a. şeħu(ti)-t-imes

295 Ma‘at-ka-R‘a II 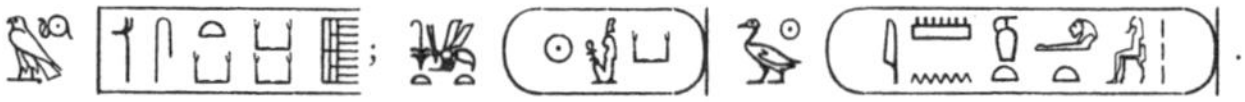
Ħat-šepsut u (sert) -s-er-t-kau. ma‘at-ka-r‘a. e-me (n) -n-xenem-t-ħa(t)-t-šepsut
ハトシェプスト女王

296 Men-xeper-R‘a 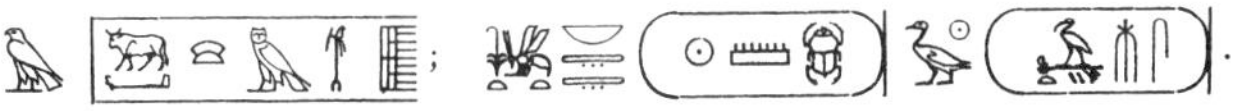

Şeḥuti-mes III.　ka-next-x‘a-em-wast.　men-xeper-r‘a.　şeḥuti-me(s)-s

297 ‘Aa-xeperu-R‘a 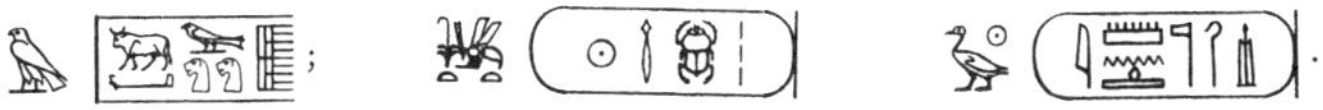

Emen-ḥetep II.　ka-next-ur-peḥty　‘aa-xeperu-r‘a　eme (n) -n-ḥetep

298 Men-xeperu-R‘a 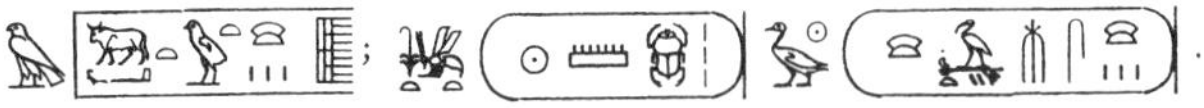

Şeḥuti-mes IV.　ka-next -t-u-t-x‘a-u.　men-xeperu-r‘a.　x‘a-şeḥu(ti)-ti-me(s)-s-x‘au

299 Neb-ma‘at-R‘a III 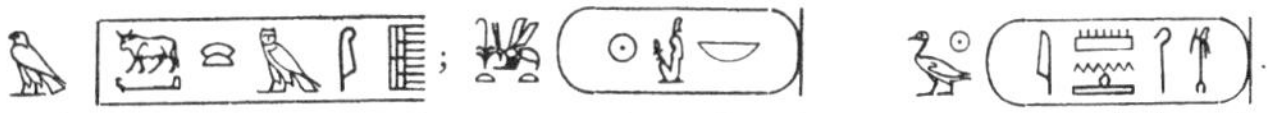

Emen-ḥetep III.　ka-next-x‘a-em-ma‘at.　neb-ma‘at-r‘a.　eme (n) -n-ḥetep

300 Nefer-xeperu-R‘a U‘a-en-R‘a　Emen-ḥetep IV.

ka-next-q- (q) au.　nefer-xeperu-r‘a u‘a-en-r‘a.　eme (n) -n-ḥe(tep)-te-p

301 Nefer-xeperu-R‘a U‘a-en-R‘a　Ax-en E-t-en.= 300　アクエンエトン王

ka-next-meri-e-t-en.　nefer-xeperu-r‘a u‘a-en-r‘a.　a (x) -x-en -e-t-en

302 ‘Anx-xeperu-R‘a　S‘aa-ka-R‘a 

Şeser-xeperu.　----　‘anx-xeperu-r‘a　s-‘aa-ka-r‘a şeser-xeper-u

303 Xeperu-neb-R‘a Tut-‘anx Emen.　ツタンカーメン王

ka-next-t-u-t-me (s) -s.　xeperu-neb-r‘a.　t-u-t-‘anx-e-me (n) -n-ḥeqa-eunu-šam‘au

304 Xeper-xeperu-R‘a Eri-ma‘at Ei II.

ka-next-?-x‘au.　xeper-xeperu-r‘a eri-ma‘at.　e-i neθer-ḥeqa-wast

305 Şeser-xeperu-R‘a Emen-mer-en　Ḥeru-em-ḥeb.　ホレンヘブ王

ka-next-seped-sxeru.　şes(er)-er-xeperu-r‘a.　e-me (n) -n-mer-en-ḥeru-em-ḥeb

第 19 王朝(ネブティ名、ヘル・ネブウ名は省略)

306 Men-peḥti-R‘a　R‘a-mes-su.

ka-next-‘aa-su-i-u.　me(n)-n-peḥ(ti)-ti-r‘a.　r‘a-me (s) -s-s (u) -u

307 Men-ma‘at-R‘a　Seti meri-Ptaħ.

ka-next-x‘a-m-wast-s-‘anx-waş.　men-ma‘at-r‘a.　ptaħ-seti-meri

308 User-ma‘at-R‘a setep-en-R‘a　R‘ames-es II.　ラムセス二世

ka-next-meri-ma‘at.　user-ma‘at-r‘a　setep-en-r‘a.　r‘a-me (s) -s-es-e-me (n) -n-mer

309 Ba-en-R‘a Mer-en-Ptaħ ħetep-ħer-ma‘at.

ka-next-ħ‘a-i-em-ma‘at.　ba-en-r‘a-mer-en-neθeru.　mer-en-p-ta-ħ-ħe(tep)-te-p-ħer-ma‘a-t

310 Men-me-R‘a Emen-meses

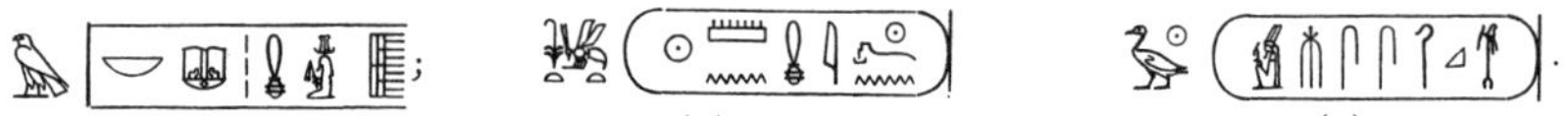

neb-sedu-me-ma‘at.　men-m (e) -e-r‘a setep-en-r‘a.　r‘a-me (s) -s-es ħeqa-wast

311 User-xeperu-R‘a mer-Emen Seti II　Mer-en-Ptaħ II

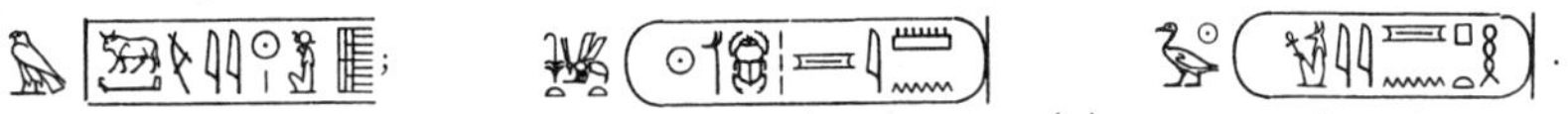

ka-next-mer-i-r‘a.　user-xeperu-r‘a mer e-me (n) -n.　ptaħ-seti-mer-en

312 Ax-en-R‘a　setep-en-R‘a Ptaħ Mer-en-Ptaħ III

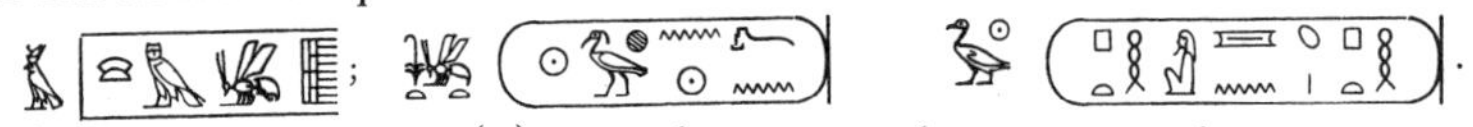

x‘a-em-bet.　a (x) -x-en-r‘a setep-en-r‘a.　p-ta-ħ mer-en-sa-p-ta-ħ

313 Ersu(シリア人)

----　e-r- (er) i-s (u) -u　----

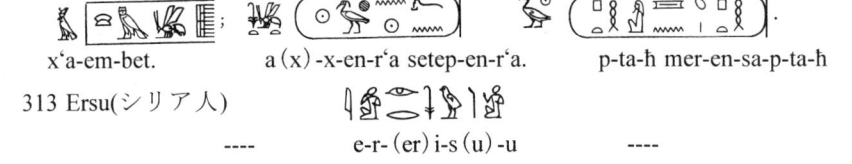

An Egyptian Hieroglyphic Dictionary　by E.A.Wallis Budge　より抜粋

Ⅶ　ピラミッドの名前

Ⅶ　ピラミッドの名前

第 4 王朝

50　スネフル　　高さ　105 m（創建時）

x（‘a）-‘a　mer　res　-i

輝く　ピラミッド　南の

50　スネフル　　高さ　104 m（創建時）

x（‘a）　mer

輝く　ピラミッド

51　クフ　　高さ　146 m

a（x）-x　-t　mer

地平線の　ピラミッド

52　ツェド・エフ・ラー　　高さ　未完成

se　-ħ　-ed　-u　mer

シリウス星の　ピラミッド

53　ケフレン　　高さ　143.5 m

ur　mer

偉大な　ピラミッド

54　メンカウラー　　高さ　65 m

neθ（er）-er　mer

神聖な　ピラミッド

55　シェプセスカフ　　高さ　不明

ħ　-u

浄化されたマスタバ

Ⅶ　ピラミッドの名前

第 5 王朝

56　ウセルカフ　　高さ　49 m

ḥ　-eset-u　mer

最も浄められた 全ての場所で ピラミッド

57　サフラー　　高さ　51.5 m（創建時）

x（‘a） ba　mer

出現する 魂が ピラミッド

58　ネフェレリカラー　　高さ　70 m（創建時）

ba　mer

魂の ピラミッド

60　ネフェルエフ・ラー?　　高さ　未完成

neθ（er）-er　bau　mer

最も神聖な 諸霊の中で ピラミッド

61　ネ・ウセルラー　　高さ　51.5 m（創建時）

me（n）-n　-eset-u　mer

最も確立された 全ての場所で ピラミッド

62　メンカウ・ホルス　　未発見

neθ（er）-er　-eset-u　mer

最も神聖な　全ての場所で ピラミッド

63　ツェドカラー　　高さ　52.5 m（創建時）

nefer　mer

美しき ピラミッド

64　ウナス　　高さ　43 m（創建時）

nefer　-eset-u　mer

最も美しき 全ての場所で ピラミッド

Ⅶ　ピラミッドの名前

第6王朝

65　テティ　　高さ　52.5 m（創建時）

şed -eset-u mer

最も不朽な 全ての場所で ピラミッド

67　ペピ一世　　高さ　52.5 m（創建時）

me（n）-n nefer mer

確立された 美しき ピラミッド

68　メルエンラー　　高さ　52.5 m（創建時）

x‘a nefer mer

輝く 美しき ピラミッド

69　ペピ二世　　高さ　52.5 m（創建時）

me（n）-n ‘anx mer

確立された 生きた ピラミッド

第7～11王朝

75　ネフェルカーラー　　未発見

şed ‘anx mer

不朽な 生きた ピラミッド

92　エティ　　未発見

bau mer

諸霊の ピラミッド

101　カメリラー　　未発見

waş -eset-u mer

最も繁栄した 全ての場所で ピラミッド

Ⅶ　ピラミッドの名前

第 12 王朝

121　アメンエムハト一世　　高さ　55 m（創建時）

q -（q）au　nefer　mer

又は　

eset-u　x（‘a）-‘a　mer

全ての場所の　輝く　ピラミッド

122　センウセルト一世　　高さ　61 m（創建時）

xenem-t　-eset-u　mer

友情ある　全ての場所で　ピラミッド

又は　

p　-t　-er　-taui　mer

見渡す　二大陸を　ピラミッド

123　アメンエムハト二世　　高さ　不明

mer　mer

墓の　ピラミッド

124　センウセルト二世　　高さ　48 m（創建時）

x‘a　mer

輝く　ピラミッド

126　アメンエムハト三世　不明　高さ　81.5 m（創建時）

Ⅷ　単語集（グローサリー）

単語集(グローサリー)

下記の順に掲載する。

	a	アー
	b	ベー
	g	ゲー
	d	デー
	e	エー
	f	フェー
	h	ヘー
	ḫ	ヘー
	i	イー
	k	ケー
	m	メー

	n	ネー
	‘a	アー
	p	ペー
	q	ケー
	r	レー
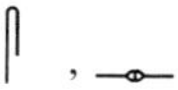	s	セー
	š	シェー
	ṣ	ツェー
	t	テー
	θ	セー
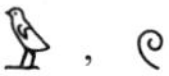	u, w	ウー
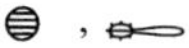	x	ヘー

Ⅷ　単語表（グローサリー）

単　語　集

a

a(b) -b　泊まる、止める

a(b) -b -u　止める

a(b) -b　アビュドス

a(b) -b　～を欲する

a(b) -b -i　豹

a(b) -b -et　大家族

a(b) -b -u　象

a(b) -b -u (abu)　エレファンチネ島

a(b) -be -x　（ en と）結びつく、（ em と）混ぜる

abe(d) -d　一ヶ月

a -d　怒り、攻撃的な、に怒った（ ḥer を伴う）

a -h -u　困難、苦痛、病気

a -ḥ -et　耕地、野原

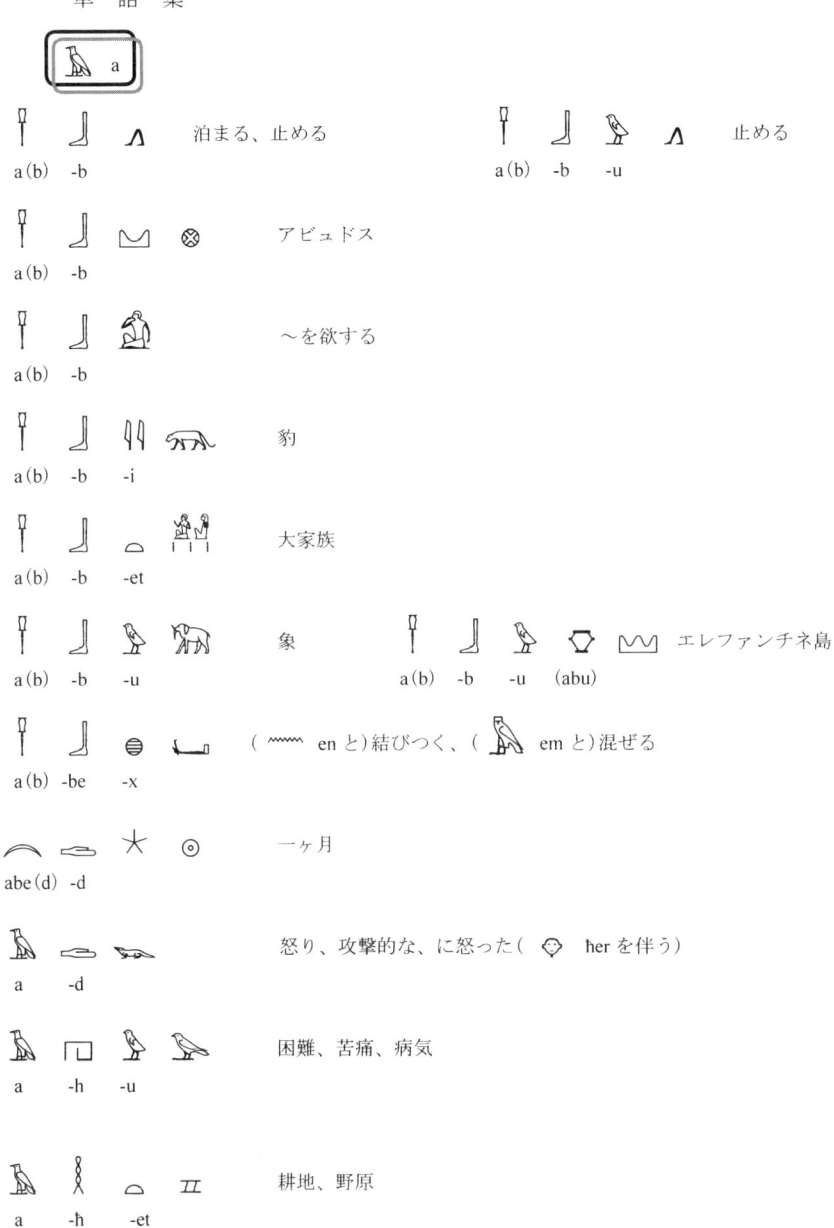

Ⅷ　単語表（グローサリー）

a -ḥ -u
アフ神(ミン神と同じ)

a -k -er
大地の神

a -m -em , a -m
掴む、把握

a -p -ed
鳥、特に鵞鳥(供物として多用)

a -q
消える、滅びた

a -r
追い払う、から駆逐する(ḥer を伴う)

a -s
急ぐ、早く流れる、急いで

as(t) -et
イシス女神(uset とも)

a -š -er
焼き肉、肉を焼く

a -t
時、瞬間

er a -t
時を過ごす

a -te -f -u
アテフ冠（オシリスの冠)

a θe -p , a -te -p
荷物、荷を積む

Ⅷ　単語表（グローサリー）

a(u)-u　au　長い、長さ

a(u)-u　-t　長さ

au　eb　喜んだ、嬉しい

er　-a(u)-u　-f　全体の

a(u)-u　-i　伸ばす、差し出す

au　-t　-eb　喜び

a(u)　-u　-t　-‘a　贈り物、捧げ物

ax　アク(人間の霊的部分の一つ)

a(x)　-x　霊になる、立派な、に役立つ(en を伴って)

a(xet)　-xe　-t　増水期

axe(t)　-t　地平線

axeti　地平線に住む者(神)

a　-x　-et　事、物、仕事

a(x)　-x　ḥer　eb　-en　～に気に入られる

a(x)　-x　-u　力

Ⅷ　単語表（グロサリー）

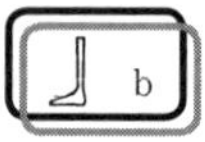

b

　魂（死後再び骸に戻って来るという） 　力、神霊（  baの複数）

ba　ba　　bau

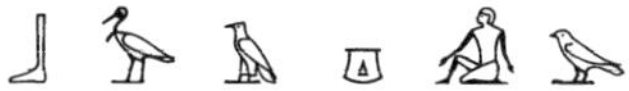　のろい、怠惰な

b -（ba） -a -g

　短剣

b -（ba） -a -g -s（u） -u

　陰茎　　～の前で

b -（ba） -a -ħ　　em baħ

　働く、仕える、～で加工する（  em を伴う） 　従者、召使い

ba -k　　ba -k

　労働、細工、租税

ba -k -u

　茂み、とうもろこし

b -a -（ba） -t

　船　　日の出の地

b -（ba） -a -u　　b -（ba） -a -xa -u

　驚くべき

b -e -a -i -t

　鉱山 　鉱山

b -e -a -i -u -t　　be -（bea）-（be）a -u

　不思議なもの

b -e -a -u （bea）

Ⅷ　単語表（グローサリー）

be -de -t , be (det) -d -et (et)　エンマ小麦

be -de -š　弱る、溶かす、衰えた

beħ -de -t -i　有翼日輪

be -ħ (beħ) -es　仔牛

be -ħ -es　狩りをする

be -ħ (beħ) -us　アラバスター(雪花石膏)

b -e -k　隼

b -e -n　悪い、悪

b -en -b -en -t　ピラミディオン(ピラミッドの先端部分)

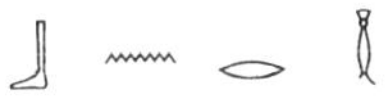

b -en -er　甘い、快い

b -en -š　ボルト、かんぬき

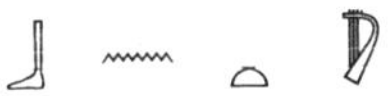

b -en -t　ハープ

b -en -(nu) -u -t　石臼、硬い石

Ⅷ　単語表（グローサリー）

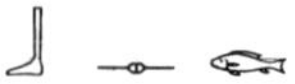
b -es (bes)　姿、神像、導入する、据える

b -es　火炎、燃える

b -es -ek　腸、腸を切り裂く

b -eš　唾を吐く

b -e -t　個性、人格

be(t) -t -i　北エジプトの王

be(t) -t　蜜蜂

be -x -en -(nu) -u　要塞都市

b -‘a -ħ　充分な、豊かな

b -‘a -ħ　洪水

b -u　場所、～しない

b -u neb　全ての人

b -u -b -e -n　悪、悪いこと

b -u ne(fer)-f -er　善、良いこと

b -u -ş -u　悪、悪いこと

b -u (bu) -t　嫌う、嫌悪

Ⅷ　単語表（グローサリー）

g

g -a　苦痛である、苦しい

g -a　歌う

g -a -e -t　神社、寺院

g -a -e -u　アマランサスの花(常世の花)

g -a -i　壺

g -a -u　欠乏、狭い、〜が無い(er を伴う)

g -a -u -t　欠乏、必要

g -a -wa　歌う、賛美する

ge -b -ge -b　ひれ伏す

em ge -b -ge -b -i -t　大あわてで

ge -f　尾長猿

g(em)-em　見つける

g(em)-em -eḥ　見張る、見る

g(em)-em -g(em)-em　壊す、引き裂く

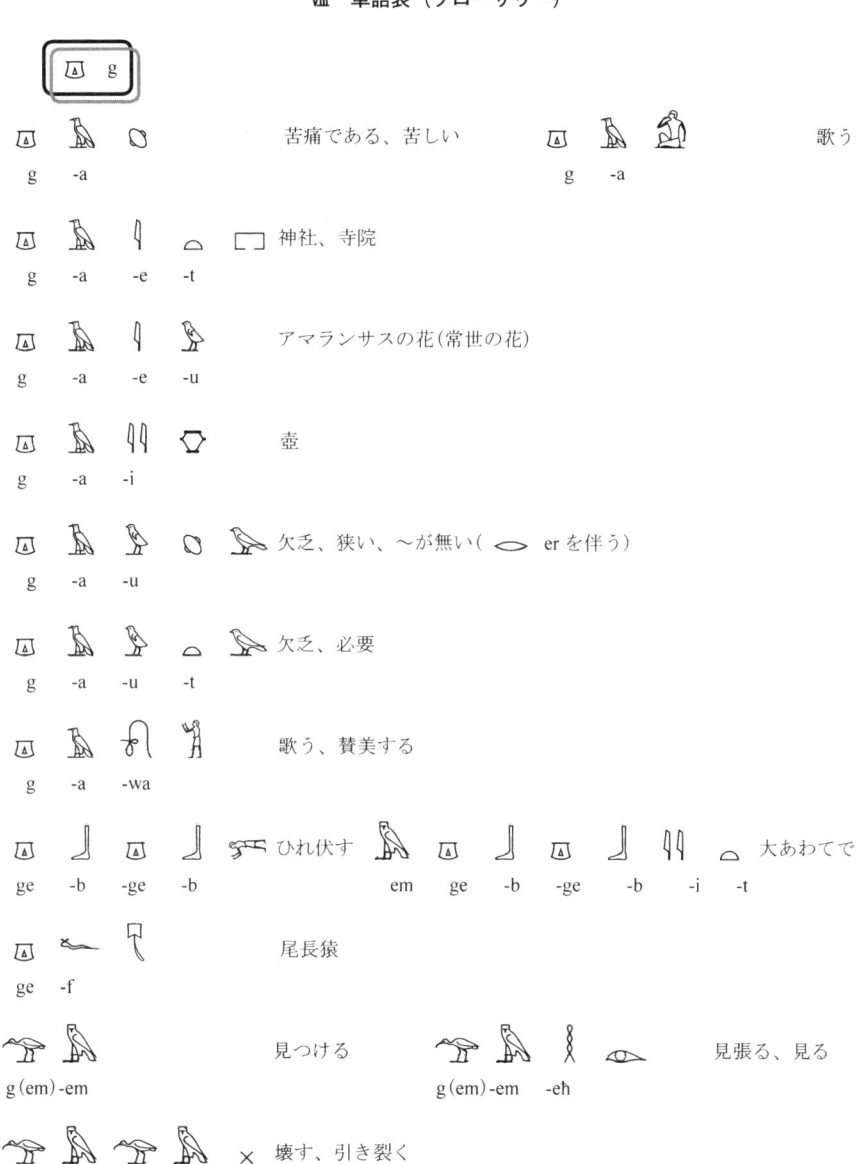

Ⅷ　単語表（グローサリー）

ge -n -en　弱い、柔らかい

ge -r　沈黙、静かな、黙る

ge -re -(gre)g　築く、植民する、確立する

ge -re -(gre)g　嘘

ge -re -g -t , greg(t) -t　新村、開拓村

ge -r -eħ　終了、完成、中止する

ge -r -eħ　夜

ge -r -et　更に、さて

ges　側、半分

er ges　～の脇で

ge -s (ges)　脇、国境、～の側

er -de ħer ges　～の側につく

ge(s) -s -t -e　書記の矢立、筆箱

ge -š -e (qes)　芦

g -re -(gre)g　築く、植民する

gre(g) -g -t (gregt)　開拓村

g -re (gre)g　嘘、虚偽

g -re -ħ (greħ)　夜

Ⅷ　単語表（グローサリー）

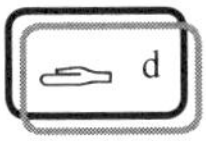

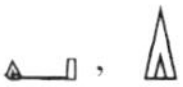
da

与える（er-da 参照）、持つ、作る、～させる

d　-a　-b

無花果（いちじく）

da　da

供える、与える（er-da 未完了）、供え物

d　-a　-e　-u　（daeu）

腰布

d　-a　-r

征服する、奪う

d　-a　-r　-eb

自制する

da　-t

贈り物、供え物

da　-u（n）　-n

～あらしめる（er-da 参照）

de　-b

河馬

de　-b　de　-b

胸がどきどきする

de　-b　-en　（deben）

歩き回る、一周する

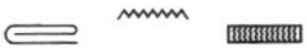
deb（en）-en

重さ単位（1 デーベン ＝ 10 キテ ＝ 91 グラム）

Ⅷ　単語表（グローサリー）

　要求する、願う

de　-be　-ḥ　（beḥ）

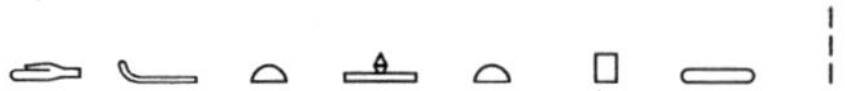　日々の供物

de　-beḥ　-t　ḥe(tep) -te　-p

　隠す

de　-g

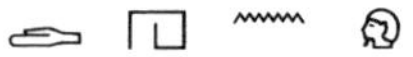　頭を下げる、～に任命する（  erを伴う）

de　-he　-n

　毛皮、皮

de　ḥ(er)　-er

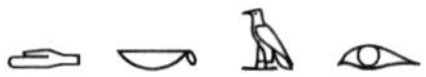　見る

de　-k　-a

　ナイフ、剣、研ぐ、尖った、研がれた

de　-m

　束ねる

de　-m（a）　-a

　切る事、殺人

de　-m（a）　-a　-t

　到達、～に触れる（  ḥerを伴う）

de　-m（e）　-e

　波止場、町村

de　-m（e）　-e

　近づく

de　-m（e）　-e

Ⅷ　単語表（グローサリー）

de -(de) me(ş)-ş　合計、一つにする、全ての

de -m(e) -e -t　村、町

de -n　切り落とす、殺す

de -ne -s　重い、陰鬱な

de -p　味わう、経験する

de -pe -t　味、感じ

de -pe -t　船

de -pe -t neter　聖船

de -q -er -(deqer) -u　果物

de -r　抑圧する、～から排除する（ em を伴う）

de -s　フリント（火打ち石）

de -re -p　食事を与える、供物を捧げる

de -re -p -u　供物

de -še -r　赤い

de -še -r -t　北エジプトの赤冠

de -še -r -t　砂漠

Ⅷ　単語表（グローサリー）

d　-et　　手

de　-u(n)　-n　　伸ばす、平伏する

dwa　　d　-wa　　朝の礼拝をする、称える

dw(a)-a　-i　-t　　朝

d　-wa　-t　　黄泉の国、墓

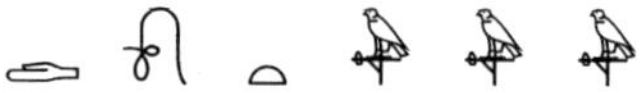

d　-wa　-t　-iu　　冥界の者ども

dw(a)-a　-u　　翌日、朝に、～のため早起きする（  er を伴う）

d　-i　　待つ、留まる

Ⅷ　単語表（グローサリー）

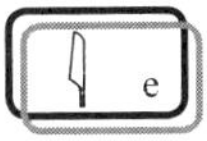

e

私は(接尾代名詞)

e

ええ、おお(呼び掛け)

e　-a　-a

エアア(地名)

ea(bet)-b　-et

東、左　cf.  emen　-et　西

ea(bet)-b　-et　-i

東の、左の　 ea(bet)-b　-i　東の、左の

ea(bet)-b　-i　(abi)

豹

e　-a　-d　-et

露、雨、災害

e　-a　-q　-et

葱(ねぎ)、韮(にら)、野菜

e　-a　-r　-er　-et

葡萄の実、房、木

e　-a　-r　-u

藺草(いぐさ)　 sex　-et　e　-a　-r　-u　来世の楽園

e　-a　š

に話しかける(en を伴う)

Ⅷ　単語表（グロサリー）

e -a -t　山、丘、遺跡

e -a -t , ea(t) -t　幟旗、職務、官職

e -a -u　礼拝

e -a -u　年取った、年寄り、老年に達する

e -a -u　長老

e -a -u -t　老年、爵位

e -a -u -t　家畜、小動物

eb　心、心臓、考え

er -de eb em sa　を心配する

e -b (eb)　喉が渇く、渇望する

e -b (eb)　推測する

e -b (eb) -i　飢えた人達

e -b (eb) -t　渇望

e -de -b (edeb)　川岸

e -de -b -u -i　両岸

e -de -n (edenu)　代わりをする

ede(nu -n) -n(u) -u　代理、副官

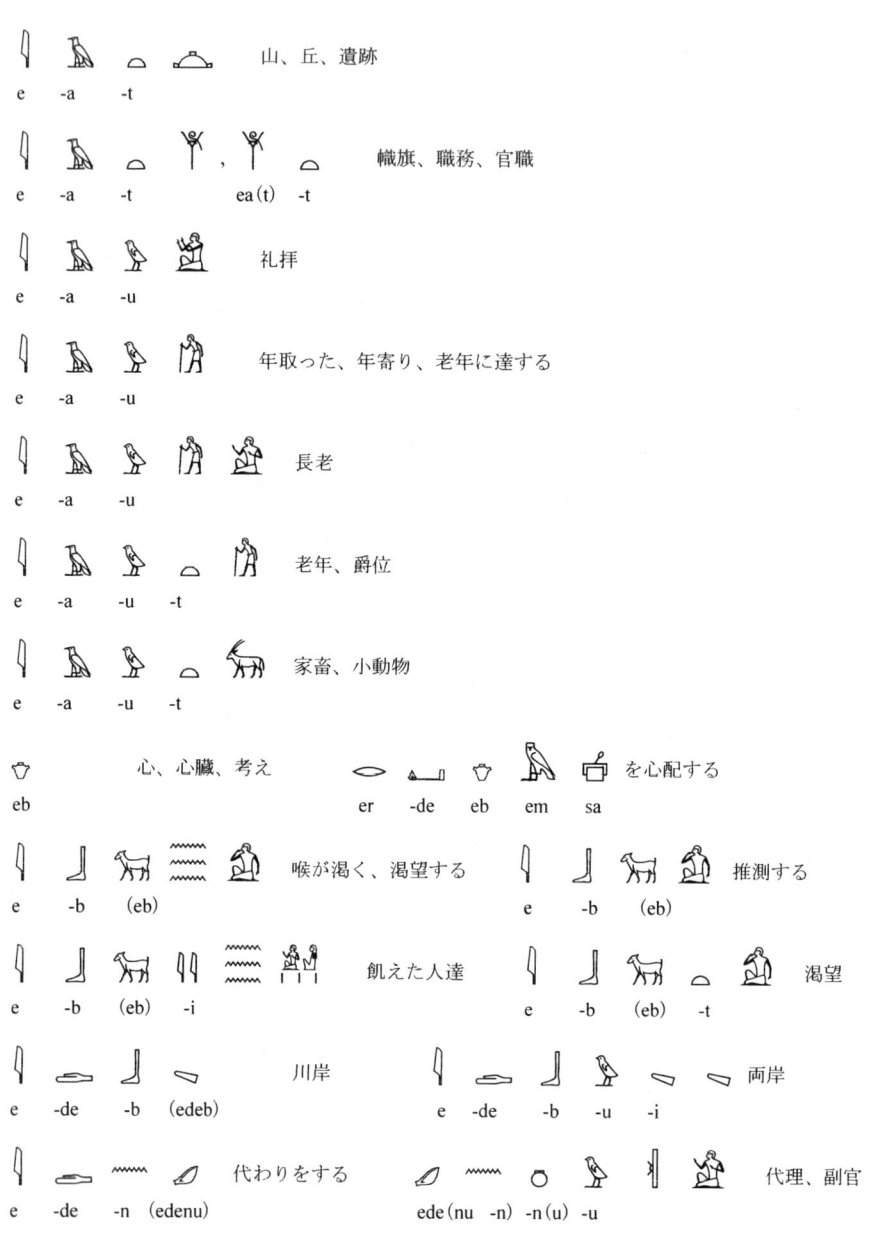

Ⅷ　単語表（グローサリー）

 悲惨、破壊

e -de -r -i -t

 破壊する

e -de -r

 布

e -fe -d

 逃げる

e -fe -d

 雲、曇る

e -ge -p

 沈黙の世界(墓地)

e -g -er -t

 家畜小屋

e -ha -i -t

 祭り、歓声、喜び

e -h -eh -i

 雄牛

e -ḥ

 (不規則)やって来る

e -i

 ようこそ

e u -i

 そこへ、そこから、それで

e −m

 子供、洪水、食べる、叫ぶ、燃やす

e -(eme) -m

 ～するな

em

 快い、親切な ＜ 

e -ma (emat)　　e -a -m

 魅力、親切

e -m(a) -a -t (emat)

Ⅷ　単語表（グロッサリー）

e -ma -x (emax)　故人・老人の尊厳、栄光

e -ma -x (emax) -u　福者、聖人

e -ma -x (emax) -i　栄光あるものとされた

eme (-em -em)　禁止する

e (-em -em) -me　与えよ、させよ（ er-de の命令形）

em(e)-eb　お気に入り

eme -(em) baḥ　～の前にいるもの、先祖

eme -(em) ḥa(t) -t　～の前にあるもの、前例

em(e) -em　叫ぶ、要求する

e -m(en)-en　アメン神

e -m(en)-en r'a　アメン・ラー神

emen　右の、西

emen -t　西の国、地界

e -m(en)-en　隠れた者、隠す、神秘な、秘密に

e -m(en)-en -i -t　毎日の犠牲・奉仕

emen -t -e　西方の者（死者）

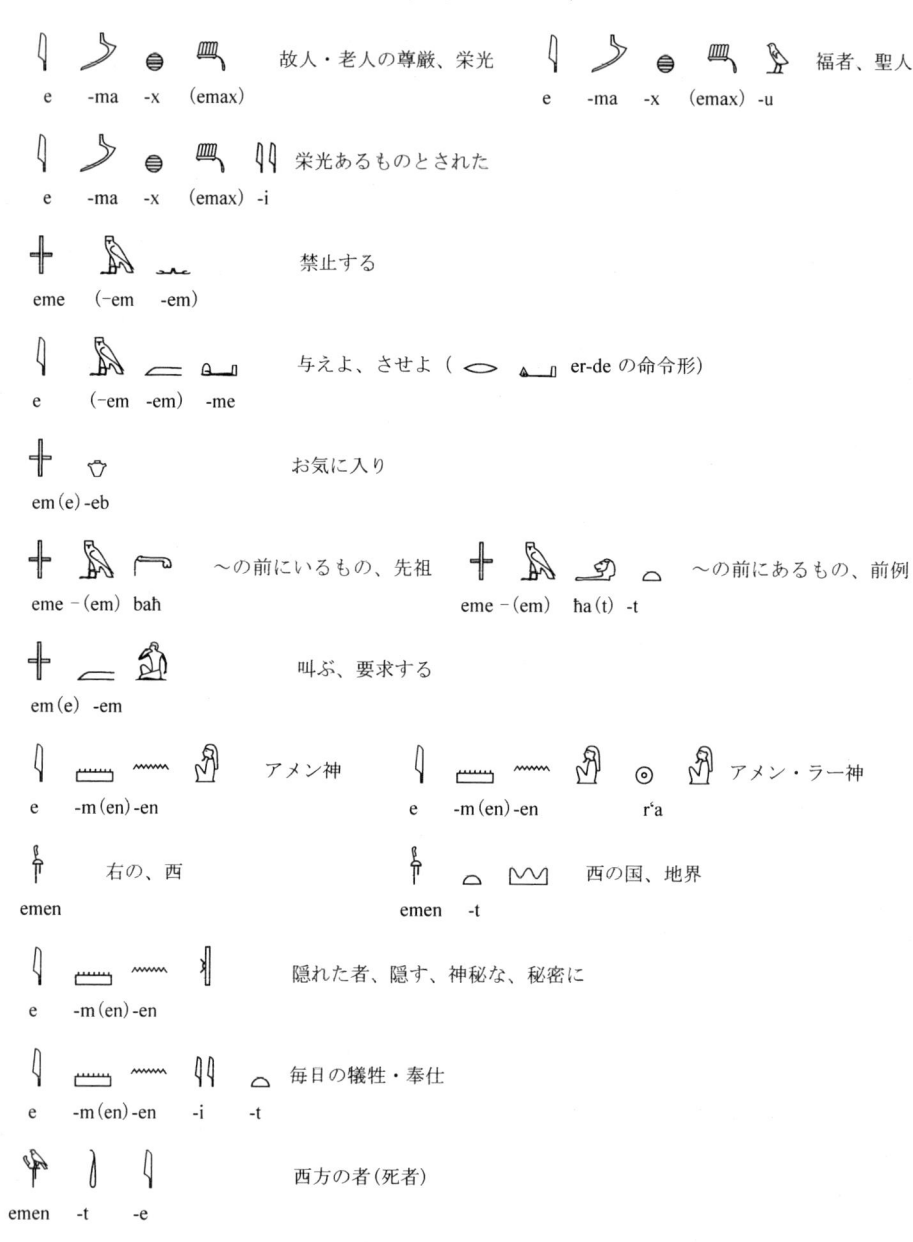

Ⅷ　単語表（グローサリー）

e　-m (er) -er
耳が遠くなる

em　-er
行政長官

em　-er　per
家令

em　-er　meš ‘a
将軍

eme　-sa
護衛

eme　- t　-eb
願望、計画

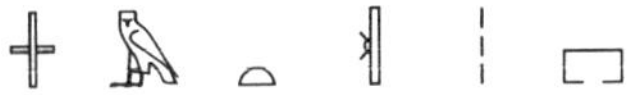
eme - (em)　-t　per
財産、遺言状

eme - (em)　-x　-et　(xet)
～の後ろにいるもの、後継者、子孫

e　- (emi)　−m　-i　-t
～に住んだ人 (pl. emiut)

em (e　-me)　-i　-t
～の間に、～の中に

em-m　-‘a
～の中でも、～ように、あれかし、なさしめよ

em　-sa
～の後ろに

em　-t　-u　-f
彼は (独立人称代名詞)

em　-t　-u　-k
汝は

Ⅷ　単語表（グロサリー）

e -n　(強調、疑問、否定)小詞

石、ジュース

e -n　切る、戻る、～によって言われた

e(n) -n　(不規則動詞)持ってくる(不定法は ent)

e -ne (eneb) -b (eneb)　壁

res eneb　南に壁のある者(プタハ神)

e -ne (eneb) -b (eneb) -t　壁で囲まれた所

e -ne (eneb) -q　集める、抱く

e -ne (eneb) -m　皮膚、毛皮

e -ne -n　我々は

e -ne -r　石、石材

e -ne -r en ma -θ　花崗岩

e -ne (eneb) -t　谷

e -ne(ş) -ş ħer　ようこそ、万歳(挨拶)、尊敬します

e -n -p -u　子供(王子、王女)

e -n -p -u　アヌビス神

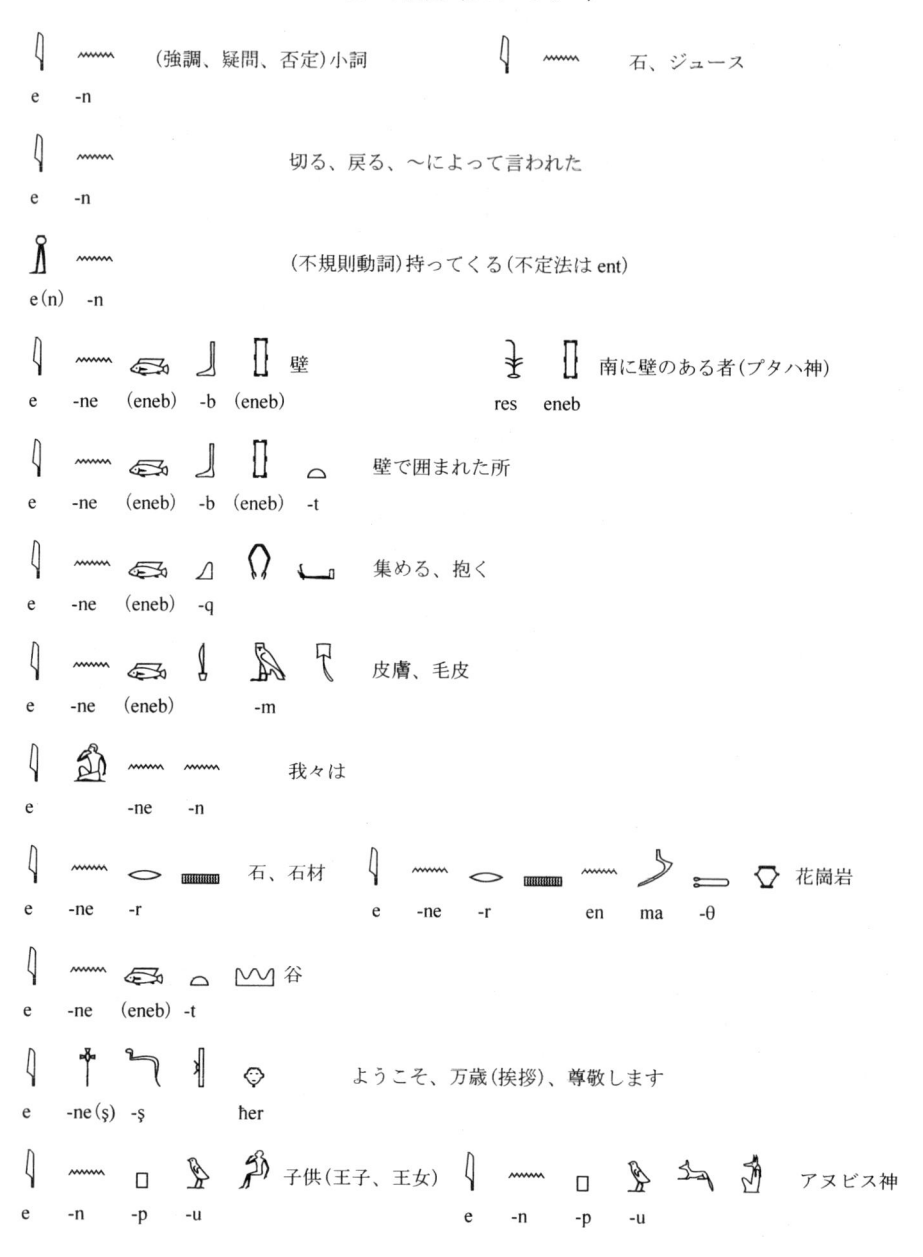

Ⅷ　単語表（グローサリー）

en -t -et　～する所の(関係代名詞、男性)

en -t -i　～である所のもの、なぜならば

en -t -u -f　彼は(独立人称代名詞)

e(n) -nu　産物、貢ぎ物

e(n) -n(u) -u　貢ぎ物

e -nu -k, nu -k　私は(人称代名詞)

e -‘a　洗い落とす

e -‘a -eb　欲望を満足さす

e -‘a -b　集める

e -‘a -b xa -t　埋葬する

e -‘a -ħ　月、月神

e -‘a -n　狒狒

e -‘a -re -t　ウラエウス聖蛇、コブラ(ワツェット女神の本身)

e -p　計算する、課税

e -p -t　精算、納税

e -p -en　これらの(男性、双)

e -p -t -en　これらの(女性、双)

e -p -i　計算、判決

e -p -u　これらの(男性、複)

Ⅷ　単語表（グローサリー）

e -p -t su(t) -t　カルナック神殿

e -q -er　有能、優れた、成功者

er　口

e -r　～に関しては、～ならば

er -‘a -q　～とは反対に

er -da　与える、置く、～させる(使役)(不定法 dat)

e -re -p　ワイン

e -r -et　～の中にある

er ḥa(t) -t　～の前に

er -(er)i　(不規則)作る、行う、～する

m -er　～するな

e -r -i -(eri)　～に関係する、それ故

eri ‘aa　門番

er(i) -i　訪問する、従軍する、合計する、時を過ごす

er(i) -i　造り主、創造主

e -r -(er)i -t　義務、仕事、責任、役目

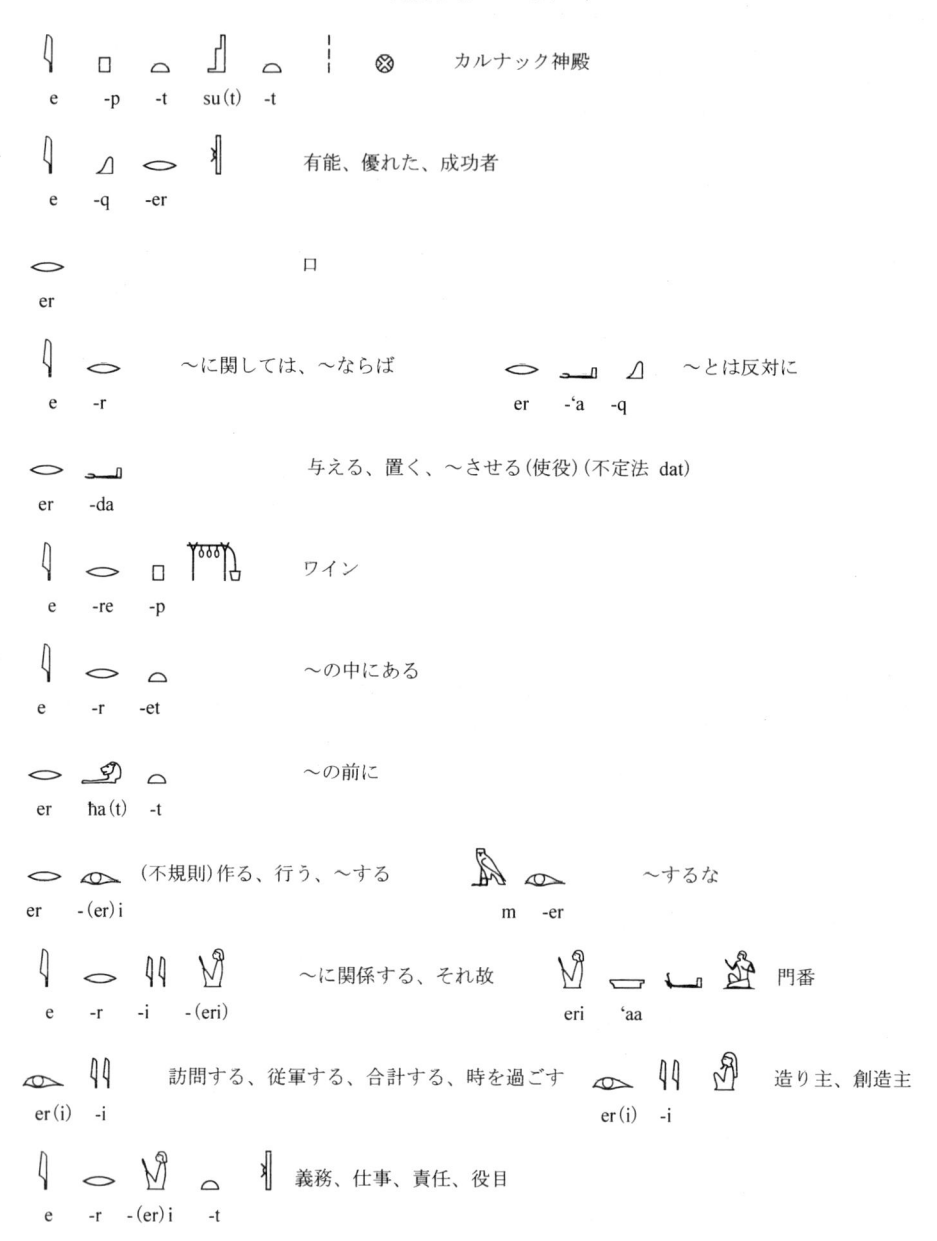

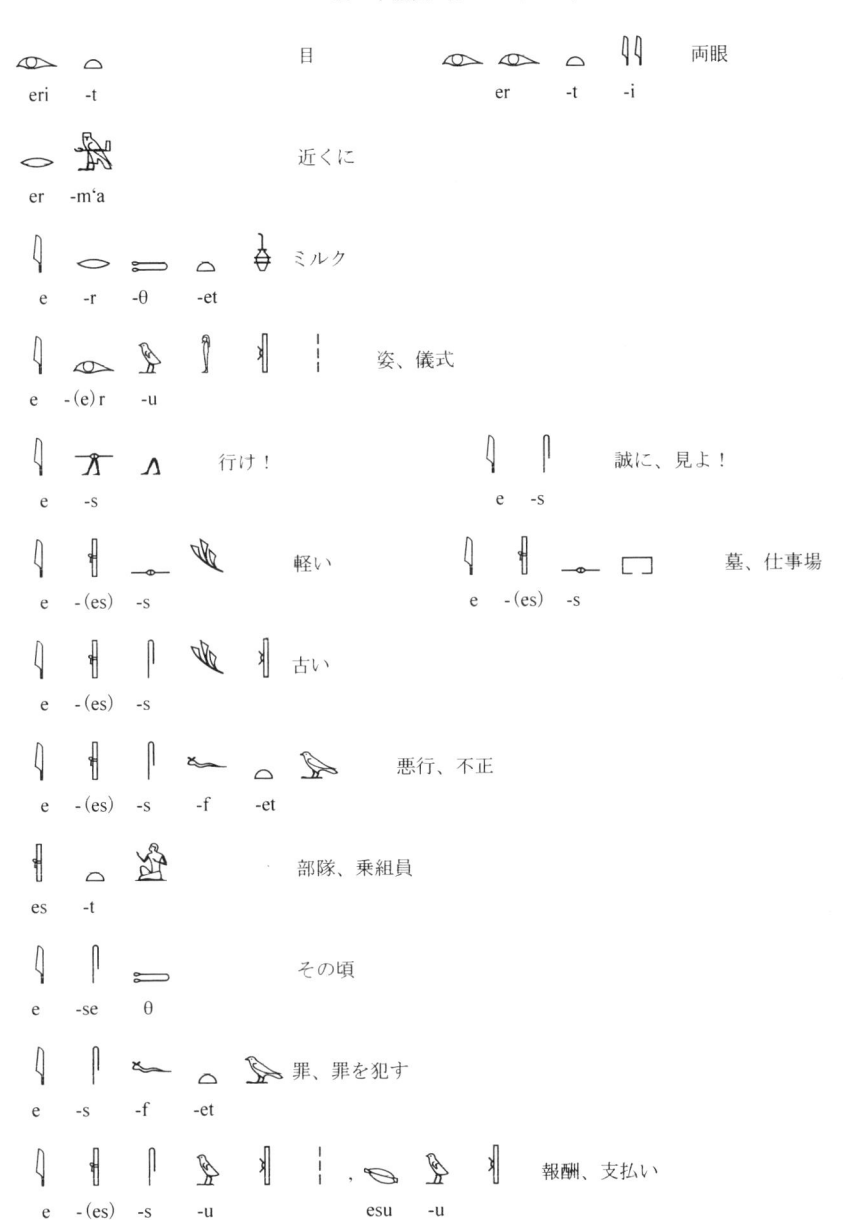

eri -t　目

er -t -i　両眼

er -m‘a　近くに

e -r -θ -et　ミルク

e -(e)r -u　姿、儀式

e -s　行け！

e -s　誠に、見よ！

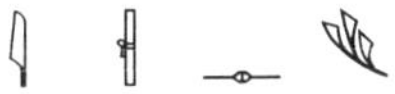
e -(es) -s　軽い

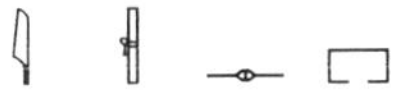
e -(es) -s　墓、仕事場

e -(es) -s　古い

e -(es) -s -f -et　悪行、不正

es -t　部隊、乗組員

e -se θ　その頃

e -s -f -et　罪、罪を犯す

e -(es) -s -u, esu -u　報酬、支払い

Ⅷ　単語表（グローサリー）

e -(es) -s -u -t　古い物、古い時代

e -še -d　鈴掛の木

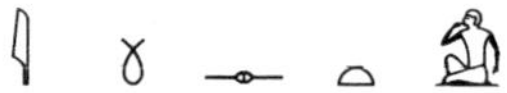
e -še(s) -s -t　何が？どれだけ？

es(u) -u　報酬、支払い

e -t　大麦、穀物

e -t　父、祖父(f は読まない)

e -t　膣

e -te -ħ　引っ張る、引き抜く

e -tem (em)　アテム神

e -t -en　アトン神、太陽神

e -t -er -u　ナイル川、川

e -t -er -u　エテルウ(長さ単位)

Ⅷ　単語表（グローサリー）

 君主、王

e -t -i

 神官職

e -t neter

 出かける、行進する

e -t -u -r

 泥棒

e -θ(a) -a

 取る、掴む、征服する

eθe　e -θe

 ～については(前置詞)、～である(動詞)

e -u

 島

e -u

 やって来る

e -u

 無事戻る

e -u em ħe(tep) -te -p

 犬

e(u) -u

 悪事

e(u) -u

 分ける、から分離する（ er を前に伴う）

e(u) -u -d

 地面、埃

e(u) -u -d -en -t

 肉片

e -u -f, e -f

 湿らす、灌漑する

e(u) -u -ħ

Ⅷ　単語表（グローサリー）

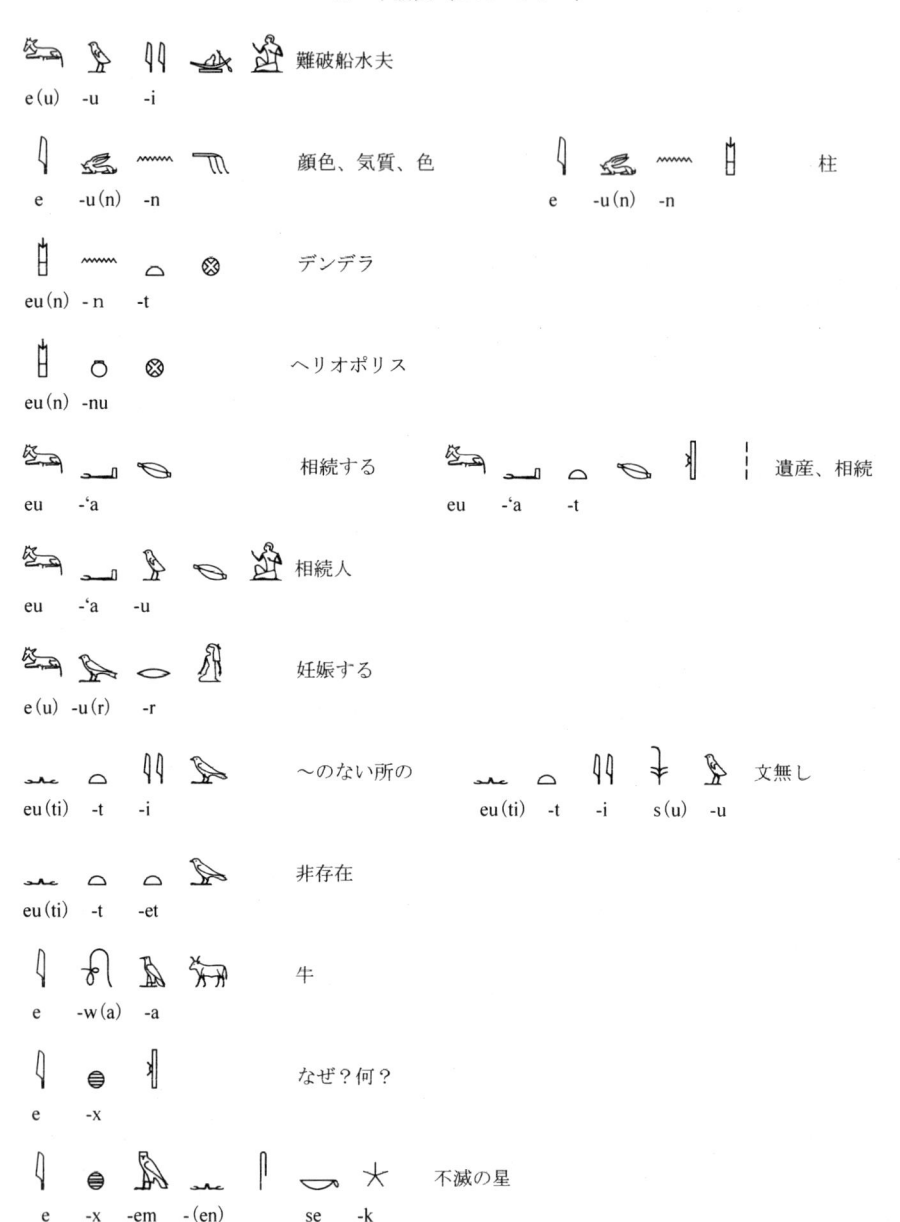

 難破船水夫

e(u) -u -i

 顔色、気質、色

e -u(n) -n

 柱

e -u(n) -n

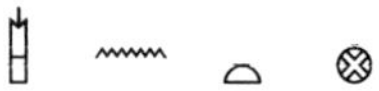 デンデラ

eu(n) - n -t

 ヘリオポリス

eu(n) -nu

 相続する

eu -‘a

 遺産、相続

eu -‘a -t

 相続人

eu -‘a -u

 妊娠する

e(u) -u(r) -r

 ～のない所の

eu(ti) -t -i

 文無し

eu(ti) -t -i s(u) -u

 非存在

eu(ti) -t -et

 牛

e -w(a) -a

 なぜ？何？

e -x

 不滅の星

e -x -em -(en) se -k

Ⅷ　単語表（グロッサリー）

f

-f　彼の(接尾代名詞)

f -a (fa)　運ぶ、取りかかる

f -a -e -u　運搬、運び屋

fa -‘a　ファア神(腕を上げた神)

f -a -i -t (fa)　支持、支持者(女)

fa -t　縄

f -a -t　ケーキ、パン

fe -de -q　切り離す、一片

f -en -d, fe -ne -ş　鼻

f -en -x (fex) -u　フェンクウ国、フェニキア

fe -q -a　報酬、褒美を与える、報いる

f -ex (fex)　緩める、解放する

f -i -t -e -r　脂肪、グリース

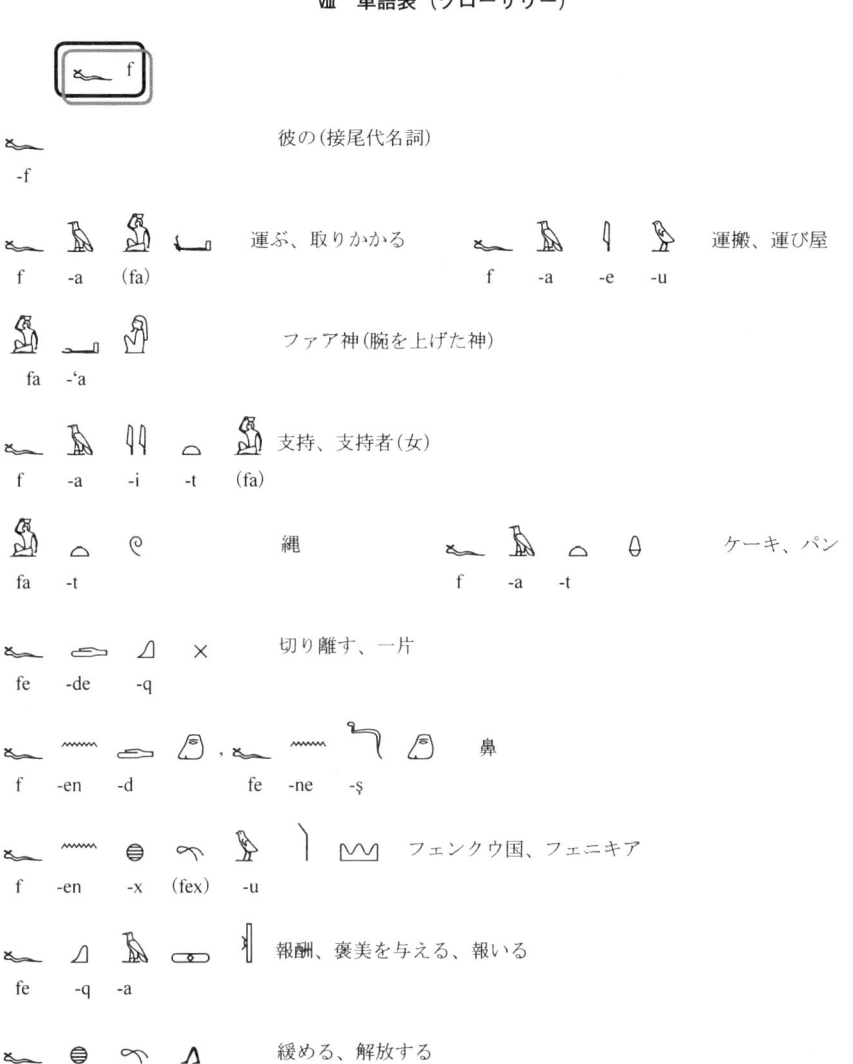

h

h -a　降りる、落ちる

h -a　燃やす、壊す

h -a -b　（手紙などを）送る

h -a -be -q　打つ、壊す

h -a -d　掴む、攻撃する

h -a -e　夫たち

h -a -i , h -a　夫

h -a -i -t　寺院、宮殿

h -a -t　時間、瞬間

h -a -t　仕事、労働

h -a -u　時代、生涯、隣

Ⅷ　単語表（グローサリー）

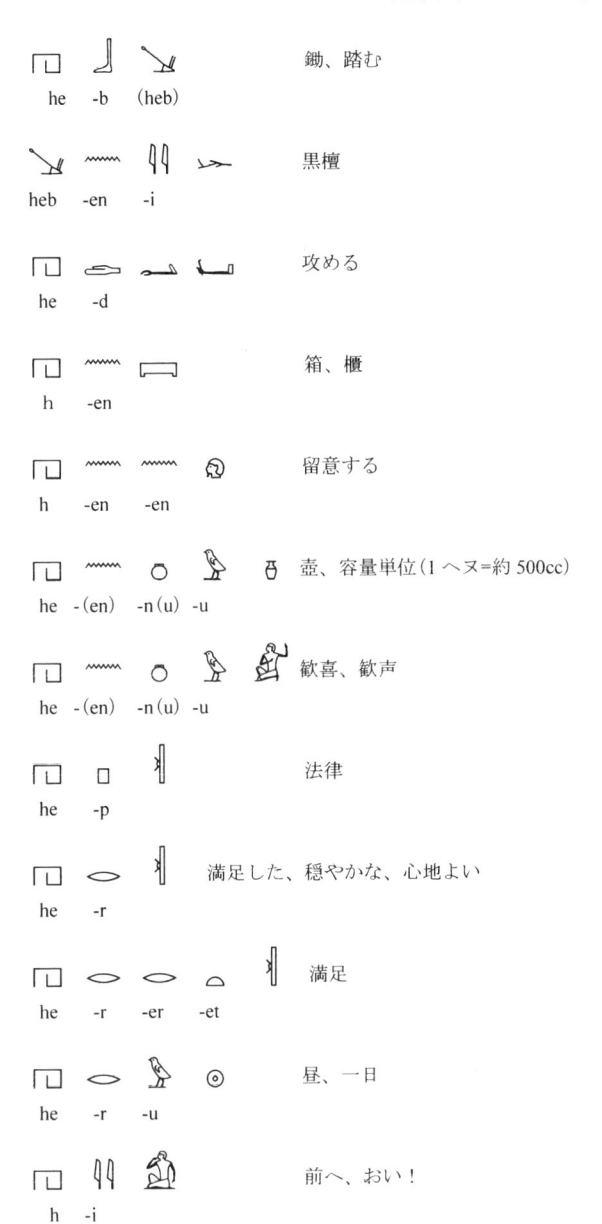

鋤、踏む

he -b (heb)

黒檀

heb -en -i

攻める

he -d

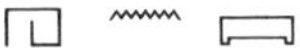
箱、櫃

h -en

留意する

h -en -en

壺、容量単位（1ヘヌ=約500cc）

he -(en) -n(u) -u

歓喜、歓声

he -(en) -n(u) -u

法律

he -p

満足した、穏やかな、心地よい

he -r

満足

he -r -er -et

昼、一日

he -r -u

前へ、おい！

h -i

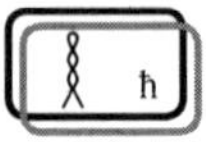

 後頭部、～の後ろに

ħ(a) -a

 嘆き悲しむ

ħ -a

 ～してほしい(願望の不変化詞)

ħ(a) -a

 裸の、裸の人

ħ(a) -a -i

 魚を捕る

ħ(a) -a -m

 隠す、秘密にする

ħ(a) -a -p

 掠奪する、攻撃する

ħ(a) -a -q

 捕虜、戦利品

ħ(a) -a -q -et

 墓

ħ(a) -a -t

 前方、額、首位

ħa(t) -t

 前に、以前に

x(er) -er ħa(t) -t

 もやい綱

ħa(t) -te -t

 心、心臓

ħa(t) -t -i

Ⅷ　単語表（グローサリー）

領主、貴族
ħa(t) -t -i -'a

最初
ħa(t) -t -'a

序文
ħa(t) -t -'a -m

過剰、増加
ħ(a) -a -u

より多く
em ħ(a) -a -u

首長、一番の者、指導者
ħa(t) -u -t -i

祭典、式典
ħe -b (ħeb)

典礼の司祭
ħe -be -t (ħeb)

衣服、服で隠す
ħe -b -es

セド祭り（30年祭）
ħeb se -d

投げ倒す
ħe -de -b

蠍(さそり)
ħe -de -d

蛇
ħe -f -a(u) -u

十万
ħefen

Ⅷ　単語表（グローサリー）

ħeħ

百万

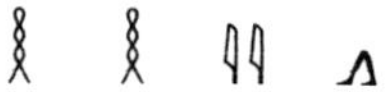

ħe -ħe -i

探し求める

ħe -k(a) -a

魔力

ħe -k(a) -a -u

魔法、呪文

ħe -ka -u

ヘカウ(魔法神)

ħe -k -e(n) -n(u) -u

神への称賛

ħ(em)-em

本当に

ħ(em)-em

臆病者(侮称)

ħe -(ħem)-m

退却する、逃げる(足の向きは反対)

ħem

40

ħem

小球、目の玉

ħ(em)-em

奴隷

ħem

威光、王、陛下！

ħem -k

貴男の威光(陛下よ！)

Ⅷ　単語表（グローサリー）

ḥe -m(a) -a -t　塩

ḥem ka　葬祭神官

ḥem neθer　神官、預言者

ḥem -s　座る、居住する

ḥem -t　妻、女性
(卵は無くても良い)

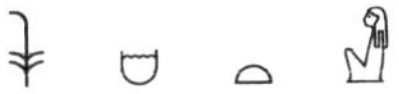
ḥem -t nesut　王妃(nesutを見よ)

ḥemt　銅、銅製品

ḥ(em)-em -u　舵

ḥem -u -t　職人達

ḥem -u -u　職工、熟練者

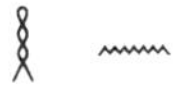
ḥe -n　備える

ḥe -(ḥen) -n -en　陰茎

ḥe -n -k (ḥenk)　奉仕、贈る、奉仕する、～を捧げる( emを伴う)

ḥe -n -k (ḥenk) -et , ḥenk -et　供物

Ⅷ　単語表（グローサリー）

 ベッド

ħe -(ħen) -n -k (ħenk) -i -t

 太陽神の民

ħe -n -m -em -it

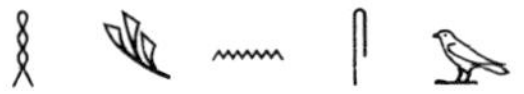 狭い

ħe -(ħen) -ne -s

 けちな

ħe -(ħen) -ne -s eb

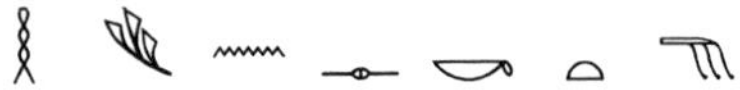 編み上げた毛

ħe -(ħen) -ne -s -k -et

 仕事

ħe -(ħen) -n -et

 追い返す

ħe -(ħen) -n ħe -(ħen) -n

 両側、120 年

ħe -(ħen) -n -t -i

 ～と共に、そして～と

ħe -n -‘a

 ジュース、ドリンク

ħe -(ħen) -n -q

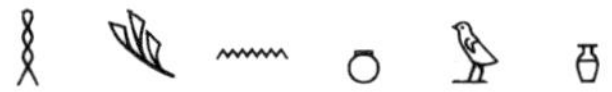 壺

ħe (ħen -n) -n(u) -u

 財産

ħe (ħen -n) -n(u) -u

 少年、若者

ħe (ħen -n) -n(u) -u

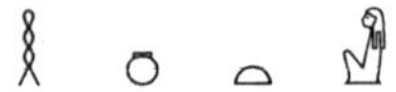 女主人

ħe -nu -t

Ⅷ　単語表（グローサリー）

ħe -p -et　ドアの脇柱、抱擁する

ħe -p -et　櫓、ボート

ħe(qa) -q -a　支配する　ħe(qa) -q , 　支配者、王子

ħeqa hut　土地の管理者、町村長

ħe(qa) -q -a -t　王錫(おうしゃく)　ħe(qa) -q -t　容積単位 約 4.8 リットル

ħe -q -er　飢饉、飢えた人、飢えた

ħe -q -et　ヘカト(蛙の女神)　ħe -q -et　ビール

ħer　ホルス神

ħer　顔、視界、～の上に、～から　ħer neb　みんな

ħ(er) -er　遠く離れた

ħer eb　中央、中心

ħer em -‘a　直ちに

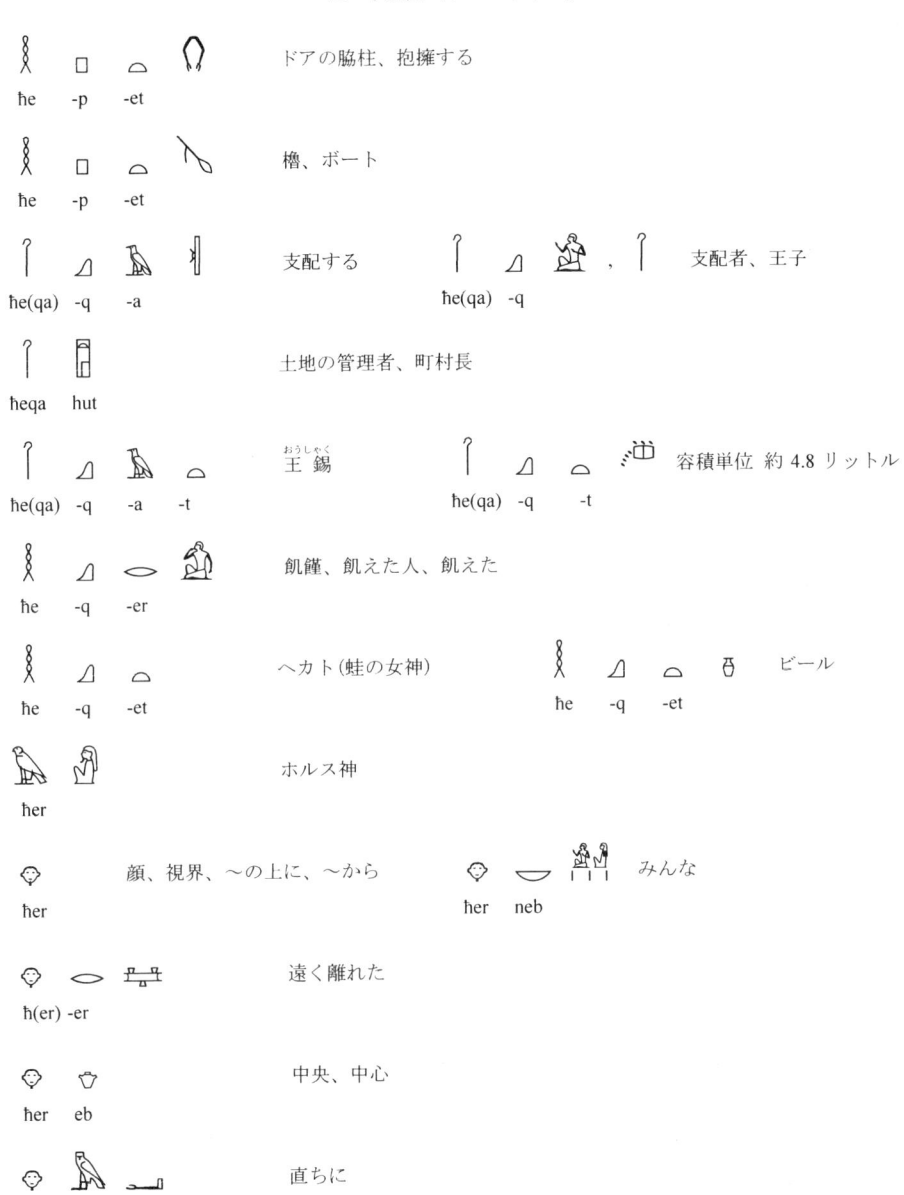

Ⅷ　単語表（グローサリー）

ħer -en -t -et　なぜなら

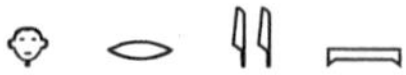
ħ(er) -er -i　上の、上位の、上にいる者

ħ(er) -er -i　上司、上長

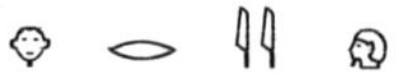
ħ(er) -er -i tep　首席の、首長

ħ(er) -er -i eb　真ん中の者、〜に住む者

em ħ(er) -er -i eb　〜の中央で

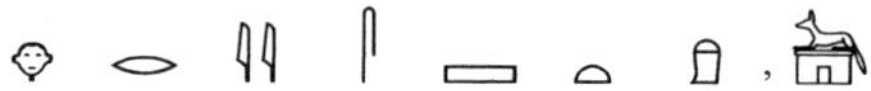
ħ(er) -er -i se -še -(t) -ta　秘密をよく知る者

ħ(er) -er (ħer) -i -t　恐怖

ħer nebu　黄金のホルス名(5王名の一)

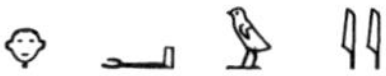
ħer -'a -u -i　直ちに

ħ(er) -er -re -t　花

ħer -sa　〜の後、その後

ħ(er) -er -t　天、空

ħ(er) -er -t　墓、墓地

ħ(er) -er -u　上部

ħ(er) -er -(ħer) -u　〜のほかに

Ⅷ　単語表（グローサリー）

ħe -(ħer) -r -(ħer)u em ea(x) -x -u -t (axet) -i　ハルマキス（地平線のホルス）神

ħe -s (ħes)　褒め称える

ħe -s (ħes)　歌う

ħe -s　排泄物

ħe -se -b (ħeseb)　1 ヘセブ（1/4 アルーラ、約 200 坪）

ħe -se -b (ħeseb)　計算する

tep ħeseb　正しい計算

ħe -se -b -t　虫

ħe -se -q　切断する

ħe -s -m(en) -en　青銅、紫水晶

ħe -s -(ħes) -et　承認、好意、贈り物、恩恵、寵愛

ħe -s(et) -et　座席

ħe -(ħe)s -et　壺

ħeş　水銀

ħe -ş (ħeş)　明るい、白い

ħe(ş) -ş ħer　朗らかな

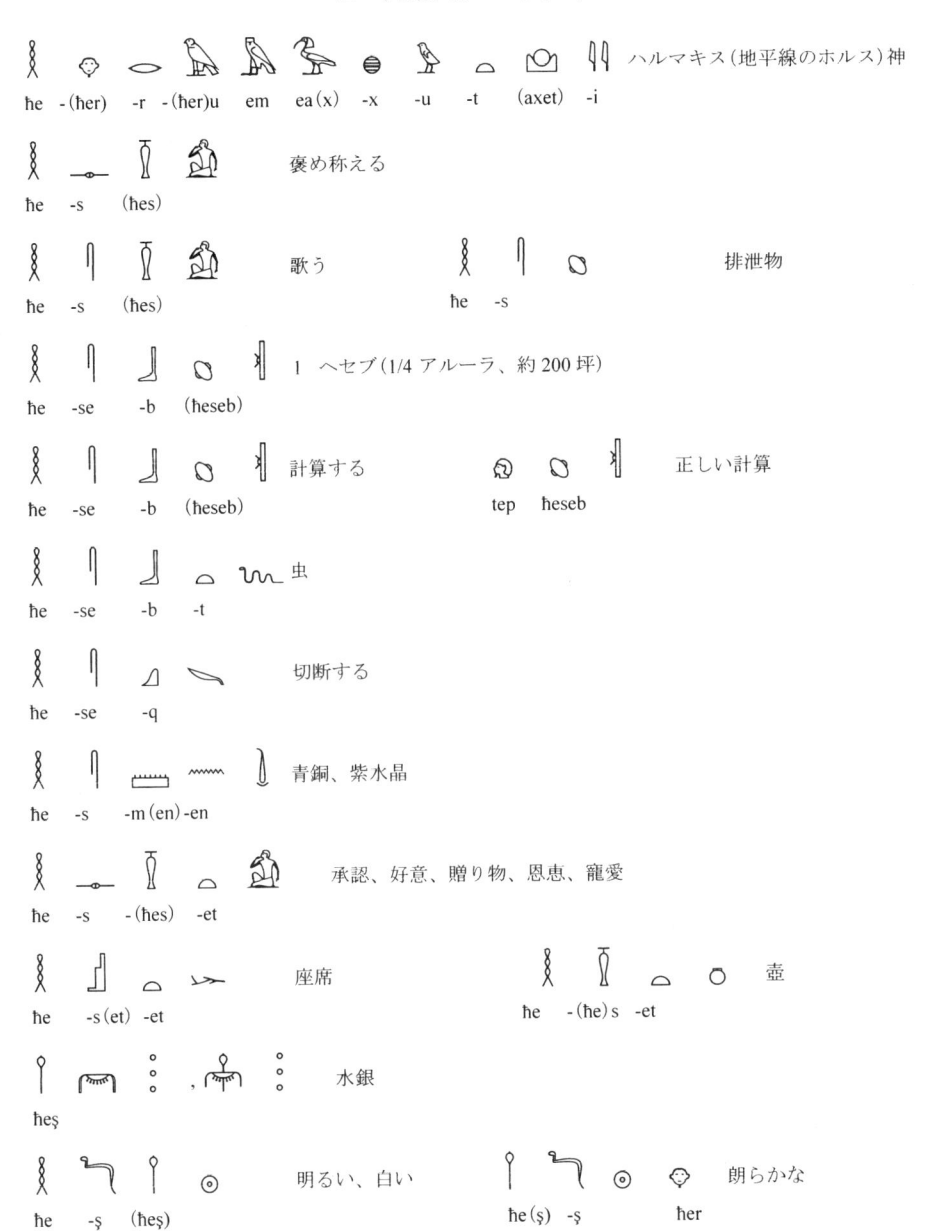

ħe(ş) -şe　破壊、悪事、傷つける、冒す

ħeş -t　南エジプトの白い王冠

ħe(ş) -ş ta　夜が明ける

ħe -(te) -tem -(em) (ħetem)　滅びる、滅ぼす

ħe(tep)-te -p　祭壇、休む、静まる、満足した

ħe(tep)-te -p -u　平和

ħe(tep)-te -p de ne -su -t　王の与えた供物(王を [ ] で表し、語頭に置く)

ħe(tep)-te -p -t　供物

ħe -t -er　戦車をひく一組の馬

ħe -t -er　税金、税金を取る

ħ -'a　肉、肉片(ħ'au 複数で身体、自身)

ħ -'a　楽しい、喜ぶ

ħ -'a -u -t　喜び

ħ -'a -p -i　ナイル川

ħ -'a -ş -a　掠奪、掠奪する

Ⅷ　単語表（グローサリー）

ħ -‘a -u　船団

ħ -u　食物

ħ -u　フー神(権威ある言葉の神)

ħ -(u) -ue　打つ、殺す

ħ -(u) -ue　ナイル川が溢れる

ħ -u -i　～するように(願望)

ħ -u(n) -n -u　子供、青年

ħ -u(r) -r -u　貧者、貧しい、賤しい

ħu -t　邸宅、神殿、文の章句

ħu -t ħ(er) -er　ハトホル女神

ħut ka　礼拝所

ħu -t neθer , ħe -t neθer　寺院(neθer は語頭に出す)

ħu -t ‘aa -t , ħut-‘aa -t　長官邸宅、王宮

ħ -w(a) -a　不快な、腐る

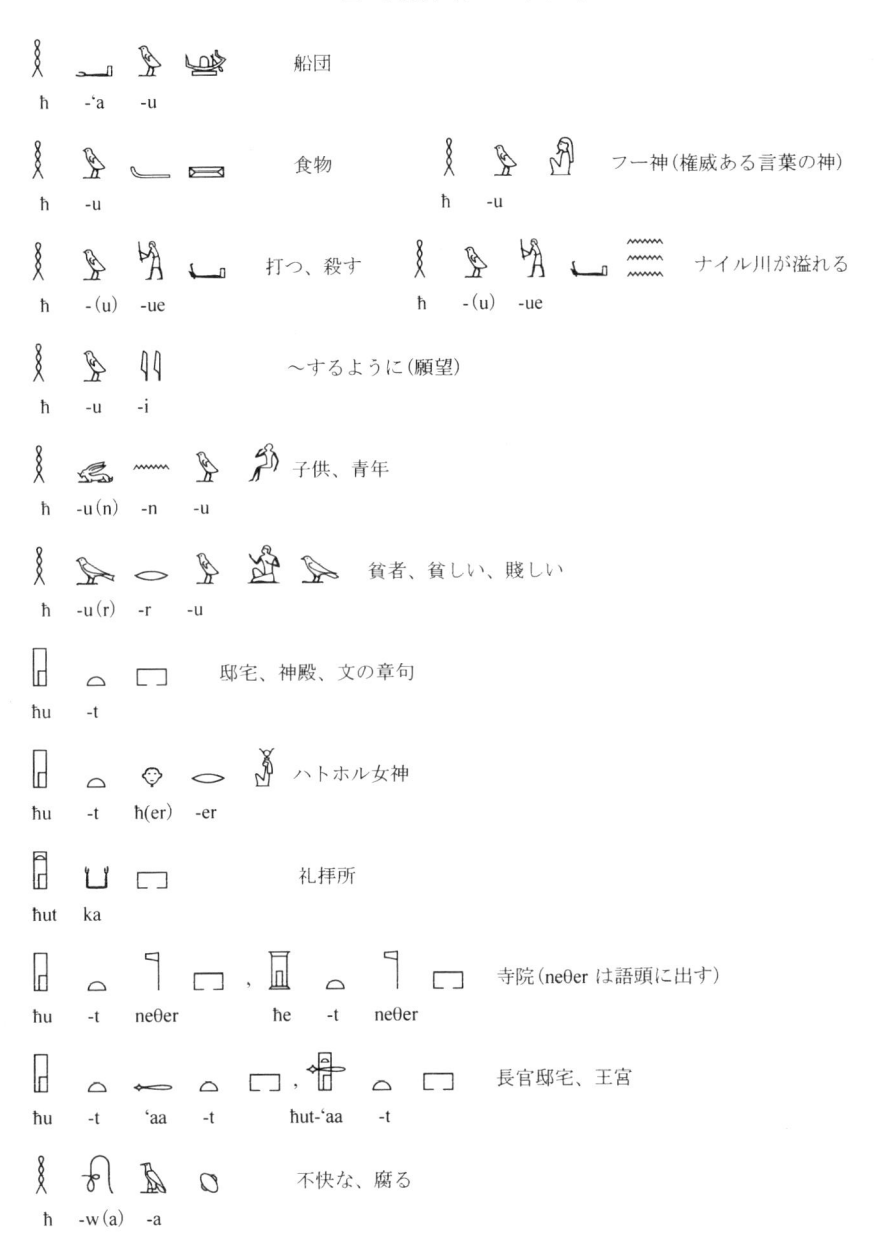

 貴男の(人称代名詞、男性)

-k

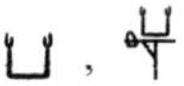 カー、生命力、活力

ka

 雄牛

ka

 そして、だから(不変化詞)

k -a

 考える、企む

k -a -e

 葡萄園、庭園

k(a) -a -m

 庭師

k(a) -a -m -i

 葡萄園、庭園

ka -nu

 庭師

ka -n -i

 庭師

ka -r -i

 聖堂

ka -r -e

 クシュ、ヌビア国

k -a -š

Ⅷ　単語表（グローサリー）

　労働、仕事

ka -t

　建設労働者

k(a) -a -u -t -i

　脱がせる、掠奪する

ke -f

　闇

ke -k -u　ke -k -i -u

　黒い

k(em)-em

　完成、支払う、終える

k(em)-em

　エジプト

k(em)-em -et

　ケム・ウル

k(em)-em u(r) -r

　お辞儀する、屈服する

ke -s

　若者、小さい、賤しい

ke -te -t

　他の（女性では  ket）　　他の（複数）

k -i　k -u -i

　猿

k -i

Ⅷ　単語表（グロッサリー）

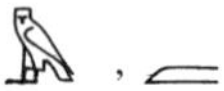　～の中に、～の時
em

　～するな
em （en）

　～の前に、かつて
em baḥ

　見よ！そら！
em （m） -k

　非常に、確かに
em r -ʿa

　後ろに、背後に
em -sa

　～とともに
em -t -u

　見る
maa -(a a)

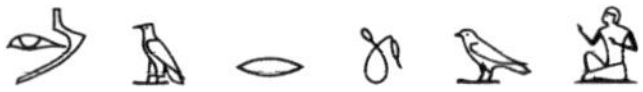　貧困者
maa -(a) -r

　視界、光景
maa -(a) -t

　見る人、監視者（複数は  maaiu）
maa -(a) -u

, 　ライオン
ma -(a) -e　maa -(a)

Ⅷ　単語表（グローサリー）

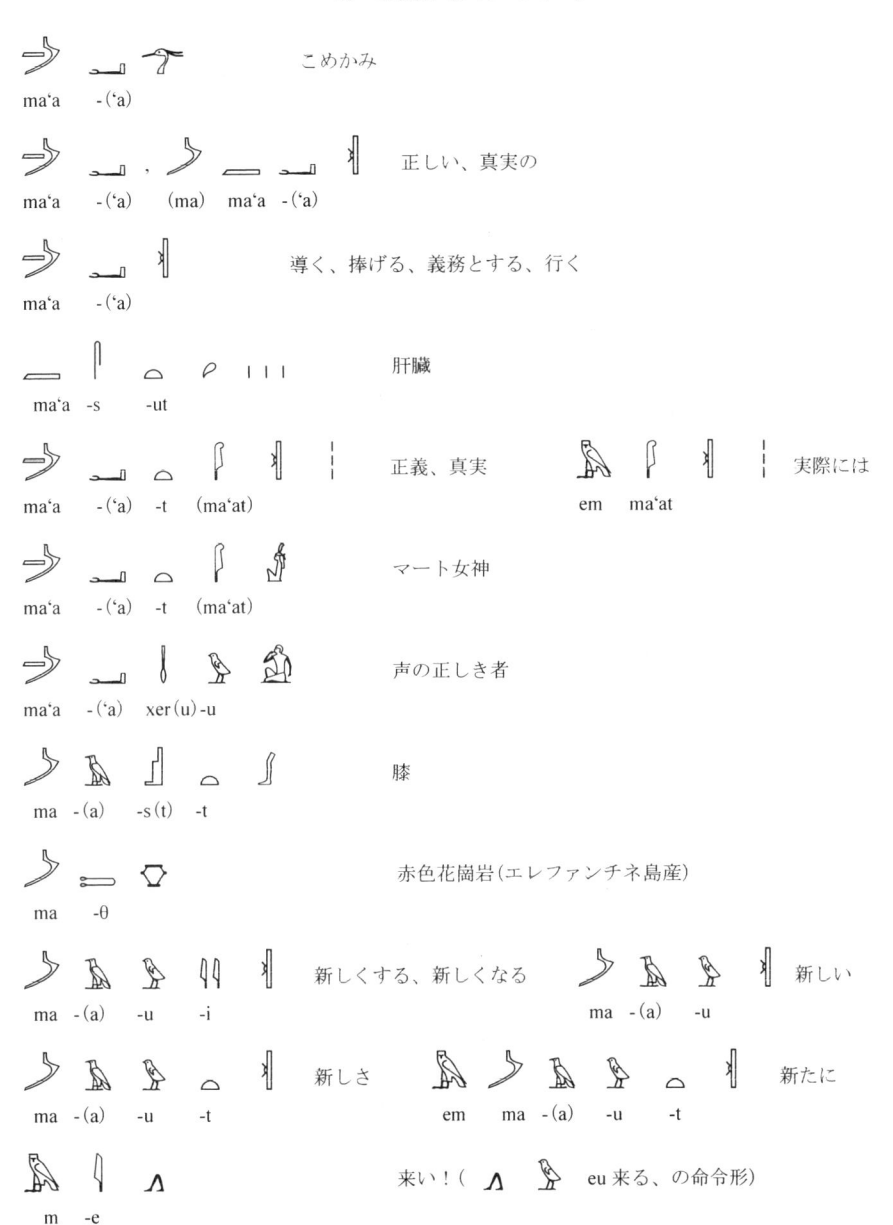

　こめかみ

ma‘a　-(‘a)

　正しい、真実の

ma‘a　-(‘a)　(ma)　ma‘a　-(‘a)

　導く、捧げる、義務とする、行く

ma‘a　-(‘a)

　肝臓

ma‘a　-s　-ut

　正義、真実

ma‘a　-(‘a)　-t　(ma‘at)

　実際には

em　ma‘at

　マート女神

ma‘a　-(‘a)　-t　(ma‘at)

　声の正しき者

ma‘a　-(‘a)　xer(u)-u

　膝

ma　-(a)　-s(t)　-t

　赤色花崗岩(エレファンチネ島産)

ma　-θ

　新しくする、新しくなる

ma　-(a)　-u　-i

　新しい

ma　-(a)　-u

　新しさ

ma　-(a)　-u　-t

　新たに

em　ma　-(a)　-u　-t

　来い！（　eu 来る、の命令形）

m　-e

Ⅷ　単語表（グロサリー）

m(e) -e　～のように、～である限り

me(d) -d -u ,　言葉、話す

medu neθer　神の言葉の本(neθerは普通語頭に出す)

me(d) -d -et　言葉、事柄

me -d -es　鋭い、激しい

me -h -i　忘れやすくある

me -h -et ...　忘れやすさ

meħ　～に満ちた、～で満たす(　emを伴う)

meħ　掴む、捕らえる

meħ (meħ)　長さ単位(1メフ＝7シェセプ＝52センチ)

meħ (meħ)　熟考する、～を心配する(　ħerを伴う)

me(ħ) -ħ　溺れる、氾濫する

me(ħ) -ħ -i -t　洪水

meħ -it　北風

meħ -t -i　北、北の

me(ħ) -ħ -i -t　魚

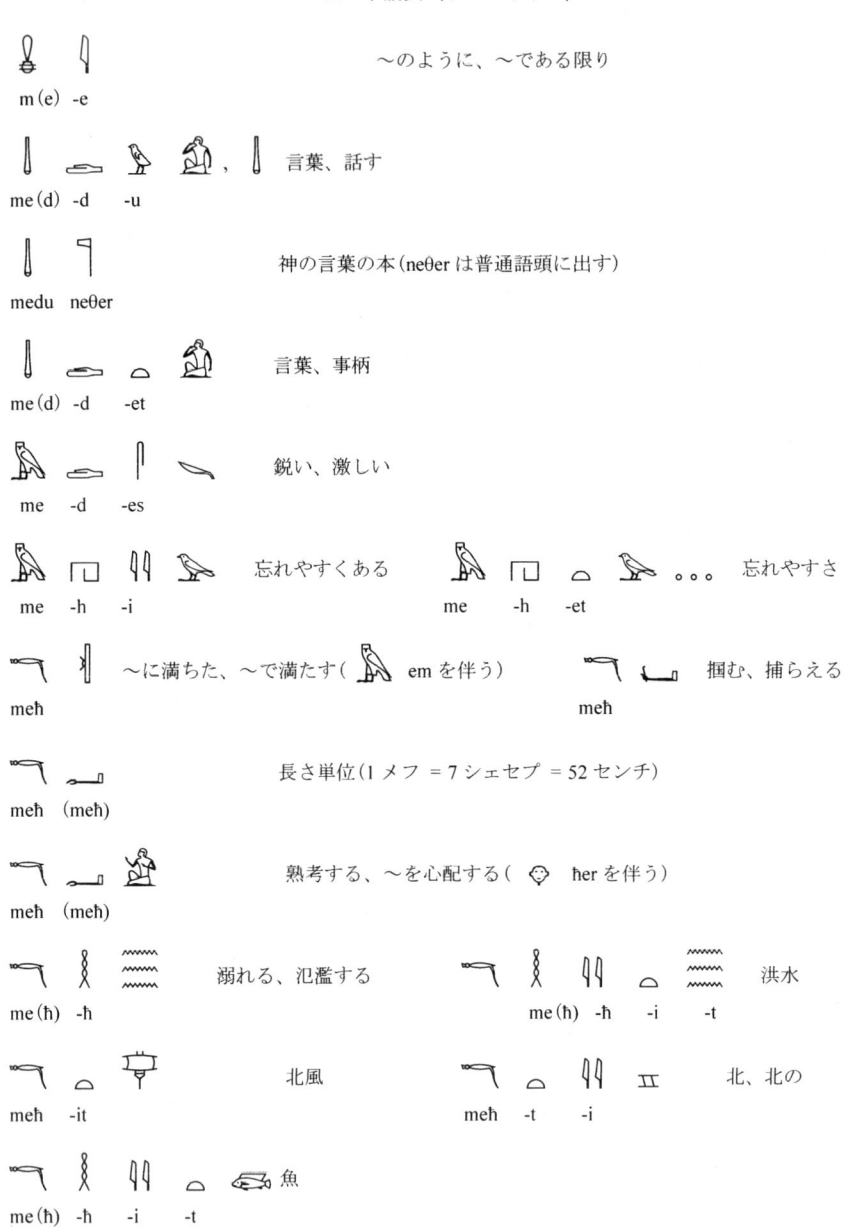

 北の国

me(ħ)　-ħ　-t　-et

 北エジプト

me(ħ)　-ħ　(meħ)　-u

 見よ、さあ！

me　-(me)-k

 ～の中で

m　-em

 麒麟

me　-m　-i

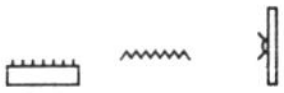 堅固な、永続する、確立する

m(en)　-en

 ～の限り

-er　m(en)　-en

 今日、今

me　-n

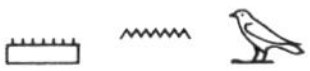 病気の、苦しんだ

m(en)　-en

 死、死ぬ

m(en)　-en　-e　-(mene)

 停泊する

m(en)　-en　-e　-(mene)

 結婚させる

m(en)　-en　-e　-(mene)

 もやい柱

m(en)　-en　-e　-(mene)　-e　-t

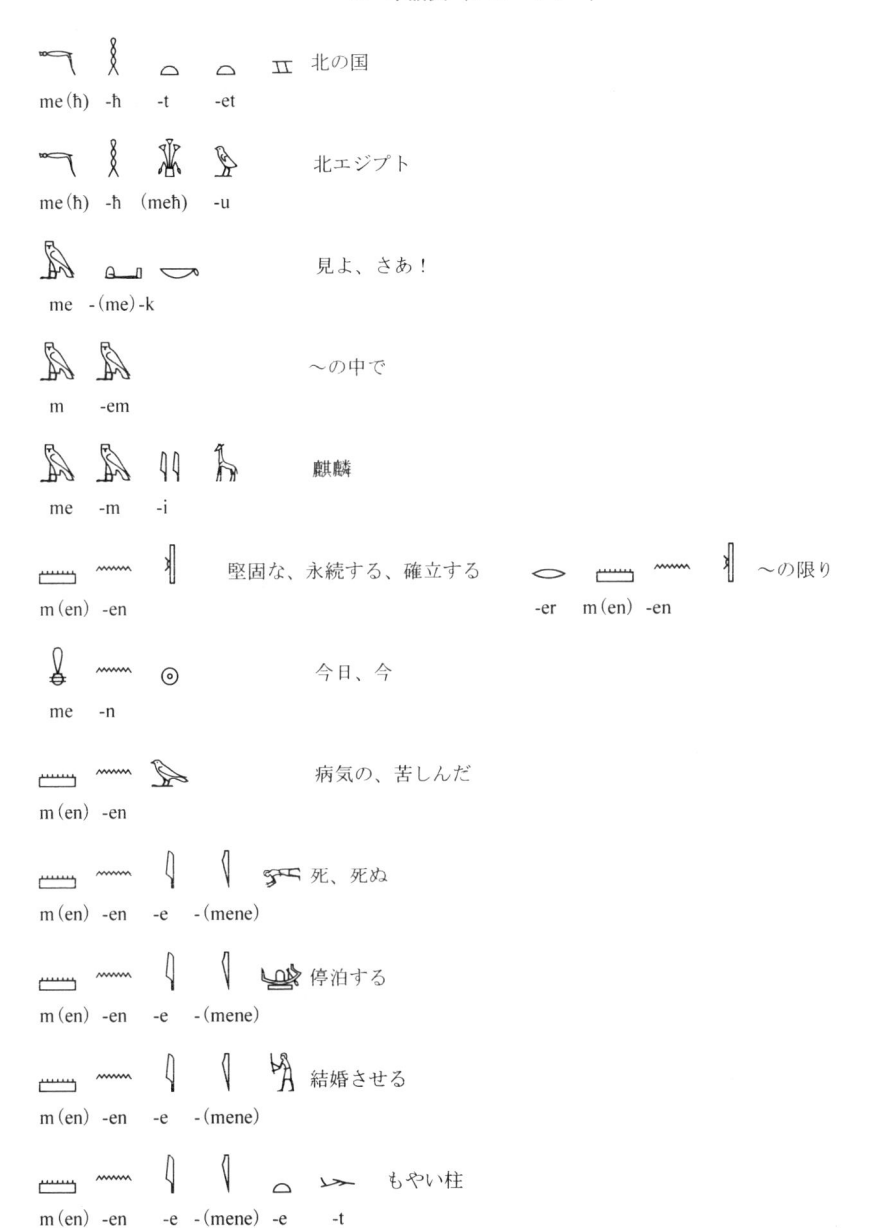

Ⅷ　単語表（グロサリー）

 布

me(n) -ne -x (menex) -t

 歩兵隊

m(en) -en -f -a -t

 パピルス葦

men -en -ħ -et

 進む、揺れる

m(en) -en m(en) -en

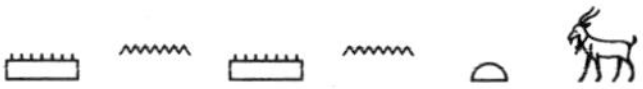 家畜

m(en) -en m(en) -en -t

 メンフィス

m(en) -en ne(fer)-f -er

 毎日の奉献、儀式

m(en)-e(n) -nu

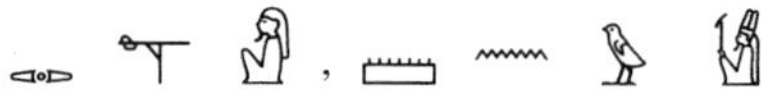 ミン神

menu m(en) -en -u

 並木道

m(en)-en -(nu) -u

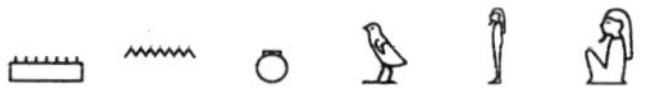 神の影像

m(en)-en -(nu) -u

 記念建築物

m(en)-en -(nu) -u

 鳩

m(en)-en -(nu) -u

 供物の鳩

m(en)-e(n) -nu -t

 乳母

m(en) -en -‘a -t

Ⅷ　単語表（グローサリー）

m(en) -en -θ -u

ベドウィン(砂漠の遊牧民)

me(n) -n -x

報いる、完全な、良くできた

me(n) -n -x (menx)

布きれ

me(n) -n -x eb

忠実な

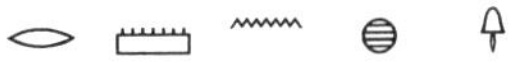

er me(n) -n -x

徹底的に

mer (m -er)

ピラミッド

mer (m -er)

病気の、つらい

mer

運河、人工池

m(er)-er

愛する、～ことを望む

m(er)-er -u -t

愛、願望

m(er)-er -ħ (merħ) -et

油脂、香油

m(er)-er -i -t

海岸、港

m(er)-er -et

家来、従者、農奴

m -es

持ってくる、持ち去る

m -es

産む

m -es

子供、子孫

me -s -d -em -t

黒いアイシャドウ

Ⅷ 単語表（グローサリー）

 嫌いな

me -s -d -et

 胸、腿

me -s -d -et

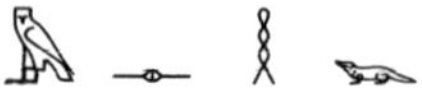 鰐（わに）

me -se ḥ

 太陽神の夜の船

m -es -(sk) -k -t -et

 嫌う、憎む

me -se -ş

 耳（人間の）

me -s -ş(er) -er

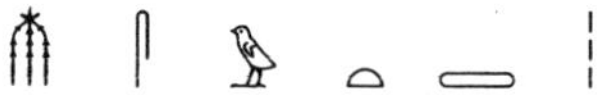 夕食

me -s -u -t

 軍隊

me -š -'a

∩ 十

meş

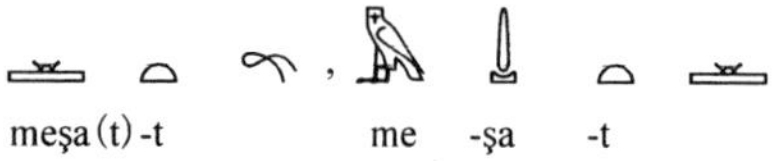 本、巻物

meşa(t) -t me -şa -t

 大工、石工

meşeḥ me -şe -ḥ

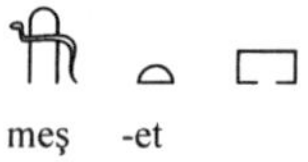 家畜小屋

meş -et

 同等者、～と同じような

me -t -i me -t -u

Ⅷ　単語表（グロッサリー）

証言する
me (t) -t -er

証人
me (t) -t -er -u

同じ物、同じ事、似た外観
me -t -et

精液、子孫
me (t) -t -u -t

道
me -θe -n

猫（雌猫は mit）
m (e) -e -u

指図
me -x (er) -er -u

将来、～の後に、～に従って、その後
me -x -et (xet)

何？誰？、～じゃないか、～であれ
m -‘a

～によって、～を所有して、～から
m -‘a

風、水、祭壇、
m -‘a

さて、それでは
m -‘a -e

トルコ石
m -‘a -f -ka -t

アビドスの空墓、墓
m -‘ah‘a -t

守る、守護者
m‘a -k

守護、免税、場所
m‘a -k -et

Ⅷ　単語表（グローサリー）

m -‘anş -t　太陽神の昼の船

m‘a -r　成功、運の良い

m‘a -şe -d　押し付ける

m‘a -š -er -(ru) -u　夕方、たそがれ

m‘a -θe -n　道、規範

m‘a -u ta-ui　二大陸の援助者(神名)

m‘a -x(a) -a -t　天秤

m‘a -xe(n) -n -t , m -‘a -xe(n)-n -t　渡し船

m‘a -x(er) -er　倉庫、納屋

mu　水

ħer mu en　～に忠誠で

mu -t　母

mu -t　ムート女神

mu -t　死、死ぬ

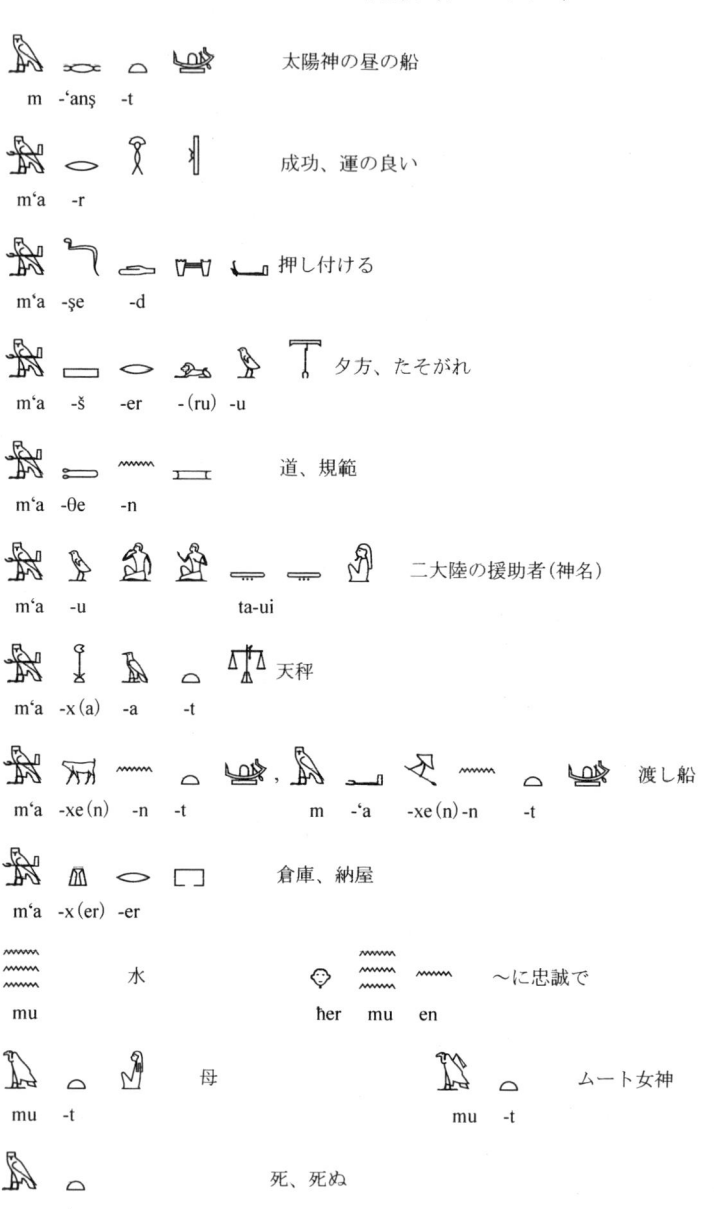

Ⅷ　単語表（グロッサリー）

n

en　～のために、～の故に(前置詞)、我々は(接尾代名詞)

en　～せずに

en u(n) -n -t　～も無く

n -a　それらの

n -a　風

n -a -i　(所有形容詞、複数)

ne　～の(所有代名詞、女性 net、複数 nu)

n -e　追い払う、拒む

neb　主人、支配者

neb er ş(er) -er　万物の支配者

neb　全ての

w'a -neb　みんな

ne -be -d　垂れ髪、櫛けずる、髪を結ぶ

ne -bi -na -i -te -t　キプロス島

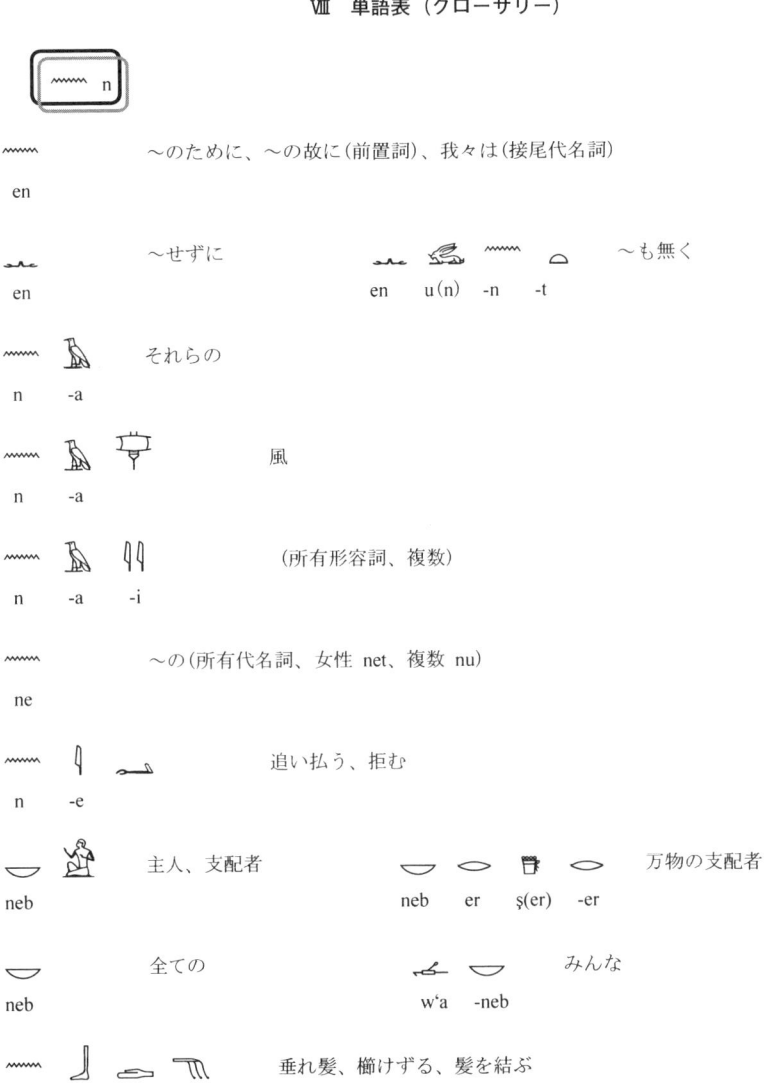

Ⅷ　単語表（グロ一サリ一）

neb -t　　女主人

neb -t ḥu -t　　ネフテュス神（オシリスの妹、セトの妻、アヌビスの母）

ne-bty　　二女神（五王名の一）

ne -de -b　　～で覆う（  em を伴う）

ne -f　　あれらの

ne（fer） -f -er　　善、美しい、良い、幸せに

nef（er） -f -er -t　　美、立派さ

ne（fer） -f -er -i -t　　最後

ne -f -te -f -t　　跳ねる、跳ぶ

ne -h -em　　歓喜する

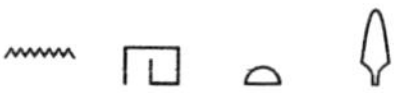

ne -h -et　　シカモア無花果（いちじく）、広葉樹

ne -h -i　　. . . 少量

ne -h -u　　損失、損害

ne(ḥ) -ḥ　祈る、乞い願う

ne(ḥ) -ḥe -b　装備する

ne (neḥ) -ḥe -b -et　首

ne (neḥ) -ḥe -ḥ　永遠

er ne(ḥ) -ḥe -ḥ　永遠に

ne -ḥ(em) -em　奪う、～から助ける（ m‘a を伴う）

ne (neḥ) -ḥe -s -i (neḥes)　ヌビア人

ne (neḥ) -ḥ -ş -et　歯、牙

ne -k -a　考える

ne -k -en　危害、怪我

ne -k -et　少量の物

ne (neme) -m‘a　破壊する、誰？

ne (neme) -m -e　旅する、渡る

ne (neme) -me -t -et　歩み、行軍

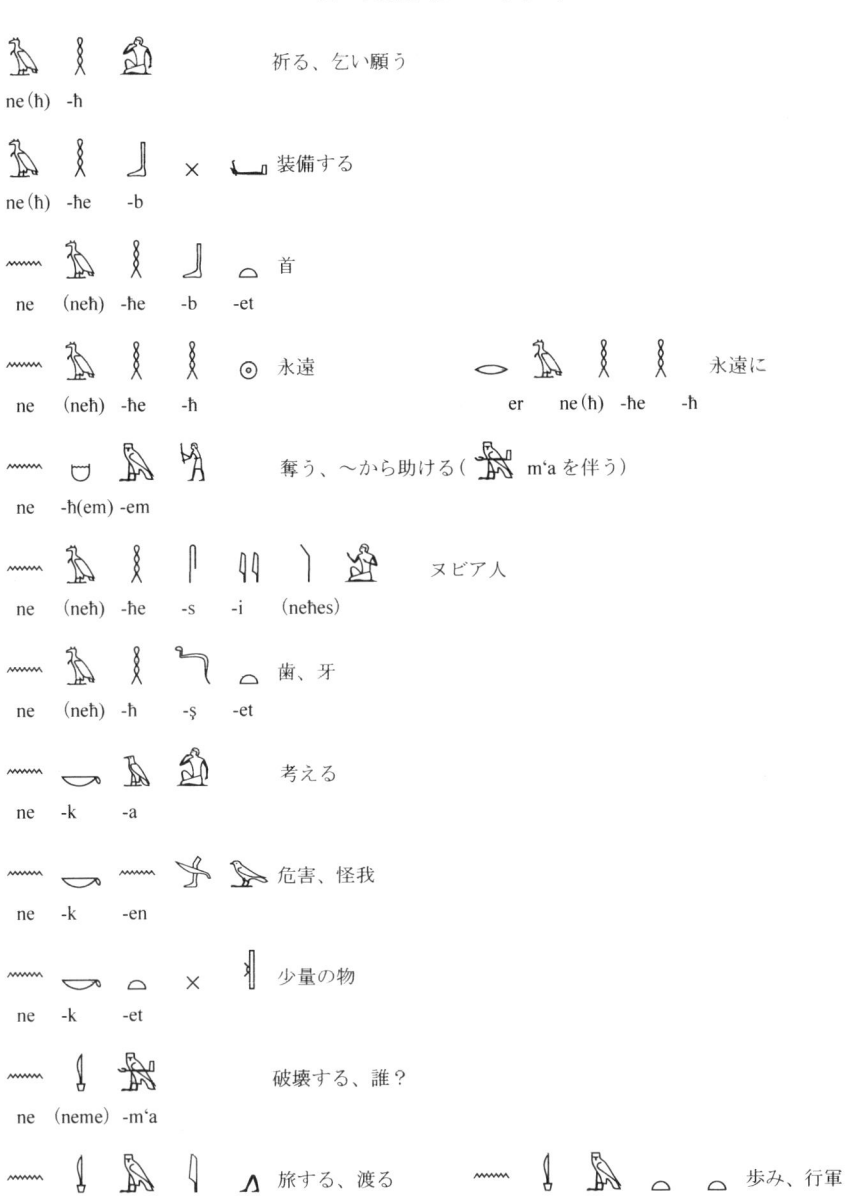

Ⅷ　単語表（グローサリー）

 孤児、賤民

ne（neme）-me -ḥ

 王のネメス頭巾

ne(me)-me -s

 水差し

ne（neme）-me -s -t

 ベドウィン

ne（neme）-m -e -u š -‘a

 誰、破壊する、眠る、建てる

ne（nem）-m -‘a

 類似、これらの

ne -n

 このように

em ne -n

 動く、通り過ぎる

ne -n

 ～なしに

ne -n

 恐れる（ enを伴う）

n -er

 恐怖

n -er -u

 呼ぶ、招く（ er又は enを伴う）

n -e -s

， 舌

ne（nes）-s nes

 ～を除いて

n -e -s

 炎、燃え上がる

ne（nes）-s -er

Ⅷ　単語表（グローサリー）

ne -s -i -t　王権（ne を省略することがある）

nes (t) -t　王座、官職

ne -su -t　南エジプト王（通常 su を語頭に）

nesut-bety　南北エジプト王の名（五名の一）

ne -š -n -i　粗暴、嵐、暴れ回る

neș -(neș)　粉にする

ne -ș (neș -neș)　相談する　　neș ḥer　～に挨拶する

ne -ș (neș)　守る、～から救う（m'a を伴う）

ne -ș -em , neș -em　甘い　　neș -em eb　楽しい

ne -ș(er) -er　掴む、捕まえる、法律を守る、働く

ne -ș -es　小さい、耳が遠い

ne -ș -es　平民、市民

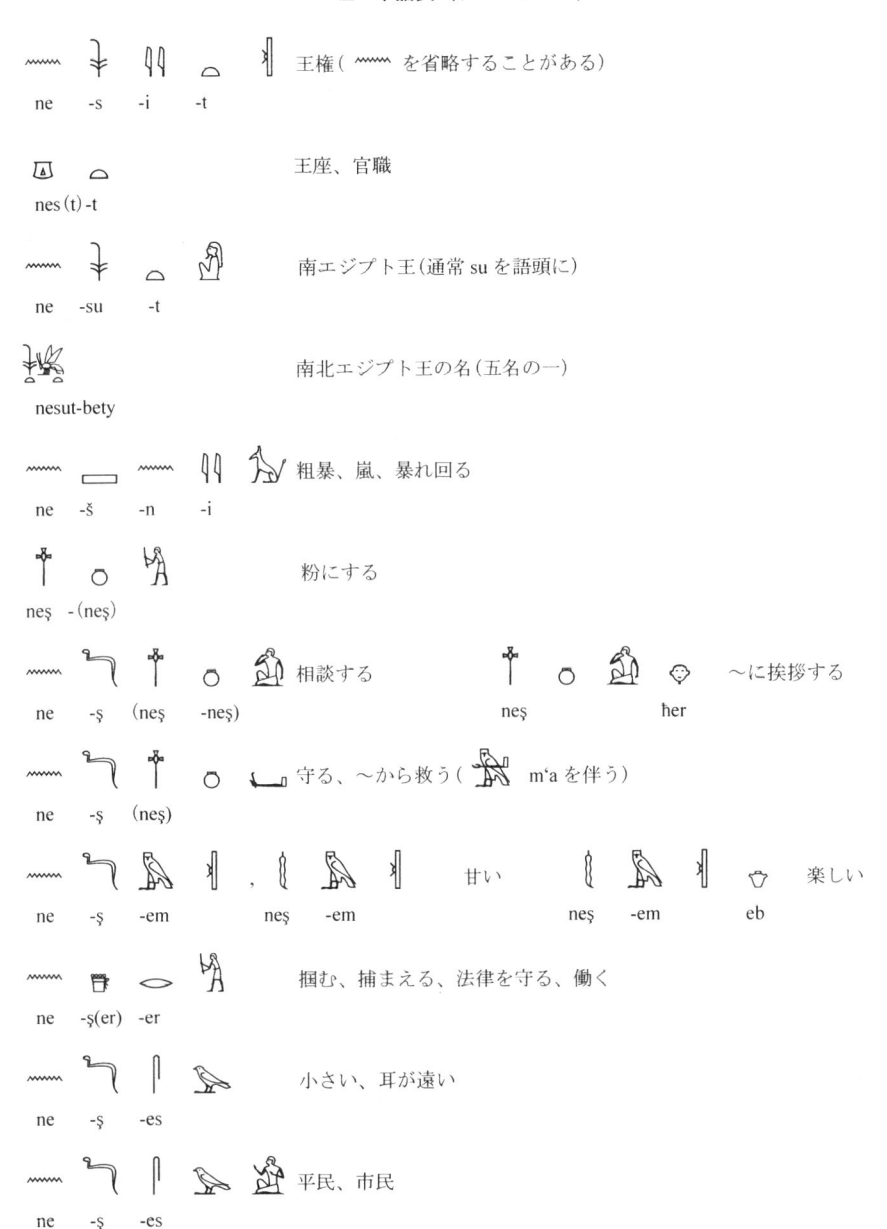

Ⅷ　単語表（グロッサリー）

ne -ş -(neş) ħer　挨拶する、守る

ne -ş -ħ -et　歯、牙

ne -t　ネイト女神

ne -te -f　彼は

ne -te -k　貴男は

ne -te -s　彼女は　　ne -te -s -en　彼らは

ne -t -et　存在する物、〜と言うことを

ne -te -θ　貴女は

ne -te -θ -en　貴男方は

ne -t -i　である所の物（女性では netet, 複数は ne -(t) -tiu netiu）

ne -t -i neb　である所の物全て

ne -t -‘a　習慣、儀式

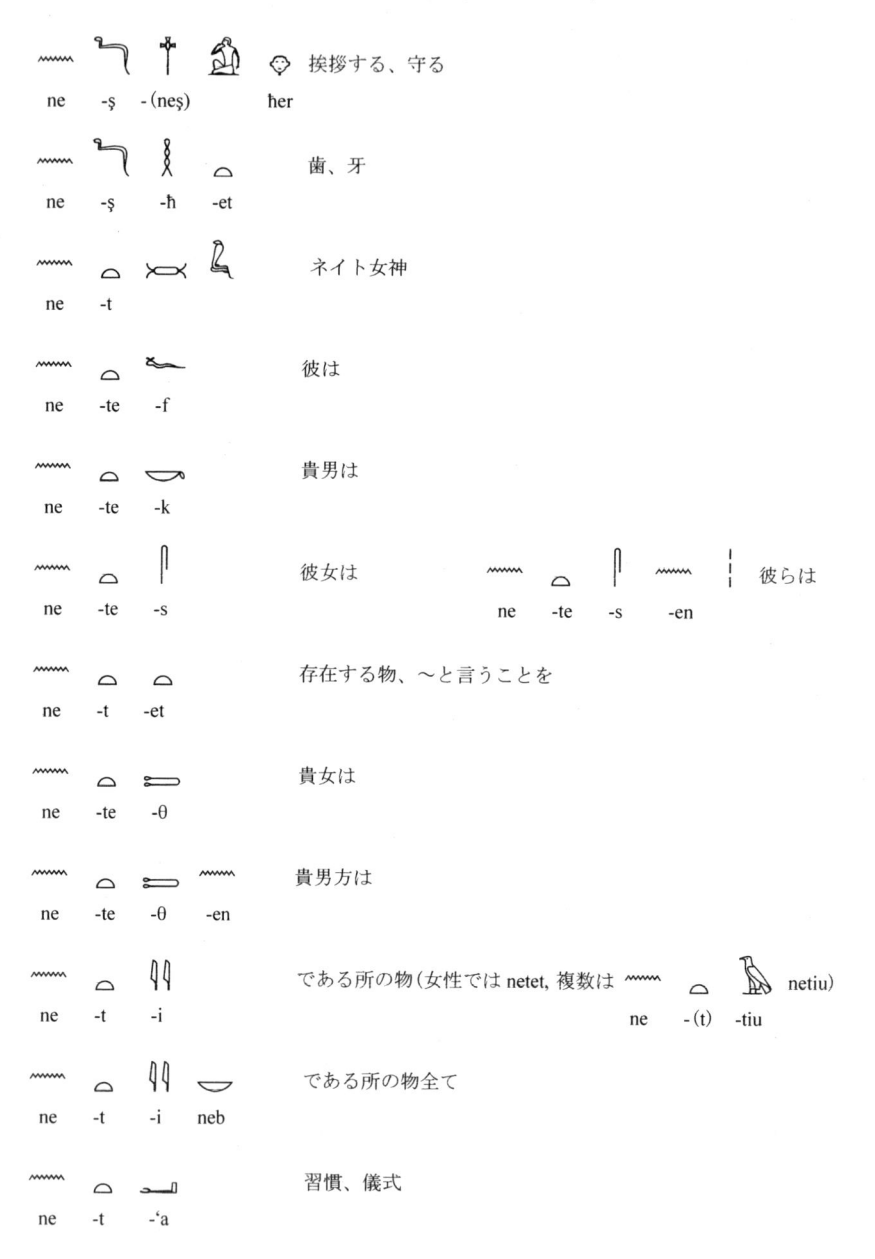

Ⅷ　単語表（グローサリー）

ne -t p -u　（疑問詞）

neθer　神（古くは neter）

neθer ʻaa　偉大な神

neθ（er）-er -i　神の、神聖な

neθ（er）-er -i -t　女神

n -e -u　駝鳥

neu（t） -t　町、郡

ne -x　守る

nexe（b） -b -et　ネクベト女神

ne -x -en　子供、若い

ne -x -en -u　若い蛇達

ne -x -et （xet）　力、強い

ne -x -et （xet） -u　勝利

ne -x -et （xet）　勇士

ne -x -u -t　愚痴、嘆き、不平

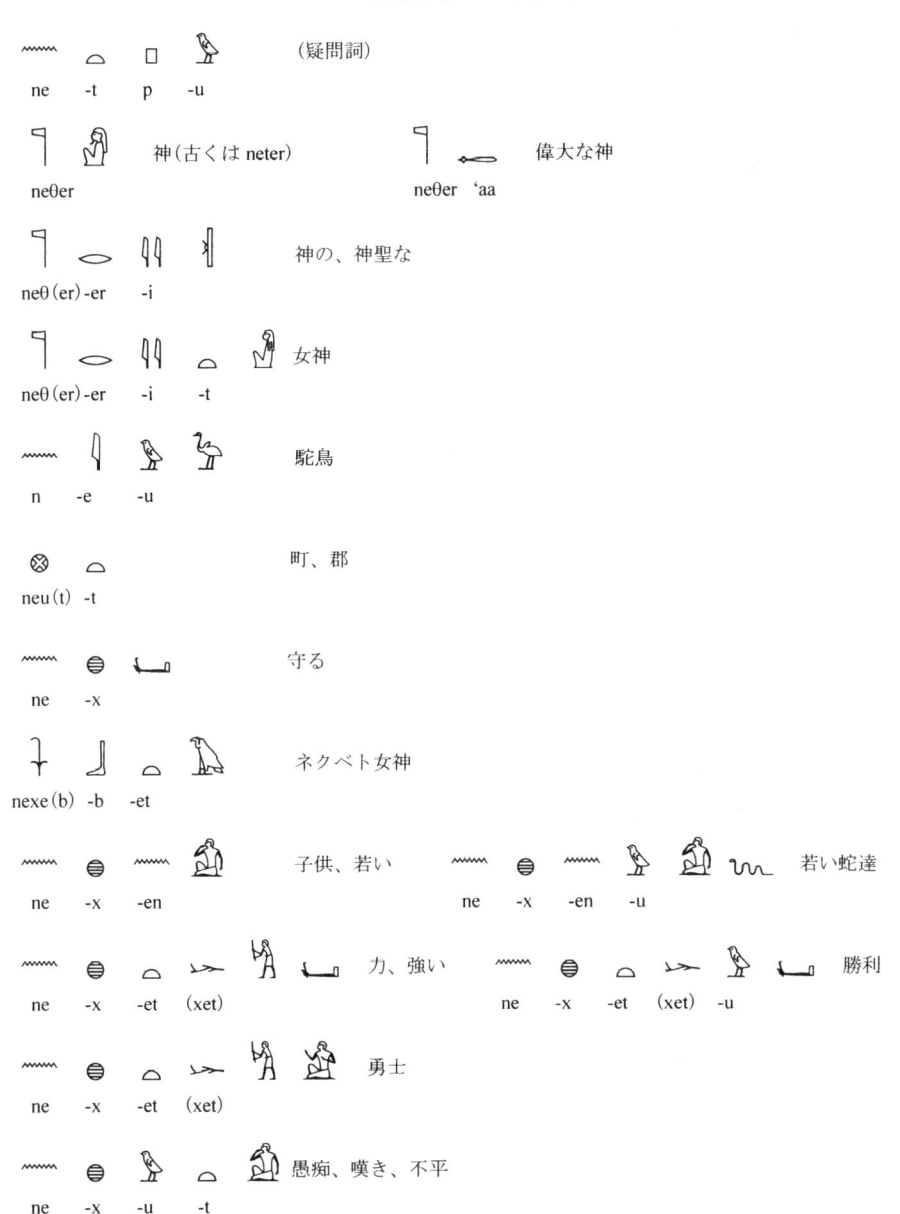

Ⅷ　単語表（グローサリー）

n　-i

泣き声

n　-i　-n　-i

挨拶

n　-i

それでは

n　-‘a

船で旅する

n　-‘a　-i

来る、行く、到着する

n　-‘a　-g

扉を壊して開く

nub(u)-u

金、金製品

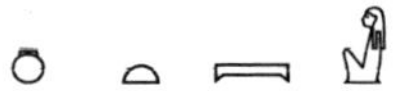

nu　-t

ヌート女神

n　-(nu　-nu)　-u

これら

n　-(nu　-nu)　-u

時、ひととき

n　-(nu　-nu)　-u　-i

氾濫、水路

n　-u　-i

短剣、槍

n　-(nu　-nu)　-u　-x

料理する、焼く

Ⅷ　単語表（グローサリー）

'a

'a　腕、地方(複数は 'a-i-u)

'a　記録書類、権利書

ne -su -t 'a　王の記録(土地台帳)

'a -('aa) -a　大きい、偉大な

'a -('aa) -a -u　大いに

'a -('aa) -a　ここで

'a -('a) a　驢馬

'aa -('aa)　扉

'a -('aa) -a -g　打つ

'a -('aa) -m　アジア人

'a -a -m　掴む、握る

'a -('aa) -a -t　大きさ

er 'a(a) -a -t　大いに

'a(a) -a -t　貴石、固い石材

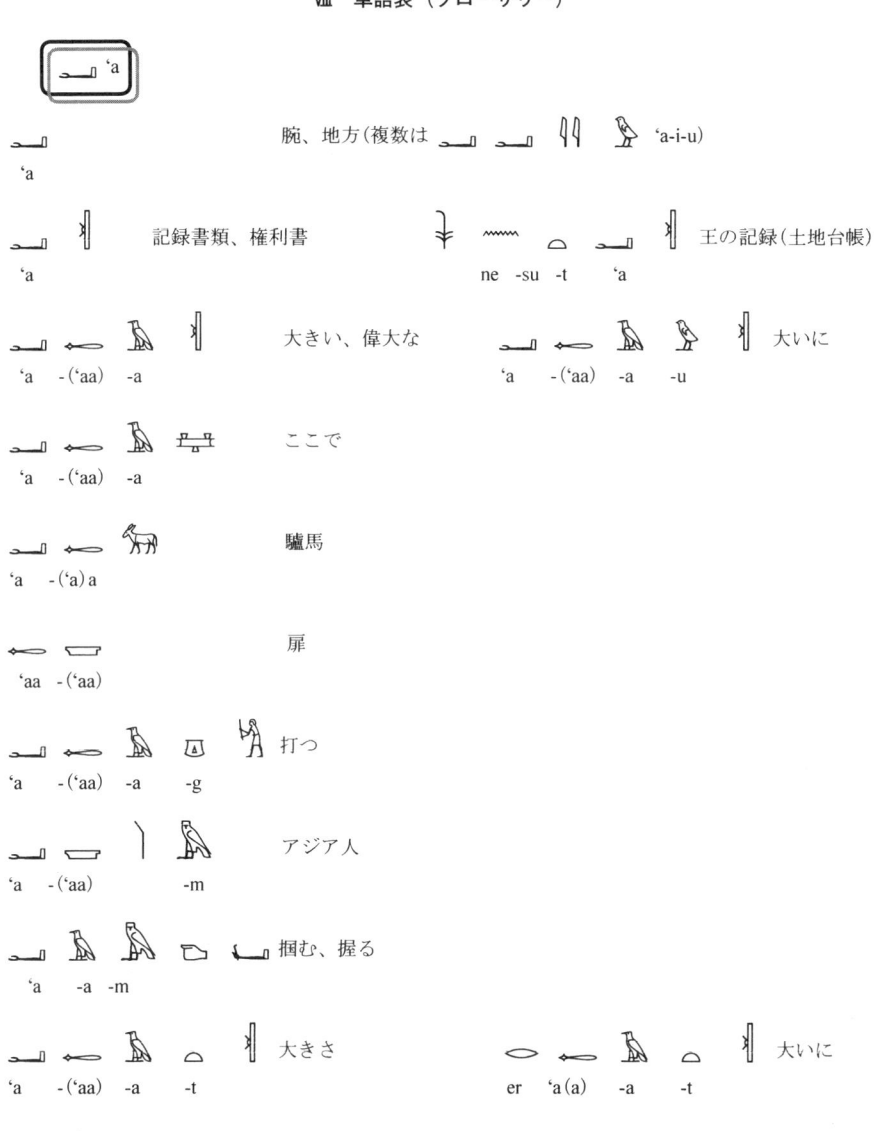

Ⅷ　単語表（グローサリー）

 極端に

ʻa　-(ʻaa)　-a　-u

 角(つの)、象の牙

ʻa　-b　(ʻab)

 抵抗、反対

ʻab

 贈る

ʻa　-b　-(b)a　(ʻaba)

 浄める

ʻab

 供物台、供養碑

ʻa　-b　-(b)a　(ʻaba)

 自慢、～を自慢する（  em を伴う）

ʻa　-b　ʻa

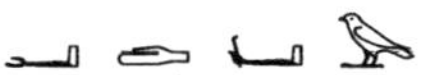 打破、敗北

ʻa　-d

 醸造者

ʻa　-f　-t　-i　(ʻaft)

 宮殿、神殿

ʻa　(ʻa)h

 戦い、～と戦う（  er を伴う）

ʻaħ(a)　-a　ʻa　-ħ　-a

 矢、武器

ʻaħ(a)　-a　-u

 立場、位置

ʻaħ(a)　-a　-u

 戦士、兵士

ʻaħ(a)　-a　-u　-t　-i

‘aḥ‘a
立つ、待つ、そこで

‘aḥ‘a　ḥem　-s
暮らす

‘aḥ‘a
貯蔵食糧、富、積み重ね

‘aḥ(‘a)-‘a
戦闘艦

‘aḥ(‘a)-‘a　-u
生涯、期間

‘a　-i　-u
両腕

‘a　-m
呑み込む

‘an(d)　-d
脂肪、脂身

‘a　-n　-en
戻る、持ち帰る

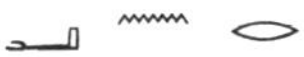
‘a　-n　-er
狒狒（ひひ）

‘a　-ne　-ş
少ない

‘a　-n　-tiu
没薬（もつやく）、ミルラ

‘a(nx)　-n　-x
生命、生きた、～によって生きる（ em を伴う）

Ⅷ　単語表（グロ一サリー）

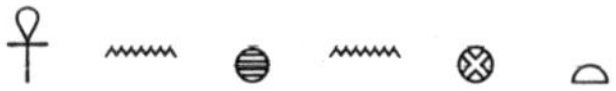　市民

‘a(nx)　-n　-x　en　neu　-t

　生きる者

‘a(nx)　-n　-x　-u

　人、人員

‘a(nx)　-n　-x

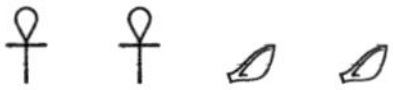　耳

‘anxui

　用意する、〜を備える（ em を伴う）

‘ap(er)-er

　乗組員

‘a　-p　-er　-u　(‘aper)

　入る

‘a(q)　-q　,　‘a　-q

　親友

‘a(q)　-q　eb

　正義、真っ直ぐな、正確な

‘a　-q　-a

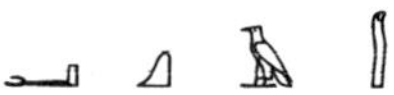　真ん中

‘a　-q　-a

　行き来、往来

‘aq　-pere　-t

　食料、パン、収入

‘a(q)　-q　-u

　昇る

‘a　-r

　葦ペン

‘a　-r

　門柱、扉、王宮の嘆願所

‘a　-r　-er　-u　-t

Ⅷ　単語表（グローサリー）

‘a -r -f

袋、包む

‘a -r -i -t

入り口、門、扉

‘a -r -q (‘arq)

賢い、～を知る（  em を伴う）

‘ar (q) -q -i

みそか、30 日

‘a -r -u

近く

‘a š

呼ぶ声、～を呼ぶ（ en を伴う）

‘a š

レバノン杉の木材

‘aš (a) -a

沢山の、～の多い

‘aš (a) -a -i -t

港、埠頭

‘aš (a) -a -t

大衆

‘a -ṣ

安全な

‘a -ṣ(a) -a

犯罪、罪を犯した

Ⅷ　単語表（グローサリー）

　手足、体の部分
‘a　-t

　全身
‘a　-t　neb　-t

　建物、部屋
‘a　-t

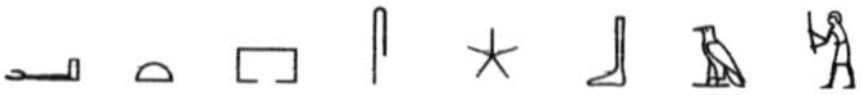　学校
‘a　-t　s　-(sba)　-b　-a

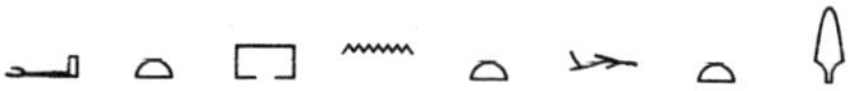　果樹園
‘a　-t　en　-t　xe(t)　-t

　強欲な、～から奪う（  ḥer を伴う）
‘a　-u(n)　-n

　家畜、小動物
‘a　-u　-t　,　‘au(t)　-t

　盗む、～から奪う（  ḥer を伴う）
‘a　-w(a)　-a

　泥棒、盗難被害者
‘a　-w(a)　-a　-i

　河岸、消す
‘a　-x　-em

　王宮内の謁見の間
‘a　-xe(n　-n)　-nu　-t　-i

Ⅷ　単語表（グロッサリー）

□　p

pa -a　その(冠詞、男)

□ p -(pa) -a　～である

□ p -(pa) -a　飛ぶ、飛び去る

p(a) -a -i　(所有形容詞)

p(a) -a -i -t　貴女の

□ p -(pa) -a -i -t　錠前、ボートのオール掛け

□ p -(pa) -a -t　初期、昔

p(a) -a (pa)u(t) -t　原始時代

□ p -(p)a -u -t　ケーキ、パン

p(a) -a -u -t (paut)　物質、供物

p(a) -a -u -t　人間

pa -u -t (paut) -i (tiu)　原初の神

□ p -ef　あの(指示代名詞、男)

□ pe -g -a　開く、開いた

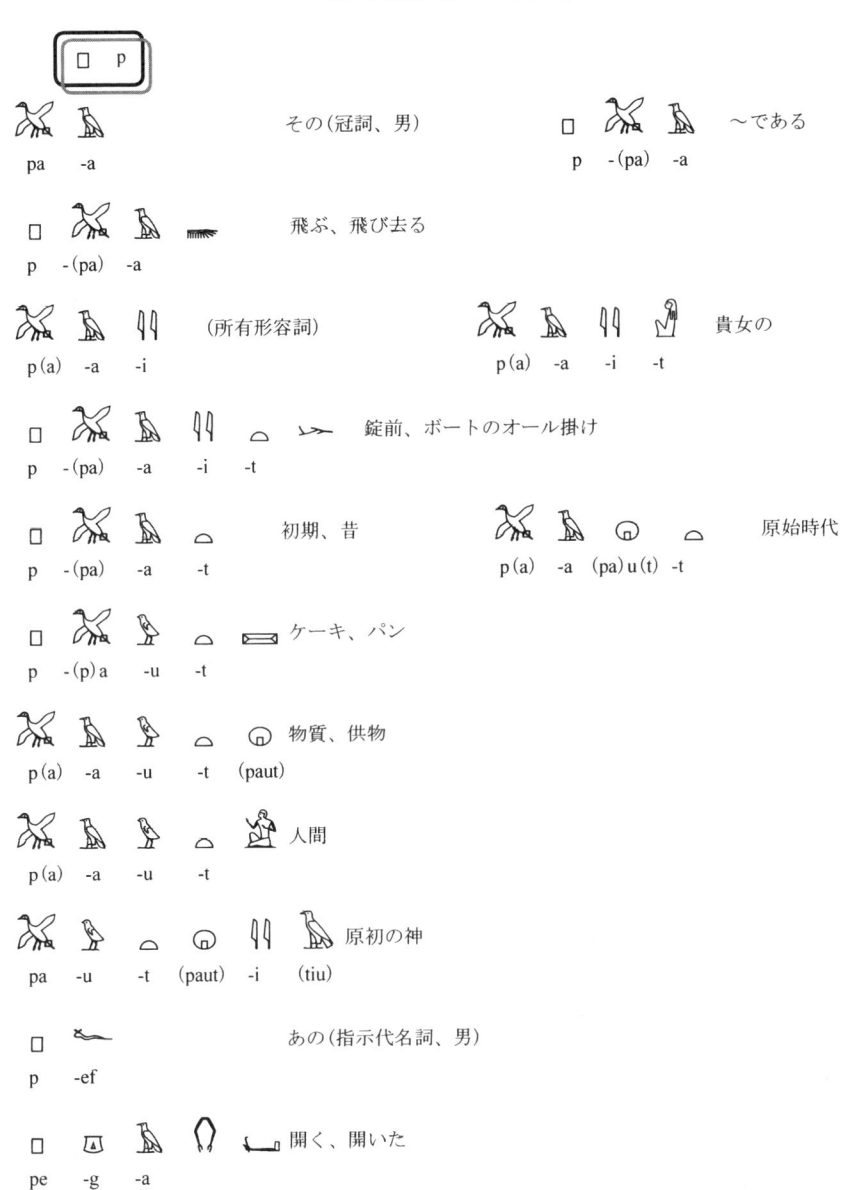

Ⅷ　単語表（グロッサリー）

pe -g -a
入口

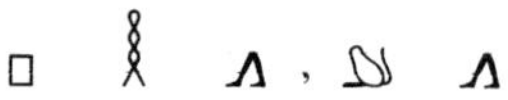
pe -ħ , peħ
終わり、達する、得る

peħ -u -i
後部、尻

peħ -t -i
王、王の権威

p -en
この(指示代名詞、男)

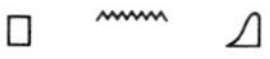
p -en -q
汲み出す

pe -q -t
上等の麻布

per
家、神殿

per ‘aa
大きな家、王宮、王、ファラオ

p (er) -er
～から出る( em を伴う)

p (er) -er -et
冬(種蒔き季節)

p (er) -er -et (peret)
木の実、子供

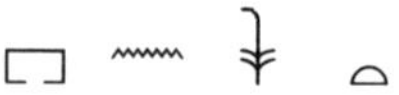
per ne -su -t
王宮(su を語頭に出し、  と書く)

Ⅷ　単語表（グロ－サリ－）

p(er) -er -t -er xer(u) -u　墓前の供養物

p(er) -er -u　過剰

pe -s　煮る

pe -se -ħ　噛む事、刺す

pe -se -š　伐採、分け与える

pe -se -ş　背、背骨

pe -se -ş　九

pe -se -ş　輝く

peseş -t　ヘリオポリスの九柱神（  は  pauti の読み違いという）

pe -š -en　裂く、砕く

pe -ş (peş)　伸ばす、縄を張る

peş -et　弓

Ⅷ　単語表（グロサリー）

天、空
p -et

プタハ神
pe -te -ḥ

踏み付ける
p -et -p -et

見る、観察する
pe -t -r -e -(tre)

誰？何？
pe -t -r -e -(tre)

回りを回る、取り囲む
pex (er) -er

～に仕える
pex (er) -er en

医薬、治療法
pex (er) -er -t

ユーフラテス川
pex (er) -er -u (r) -r

人間
p -‘a -t

その（指示代名詞、男）、である
p -u

～でない
b -u p -u

この（指示代名詞、男 = pen）
p -u -i

何？（後に peti となる）
p -u -t - r (e) -e (tre)

Ⅷ　単語表（グローサリー）

q

q -a　(評判が)高い、声が大きい

q -a -a　丘

q -a -b　腸

em q -a -b　～の中に

q -a -‘a　吐き出す

q -a -s　紐で縛る

q -a -sa　傲慢な

q -a -u　高さ

q -e　形

qe -be -b　冷たい、静かな、～で元気づける（ ḣer を伴う）

qe -be -ḣ　浄める、献水する、冷やす

qe -be -ḣ -u　冷水、献水

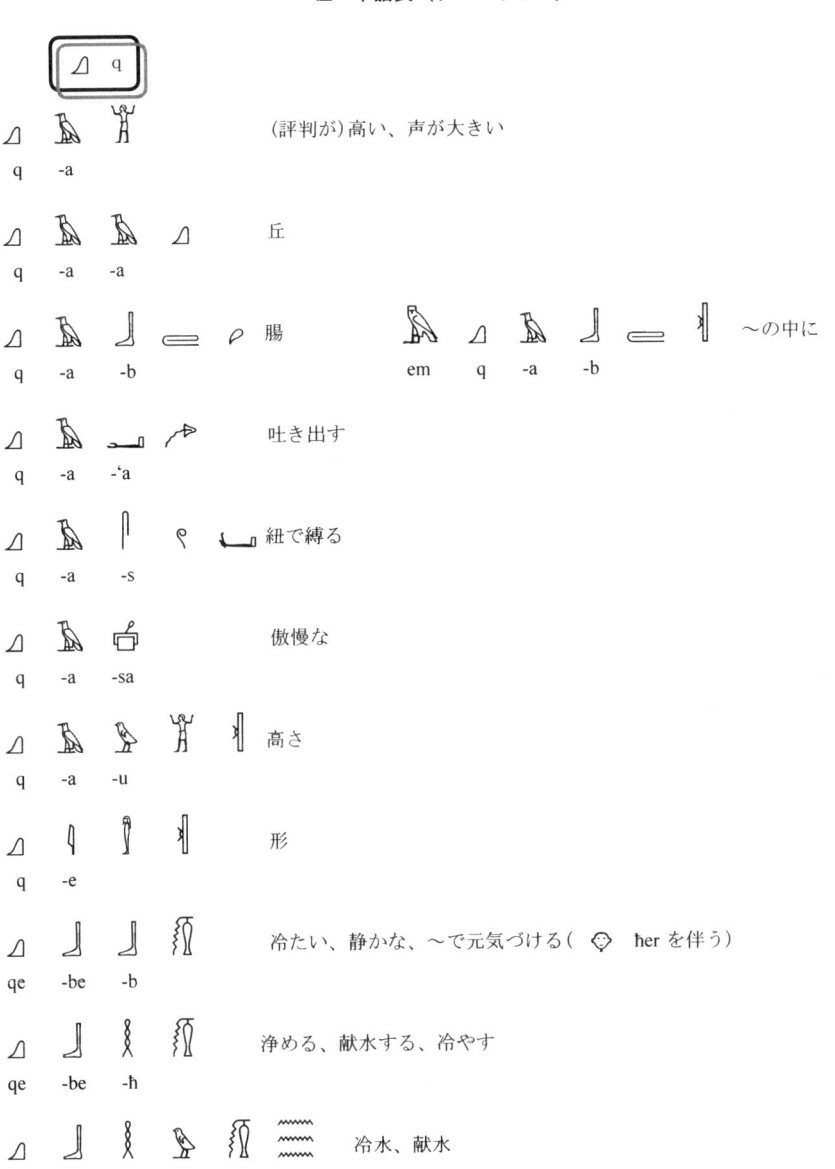

Ⅷ　単語表（グローサリー）

上腕、肩、胸
qe -be -t

建てる、作る
qe(d)-d -(qed)

回り、形、類似
qe(d)-d

姿、形、評判、性格
qe(d)-d

眠る
qe(d)-d

うたた寝
qe(d)-d -ed

重さ単位(1ケデト＝約9グラム)
qed -et

巡回
qe(d)-d -et

投げ出す
qe -m(a -m) -a

作り出す、創造主
qe -m(a) -a -m -(qen)

樹脂
qe -m -(qen) -i -t

勇敢な
q -en

勇者
q -en

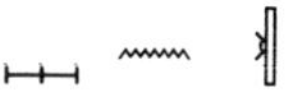
与えられた、完了する
q(en) -en

法廷、行政官
q -en -b -et

Ⅷ　単語表（グローサリー）

 母の懐、抱擁する

q -en -e

 激怒する

q -en -ed

 勇気

q -en -t

 不幸、損害

q -en -(nu) -u

 嵐、嵐雲

q -er -e

 埋葬する

q -er -es (qes) (qeres)

 埋葬

q -er -es (qes) (qeres) -t

 棺おけ、石棺

q -er -es (qeres) -u

 ドアボルト

q -er -e -u

 閂（かんぬき）

q -er -et

 骨

q -es (qes)

 痛い、つらい、苦しい

q -es (qes) -en

 船頭、複数は q(ed)-et 

q(ed)-et -i

Ⅷ　単語表（グロサリー）

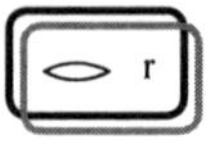
r

er　～へ、～のために、～より、～するように

er　口、門、言葉

er　灰色鷺鳥

er　容積単位（1 エル ＝約 14 cc）

e -r　もし～ならば

er -de　与える、置く、～させる（命令形は eme）

er -p -'a -t　世襲貴族

er -p -'a -t -et　世襲王女

re -d　足

re -d　成長する

re -d -u　階段

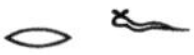
re -f　（強調）

re -h -en　頼る、～にもたれる（ ḥer を伴う）

Ⅷ　単語表（グローサリー）

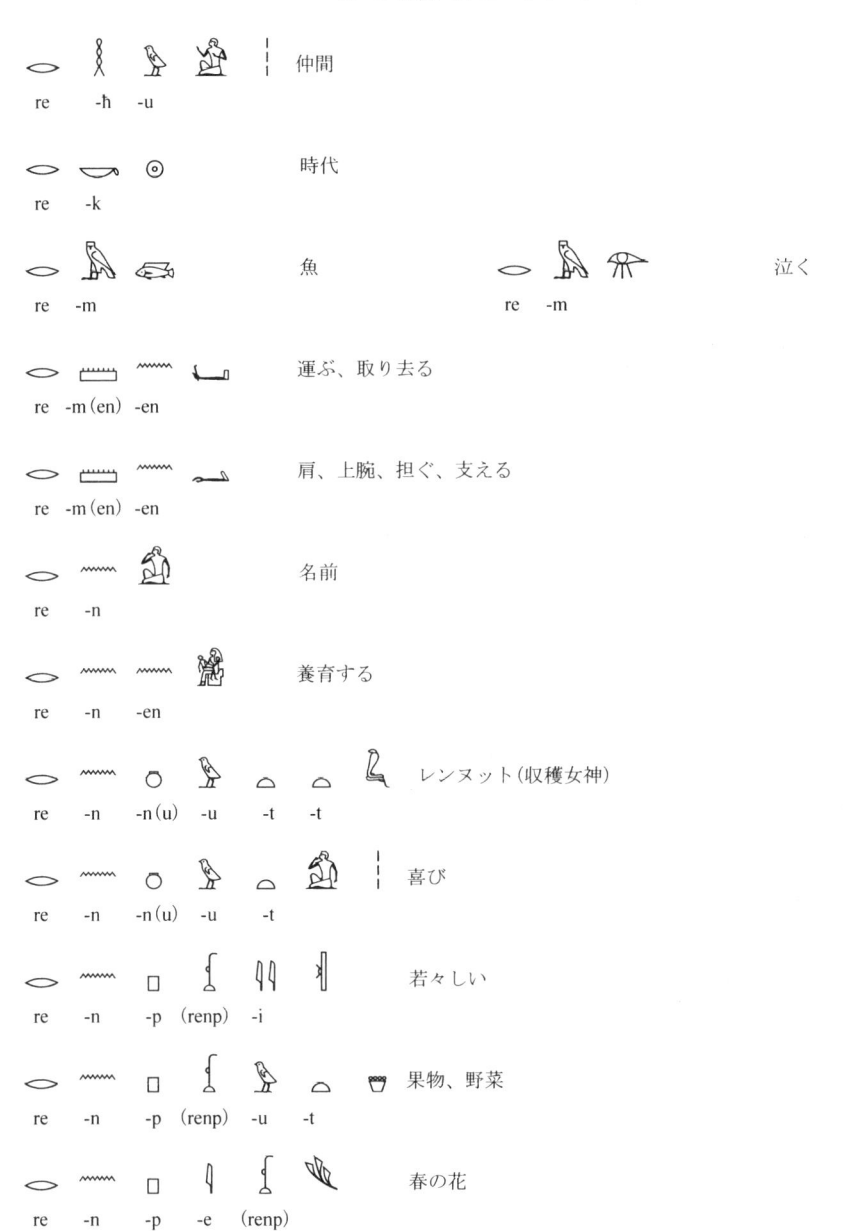

 仲間

re -ħ -u

 時代

re -k

 魚

re -m

 泣く

re -m

 運ぶ、取り去る

re -m（en） -en

 肩、上腕、担ぐ、支える

re -m（en） -en

 名前

re -n

 養育する

re -n -en

 レンヌット（収穫女神）

re -n -n（u） -u -t -t

 喜び

re -n -n（u） -u -t

 若々しい

re -n -p （renp） -i

 果物、野菜

re -n -p （renp） -u -t

 春の花

re -n -p -e （renp）

Ⅷ　単語表（グローサリー）

 年

re -n -p （renp） -et

 神殿

re -per

 あるいは

re -p -u

 敵、対抗者

re -q -u

 目覚める、用心して

re -s （res）

 注意深い

res tep

 メンフィスの死者の住所

re -（re）stau

 目覚め、夢

re -s （res） -u -t

 南、南の

res -i

 南国

res -et

 全く

re -s -s -i

 喜ぶ

re -š

 楽しみ

re -š -u -t

 戦闘

re ș(a) -a -u

 住民、人類

re θ

Ⅷ　単語表（グロッサリー）

re -x　知識、知る、学ぶ

re -x -i -t (rexit)　国民、人類

re -x -et　洗う

re -x -et　表、数字

rexe(t) -t -i , re -x -et -i　洗濯屋

r -‘a (r‘a)　ラー神　　r‘a neb　毎日

r -‘a　する事、動作、行動

r -‘a -ui　両手

r -u -d (rud)　堅固な、永続的な、繁栄した

r -u -e　去る、逃げる、～を止める（ ħer を伴う）

r -u -ha　夕方

r -u -t -i　門、玄関　　r -u -t -i　外側

Ⅷ　単語表（グローサリー）

, s

-s　彼女の

sa　背中　ḥer sa , er sa ～の後に

sa　神官団

sa (sa)　護符、保護

sa　息子　sa ne -su -t　王子（通常 sa を後に書く）

s -(sa) -a　～で満腹した（ em を伴う）

s(a) -a　ぐずぐずする

s -(sa) -a　賢明な

s -a -b -(sab)　ジャッカル、裁判官

s -(sa) -a -ḥ -(saḥ)　上陸する、近づく　s -(sa) -a -ḥ -(saḥ)　足指

sa -n -ḥe -m　ばった、いなご

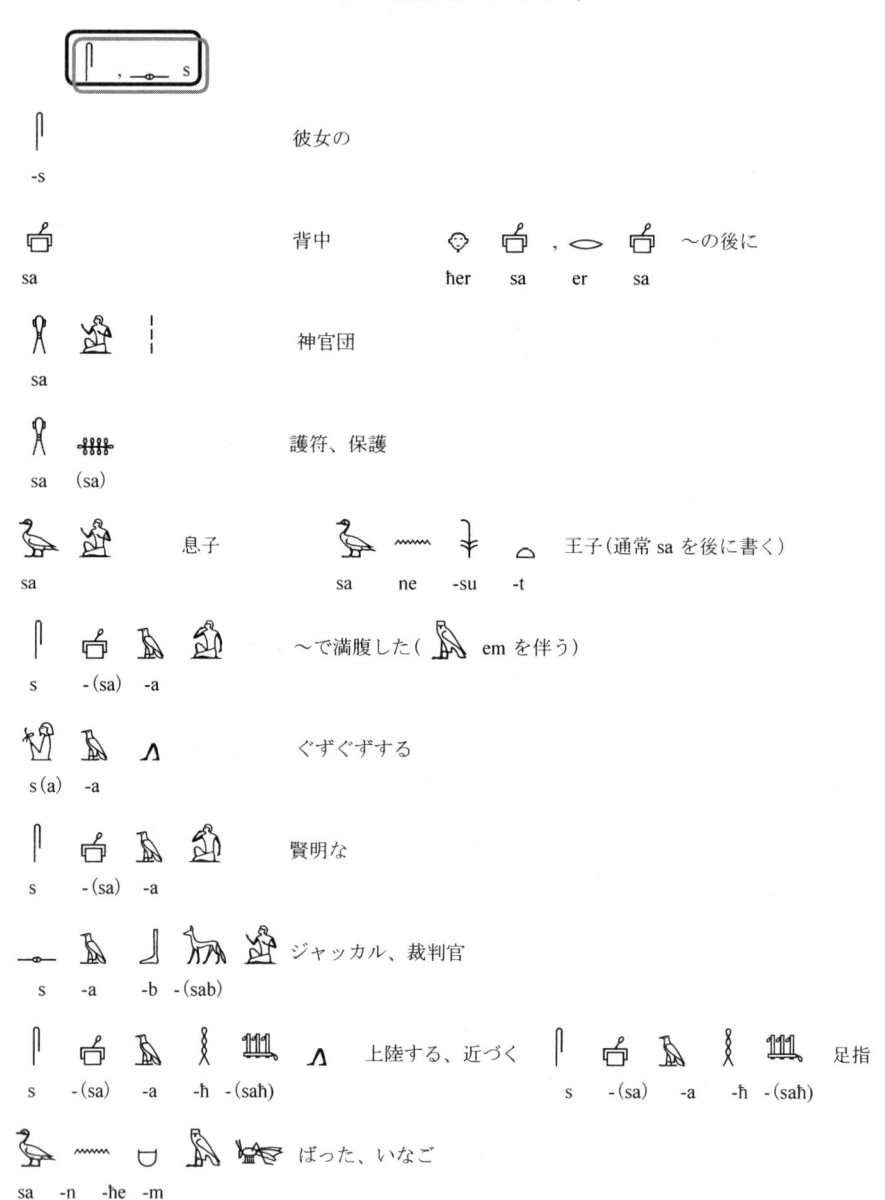

Ⅷ　単語表（グローサリー）

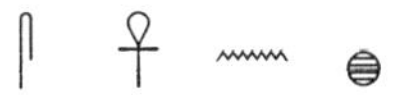

s　-a(nx)　-n　-x

生かす、生き返らせる

s　-(sa)　-a　-q　-(saq)

集める、自制する、引きつける

sa　r‘a

太陽神ラーの息子（五王名の一）

s　-(sa)　-a　-r　-(ar)　-t

智慧、分別

s　-(sa)　-a　s　-(sa)　-a

押し戻す

sa　-t

娘

sa　-t

棒、土地、保護、注ぐ

s　-(s)a　-t

智慧、悪、墓、弱める

sa　-ta

蛇

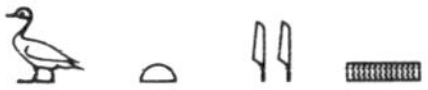

sa　-t　-i

敷居

sa　-(s　-a)　-t　-u

土地、墓

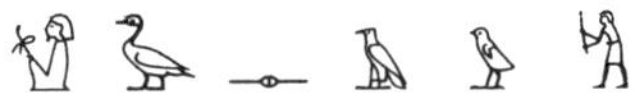

sa　-(sa　-s　-a)　-u

守る、見張る

sa　-(sa　-a)　-u

守護者、守り役

s　-a(u)　-u

長くする

s　-a(u)　-u　eb

喜ばす

Ⅷ　単語表（グロッサリー）

 星

s　-b　-a　-(sba)

 教育、教える

s　-b　-a　(sba)

 門、扉

s　-b　-a　-(sba)-(sba)

 戸口

sb(a)　-a　-u

 教訓

s　-b　-a　-(sba)　-i　-t

 震える、恐れおののく

s　-d　-a

 眉を隈取る

s　-d　-em

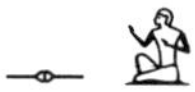 男、だれかの人

se

 全ての人

se　neb

 認識、知る、悟る

se(a)　-a

 認識の神（セア）

se(a)　-a

 行く、派遣する

se(b)　-b

 消えゆく、燃やされる

se(b)　-b

 ～に反逆する（  ḣer を伴う）

se　-b　-e

 反逆者

se　-b　-e

 叫び、大声を出す

se　-be　-ḣ　(beḣ)

Ⅷ　単語表（グロサリー）

se -b (seb)ek　セベク神(ファイユームの鰐の神)

se -b -en　足を滑らす、落ちる

se(b) -b -et　船舶輸送

se -be -θ ,　se -be -θ (beħ)　笑う

se -d　尻尾

se -d　壊す、嫌う

se -d　～で着飾った(em を伴う)

se -f　優しい

se -f　昨日、昨日の

se -fe -ħ　七

s -f -en -d　ナイフ、剣、殺す

se -fe -θ　屠殺する

se -ħ (seħ)　ホール、会議室

seħ neθer　小礼拝堂

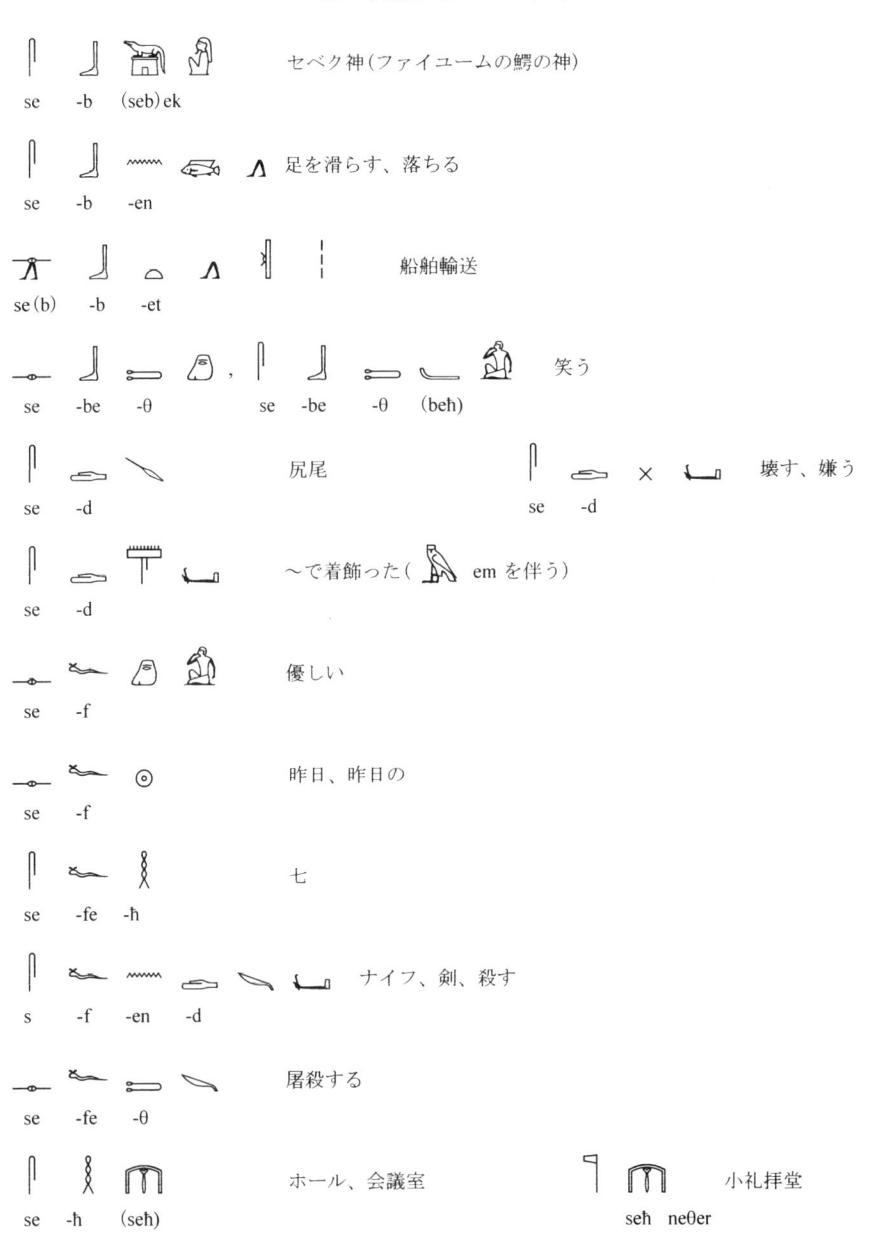

Ⅷ　単語表（グローサリー）

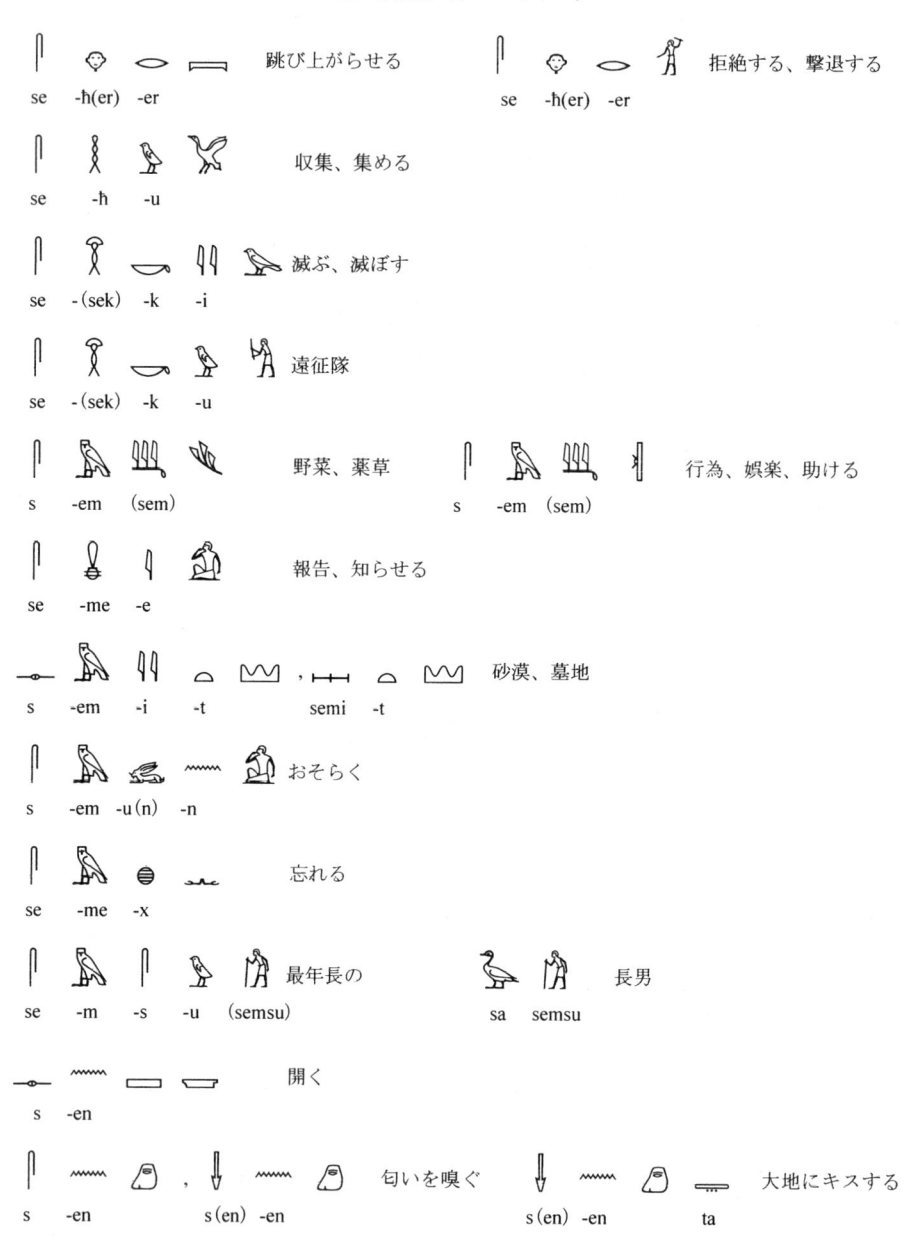

 跳び上がらせる

se　-ḥ(er)　-er

 拒絶する、撃退する

se　-ḥ(er)　-er

 収集、集める

se　-ḥ　-u

 滅ぶ、滅ぼす

se　-(sek)　-k　-i

 遠征隊

se　-(sek)　-k　-u

 野菜、薬草

s　-em　(sem)

 行為、娯楽、助ける

s　-em　(sem)

 報告、知らせる

se　-me　-e

 ,  砂漠、墓地

s　-em　-i　-t　　semi　-t

 おそらく

s　-em　-u(n)　-n

 忘れる

se　-me　-x

 最年長の

se　-m　-s　-u　(semsu)

 長男

sa　semsu

 開く

s　-en

 ,  匂いを嗅ぐ

s　-en　　s(en)　-en

 大地にキスする

s(en)　-en　ta

Ⅷ　単語表（グローサリー）

　彼らは、彼女らは(接尾代名詞)

s　-en

　兄弟、男友達

s(en)　-en

　寄せ付けない、拒む

se　-ne　-b　-(eneb)

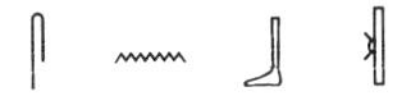　健康、健康な、健康になる

se　-ne　b

　血液

se　-ne　-f

　昨年

se　-ne　-f

　息をする

se　-ne　-f

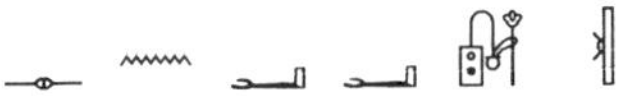　揉ませる、こねる(n'a'a　の使役)

s　-en　-'a　-'a

　乳香、香をたく

se　-(sen)-ne(θer)　-θ　-er　(seneθer)　sen　-t　-r　-e

　親しくする、兄弟のようにする

s(en)　-en　s(en)　-en

　呼吸する(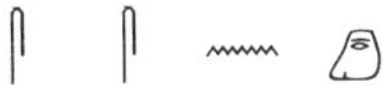　s-es-en　とも)

s　-en　s　-en

　畏敬、～を恐れる(　en を伴う)

s　-en　ş　(senş)

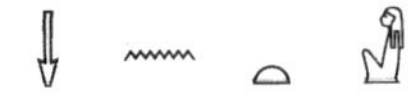　姉妹、女友達

s(en)　-en　-t

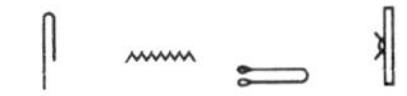　建てる、建設する

s　-en　-θ

Ⅷ　単語表（グローサリー）

 仲間

s (en)　-en　- (nu)　-u

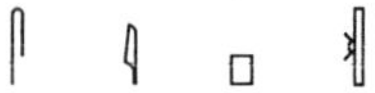 調査、調べる

s　-e　-p

 時間、チャンス、条件、回数、問題、決して

se　-p　(sep)

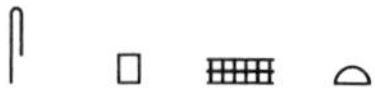 郡、州

se　-p　(sep) a (t) -t

 残余、残す

se　-p　(sep)

 鋭い、巧みな

se　-pe　d　(seped)

 シリウス星、ソティス女神

se　-pe　d　(seped) -et

 投げ縄で捕らえる

se　-pe　-ḥ

 唇、堤

se　-p　-et

 雄羊

s　-er

 予言する、命ずる

s　-er

 貴族、裁判官

s　-er

 火、炎

s　-er

Ⅷ　単語表（グローサリー）

s -er
毛髪

s -er
小さい

se -re -d
育てる、植える

se -re -f
暖かい、怒る

se -re -x
不満をいう

s -er -u
さそり

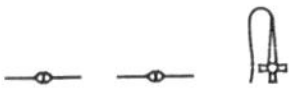
se -s
灰、焼く

se -se -m -t
馬

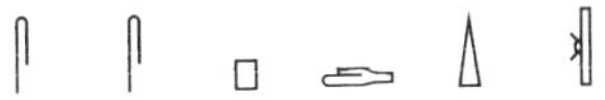
se -s -pe -d -(sped)
用意する

se -š -(seš)a
文書、書記、書く

se -š (seš)
鳥の巣、沼

se -š
広げる、通り過ぎる

se -še(d)-d
鉢巻き、包帯、王冠、飾る、登る

se (se) š(em) -em
道を示す、指導する

se (se) š(em) -em -u
指導者

Ⅷ　単語表（グローサリー）

 仕事、行動

se（se）š(em) -em

 睡蓮

se -š -en

 白い、輝く

se -š -ep

 亜麻布

se -š -er（sešer）

 事柄、行為

se -š -er

 秘儀、秘密にする

se -še -t -（ta） -a

 秘儀の長官

ħ(er) -er se -še -t

 壊す、撒き散らす

se -ş

 印章

se -şa -u -t

 印章保持者

seşauti

 障碍、不幸、生きる

se -şe -b（seşeb）

 パン、食料

se -şe -f

 与える、養う

se -şe -f -a

 聞く、～を理解する（ en を伴う）

se -ş -em（seşem） seş(em) -em

 裁判官、判事

seş(em) -em -e

Ⅷ　単語表（グロッサリー）

se　-ş(er)　-er
寝る、夜を過ごす

se　-ş(er)　-er
強くある

se　-şe　(seşet)　-t
火、炎

s　-et
彼女を(従属代名詞)

se (t　-s)　-t
王座、地位

se　-t
大地

se　- (set)　-t
矢を射る

se　-te　-š
セト神

s　- (set)　-et　-et
ずきずきする痛み

s (et)　(set)　-e (t)　-tiu
アジア人、ヌビア人

s　-et　-u　-t
平らにする、～と似る(en を伴う)

se　-θ
香り、匂う

se　-θ　(seθa)　-a
導く

se　-θ　-et
脅かす

Ⅷ　単語表（グローサリー）

 アジア

se -θ -et

 あらしめる

se -x

 切り落とす

se -x

 文書、書く

sex -a ＜ seša

 魔力、有力な、権力を持つ

se -x -em（sexem）

 娯楽、気晴らしする、楽しむ

se -（sexem）-x -eme -x eb

 口実、習慣

se -x -er -u

 セクメト女神

se（xem）-x -em -t

 上下エジプトの二重冠

se（xem）-x -em -t -i

 畑、野原、沼

se -x （sex） -et

 農夫、漁師

sex -et -i

 戦いに行く

se -x se -x

 ナイフ、殺す

s -fe -n -d

Ⅷ　単語表（グロ―サリ―）

緩める、ほどく
s　-fe　-x

沈黙、黙らせる、静まる
s　-g　-er

満足させる、平和ならしめる
s　-ħe(tep)-te　-p

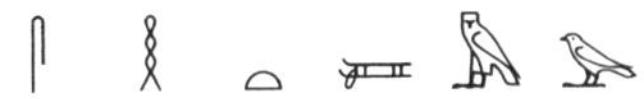
破壊する、滅ぼす
s　-ħ　-et　-(tem)-em

輝く、照らす、説明する
s　-ħeş

彼女を(従属代名詞)
s　-i

誰？何？
s　-i

耕す
s　-k(a)　-a

終わらせる、仕上げる
s　-k(em)　-em

滅ぼす、終わる
s　-k　-(sk)　-i

仲間、共謀者
sma

仲間たち
sm(a)　-a　-i　-t

～と結合する( em を伴う)
s　-ma　-(sma)　, sm(a)　-a

Ⅷ　単語表（グローサリー）

 殺す

s　-m (a)　-a

 国を統一する、上陸する

s　-ma　- (sma)　ta

 秩序をもたらす、正す

s　-ma (‘a) -‘a

 報告、知らせる、告発する

s　-m (e)　-e

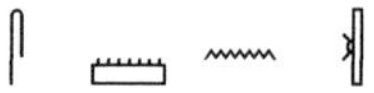 確固とさせる

s　-me (n) -n

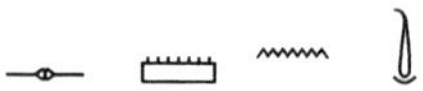 青銅

s　-me (n) -n

 任務を立派に果たす

s　-me (n) -ne　-x

 王友、爵位の一

s　-mer

 子を産ませる

s　-me (s)　-s

 年上の、長上の

s　-me　-s　-u

 多分、おそらく

s　-m　-un　-n

 美しくさせる

s　-ne (fer) -f　-er

 徴兵する

s　-ne　-h　-i

Ⅷ　単語表（グロ－サリ－）

 縛る

s　-ne　-ħ

 ばった

s　-ne　-ħ(em) -em

 飼育する

s　-n　-em　(nem)

 楽しませる、休む、座る

s　-neş(em) -em

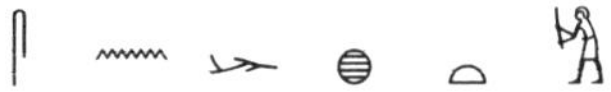 力強くする

s　-ne　-(xet)　-x　-et

 大きくする

s　-(ʻaa)　-ʻa　-a

 地位、威厳、高貴な

s　-ʻa　-ħ　(sʻaħ)

 貴族、貴族になる

s　-ʻa　-ħ　(sʻaħ)

 建てる、起こす、立たせる

s　-ʻaħ(ʻa)　-ʻa

 食べさす、養う

s　-ʻa　-m

 呑み込む者

s　-ʻa　-m　-i　-u

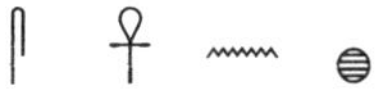 生かす

s　-ʻa(nx)　-n　-x

 運び込む

s　-ʻa(q)　-q

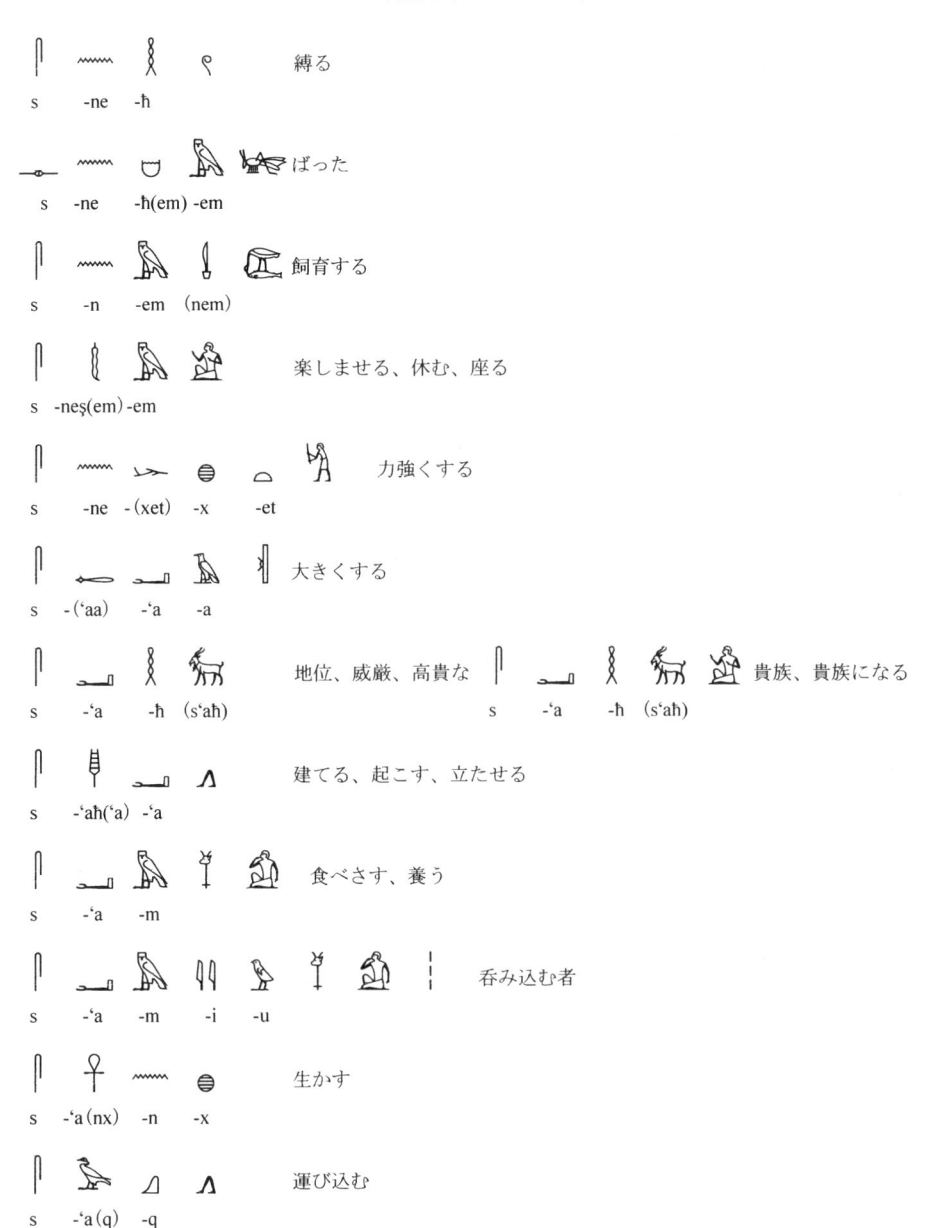

Ⅷ 単語表（グローサリー）

持ち上げる、齎す
s -‘a -r

到着する、～に届く（ er を伴う）
sp(er)-er

請願する
sp(er)-er

請願者
s -p -er -(sper) -t -i

称える、高くする
s -q -a

冷やす
s -qe -be -b

航海する
s -qe(d)-d

船乗り
s -qe(d)-d

打つ
s -(qer) -qe -er

捕虜
s -q -er -e

永続させる、堅固にする
s -r -uş -(ş) -(rud)

満足さす、食事で満たす
s -s -(sa) -a

, 匂う、呼吸する
s -se -n s -(se) -sen

準備する
s -se -p -d (sepd)

物語る、話す
s -şe -d

Ⅷ　単語表（グローサリー）

s -şes (er) -er　美しくある、立派にする

s -t -(ta) -a　案内する

s -t -(ta) -a　火を灯す

s -te -k -en　近づく

s -te -p (step)　選ぶ

s -te -p (step) -u　選ばれた者

step -sa　王宮

s -t -i -m　野菜、ハーブ

s -t -(set) -u -t　日光

s -θ

s -θe -n　区別する、旅する

s -θe -p　粉砕する、選ぶ、取り除く

s -θe -s (uθes)　起きあがる、持ち上げる

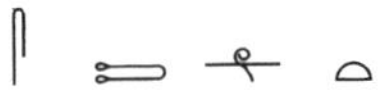

s -θe -(sθe) -t　紐、面積(100 meħ x 100 meħ = 1 arura　約 2735 m^2)

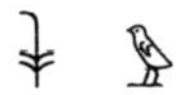 彼を(従属代名詞)

s(u)　-u

 彼は(独立代名詞)、しかし

s(u)　-u　-t

 暦の日

s　-u

 自慢する

s　-u　-h

 卵

s　-u　-ħ　-et

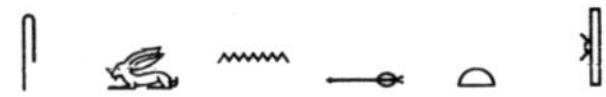 代価

s　-u(n)　-n　-(sun)　-t

 飲む

s　-u(r)　-r

 広げる

s　-u　-se　-x　(usex)

 譲渡する

s　-u(ş)　-ş

 健康にする

s　-u　-ş(a)　-a

 手紙で報告する

s　-u　-ş(a)　-a　-eb

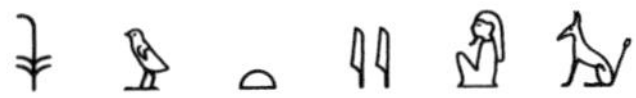 セト神

s(u)　-u　-t　-i

 過ぎる、～を通り過ぎる( ħer を伴う)

s　-w(a)　-a

 綺麗にする、飾る

s　-w'ab

Ⅷ　単語表（グローサリー）

 永続させる

s -wa -ħ -(waħ)

 称える、賛美する

s -wa -š

 青々とさせる、繁栄させる

s -waş

 思い出す、考える

s -x(a) -a

 思い出

s -x(a) -a -u

 記録、文書

s -xa -i

 磨く、～で覆う( em を伴う)

s -xa -r

 転倒する、逆立ちした

s -x -ed

 抱く

s -x -en

 留まる、休みに来る

s -x -en -(xen)

 促進する、前進させる

s -xe(nt)-n -t

 創造する、生じさせる

s -xep(er)-er

 指導、計画する

s -x -er

 倒れる、倒す

s -x -er

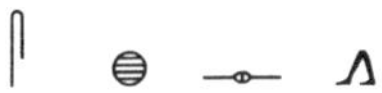 走る、急がす

s -x -es

 鳥を網で捕らえる、煉瓦を作る

s -x -et (sxet)

Ⅷ　単語表（グローサリー）

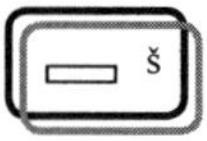
š

š　-a　,　ša　　湿地、草原

š(a)　-a　　命じる、運命づける

š(a)　-a　-b　-u　　食事

š(a)　-a　-d　　地面を掘る

š(a)　-a　-‘a　　開始、～を始める

š(a)　-a　-s　　旅する、行く

š(a)　-a　-t　　百

š　-t　-a　　二百

š(a)　-a　-w(a)　-a　-b　-u　　メロンの木

še　　池、庭園

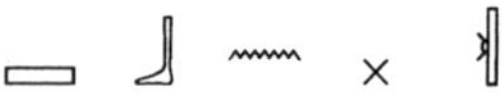
še　-b　-en　　混ぜる

še　-b　-u　　食事、供物

Ⅷ　単語表（グローサリー）

še(d) -d

助ける、〜から奪い取る（ m‘a を伴う）

še(d) -d

読む、朗唱する

še(d) -d

連れ去る

še(d) -d (šed)

乳を与える、養育する

še -f -d -u

巻物

še -f -i -t

威厳

še -m

行く、機能する

še -m -et

歩行

šem -‘a

歌う

šem‘a -i -t

歌手

š -(š)em -s

付き従う、仕える

šem -s -u

付き人、従者

šem -s -u

護衛

šem -s -u ḥeru

ホルス神信奉者の王達

Ⅷ　単語表（グロサリー）

še -mu　夏（収穫期）

še -(šen) -n　尋ねる、告げる、呪う

še -n -(šen)　論争する、戦う

še -n -i　毛髪、頭髪、草木の葉

še(n) -n -ʻa , še -n -ʻa　戻る、返す

še -n -ş　アカシア

še -n -ş -u -t　チューニク、ショートパンツ

še(n) -n -t　病気、抑圧、訴訟

še -(šen) -n -θ　冒涜する

še(n) -n -u　取り囲む、～で取巻く

še(n -n) -n(u) -u　カルトゥーシュ（王名枠）

še(n -n) -nu -t　王の廷臣

še(n -n) -nu -t (šenut)　穀物倉

Ⅷ　単語表（グローサリー）

 盲目の、盲目にする

še　-p

 貴族、金持ち

še　-p　(šeps)　-s

 富、高貴である

šep(s)　-se　-s

 神聖な、高価である

šep(s)　-s　-i

 貴婦人

šep(s)　-s　-t

 不満な、怒った

še　-p　-t

 小さい、小さくなる

še　-r

 少年、息子

še　-r　-e

 少女

še　-r　-e　-t

 鼻

še　-r　-t　(šert)

 アラバスター(製容器)、大理石

še　-(še)　-s

 知識、～に精通した( em を伴う)

še　-s　-a　(sa)　(šesa)

Ⅷ　単語表（グロサリー）

矢、射る

še -(še) -s -er

歩く、紐で量る、設計する

še -s -er

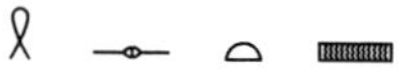

še -s -et

受け取る、掴む

še -s -p (šesp)

掌、掌尺（長さ単位、1 meḥ = 7 šesp）

šes(p) -p (šesp)

彫像

šes(p) -p

悲しみ

še -t

困難である、隠された

še -ta

熱い、暑くなる

š -m (a) -a -m

外国人

š -m (a) -a -m -u

南エジプト

š -m -‘a šm‘a

皮膚、革

š -ne -b -t

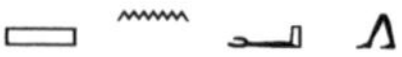
撃退する、戻る

š -n -‘a

Ⅷ　単語表（グローサリー）

　貯蔵庫

š　-n　-‘a

　ライオン

š　-n　-‘a

　胸

š　-n　-‘a　-t

　砂地

š　-‘a

　切断する

š　-‘a　-d

　本、文献、手紙

š　-‘a　-i　-t

　肉包丁

š　-‘a　-t

　空の、欠けた、～が無い（ em を伴う）

š　-(šu)　-u

　日光、太陽

š(u)　-u

　シュー（大気）神

š(u)　-u

　蔭、木陰

š(u)　-u　-b　-u

　羽、翼

š(u)　-u　-(šu)　-t

　蔭、日よけ

š(u)　-u　-(šu)　-t

　貧しい

š　-wa　-a

Ⅷ　単語表（グローサリー）

ş

ş(a) -a　火おこし錐

ş(a) -a　伸ばす

ş(a) -a　航海する、横切る

ş(a) -a　健康である

ş(a) -a -t　健康

ş(a) -a　西風

ş(a) -a -e -s　～と議論する（ħen‘a を伴う）

ş(a) -a -i　悪行、悪い

ş(a) -a -i　航海

ş(a) -a -i ħer　楽しむ

ş(a) -a -m　青年団

ş(a) -a ş(a) -a　頭

ş(a) -a -t　残余、残り物

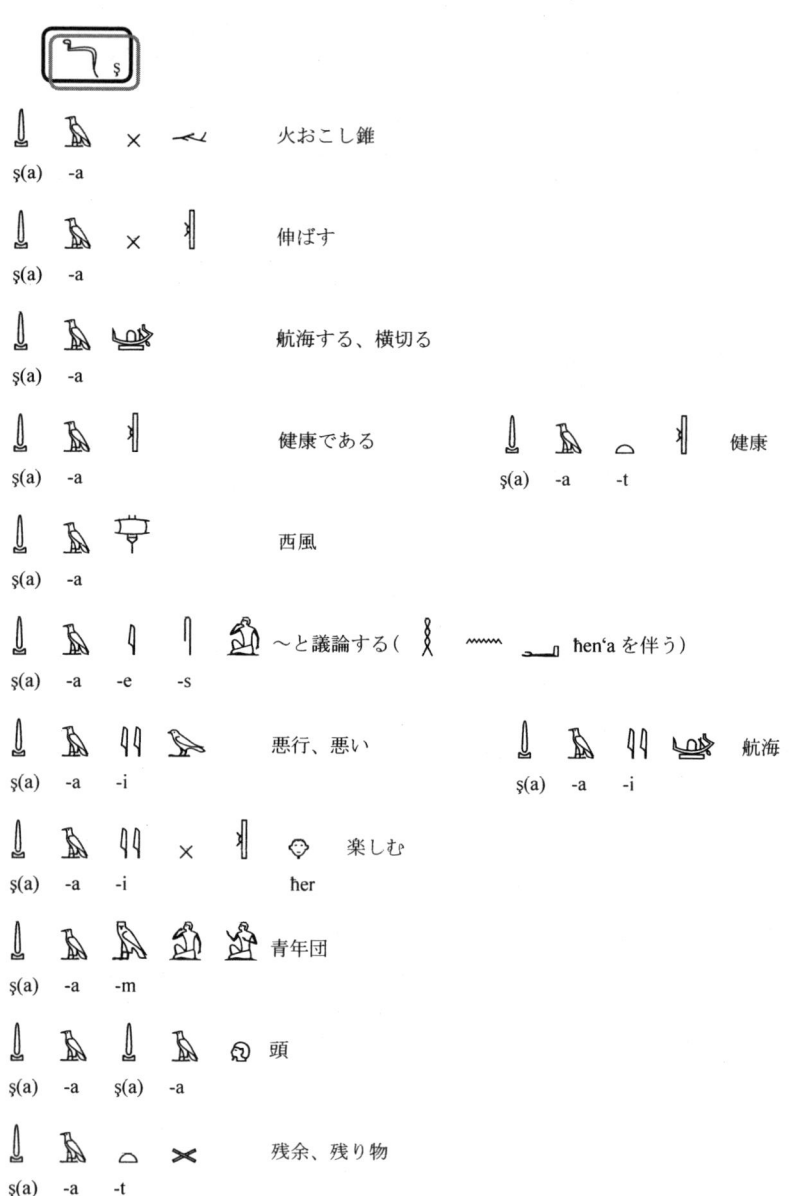

Ⅷ　単語表（グローサリー）

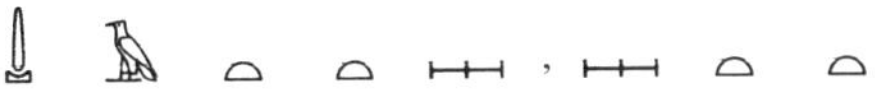 所領、領土

ş(a) -a -t -et (şat) , şa(t) -t -et

 夜の闇

ş(a) -a -u

 二十

ş(a) -a -u -t

 置き換える、返す

şe(b) -b

 塞ぐ、邪魔する

şe(b) -b

 供給する、調える、飾る

şe(b) -b -a

 煉瓦

şe(bet) -b -et (şebet)

 指、一万、長さ単位（4 şb'a = 1 šesep）

şe -b -'a (şeb'a)

 印章指輪

şeb'a -i -t

 支払い、報酬

şe(b) -b -u

 言う、話す

şe -d

 語られた言葉、せりふ

şe -d medu

 刺す、刺激する

şe -de -b

Ⅷ　単語表（グローサリー）

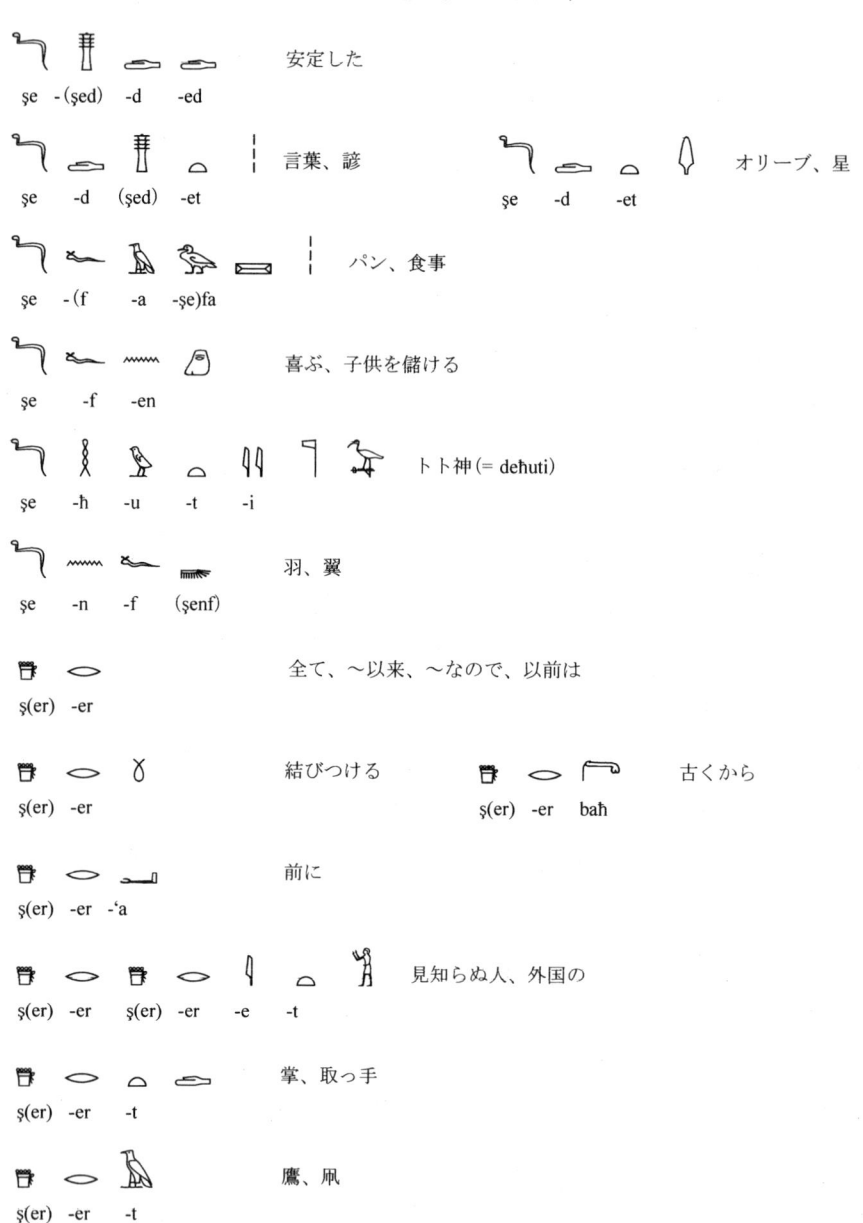

şe -(şed) -d -ed　安定した

şe -d (şed) -et　言葉、諺

şe -d -et　オリーブ、星

şe -(f -a -şe)fa　パン、食事

şe -f -en　喜ぶ、子供を儲ける

şe -ħ -u -t -i　トト神(= deħuti)

şe -n -f (şenf)　羽、翼

ş(er) -er　全て、～以来、～なので、以前は

ş(er) -er　結びつける

ş(er) -er baħ　古くから

ş(er) -er -‘a　前に

ş(er) -er ş(er) -er -e -t　見知らぬ人、外国の

ş(er) -er -t　掌、取っ手

ş(er) -er -t　鷹、凧

Ⅷ 単語表（グローサリー）

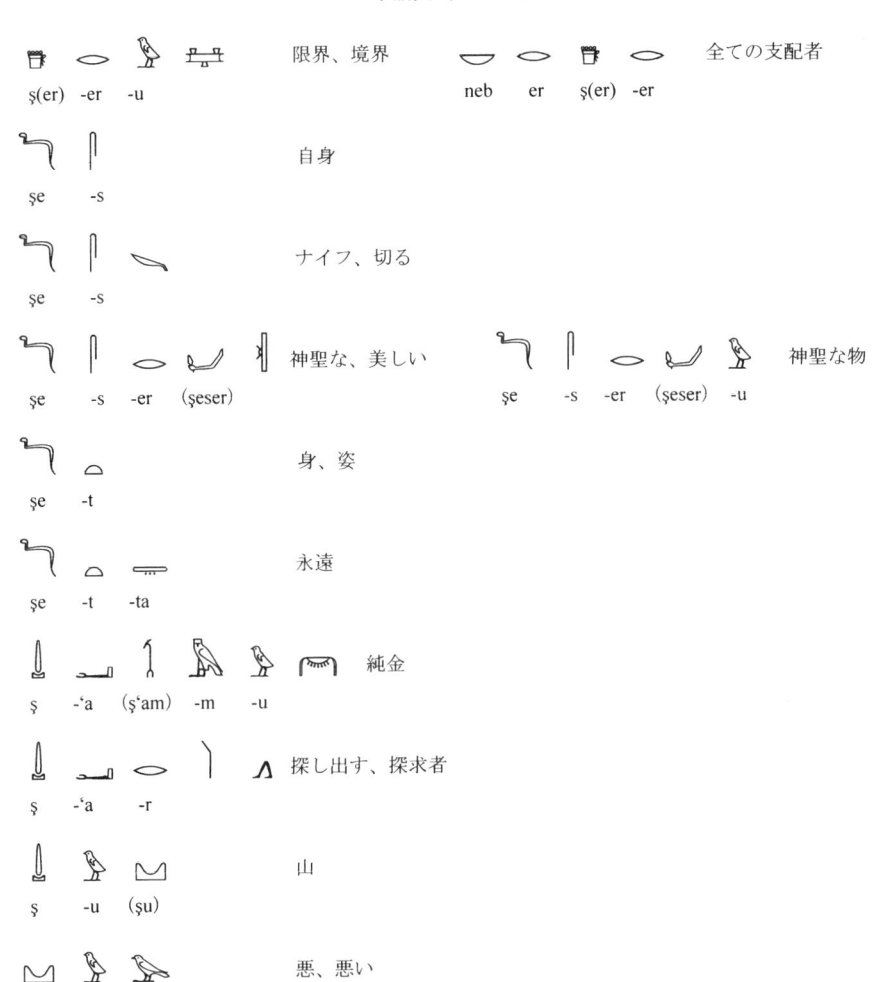

ş(er) -er -u
限界、境界

neb er ş(er) -er
全ての支配者

şe -s
自身

şe -s
ナイフ、切る

şe -s -er (şeser)
神聖な、美しい

şe -s -er (şeser) -u
神聖な物

şe -t
身、姿

şe -t -ta
永遠

ş -‘a (ş‘am) -m -u
純金

ş -‘a -r
探し出す、探求者

ş -u (şu)
山

ş(u) -u
悪、悪い

Ⅷ　単語表（グローサリー）

　パン、ケーキ
t　-(t)a

　大陸、大地　（双数形＝エジプト）
ta　ta-ui

　その(女性単数)
t　-a

　国境、境界
t　-a　-(ta)

　熱い、怒りっぽい
t　-a　-(ta)

　(所有形容詞)
t　-a　-i

　北エジプト
ta　me(ħ) -ħ　-(meħ)　-u

　エジプト国
ta　m(er)　-er　-e　(re)

　ヌビア
ta　set

　国境
t　-a　-(ta)　-š

　南エジプト
ta　šem　-‘a　-u

Ⅷ　単語表（グローサリー）

ta　şes(er)　-er

聖なる地、墓地

t　-e

その時

te　-be　-t　(θebet)

サンダル

te　-f

あの(女性単数)

te　-h

犯す、冒涜する、踏み越える

te　-h　-em

貫く

te　-k　-en

近づく

t　-(tem)　-em

宇宙、完全な

neb　t　-(tem)　-em

万物の支配者

t(em)　-em

終わる、滅びる

t　-(tem)　-em　-em　-u

滅びるもの

t　-(tem)　-em

～しない

te　-me(s)-s　-u

審判の判決、告訴

t　-en

この、貴女は、貴男方は

t　-en

どこで

t -en -e
老人、老人の

ten -et
叫び

t -en -n(u) -u
どこから

tep
頭、始まり

tep em
～の方へ

tep
～人(頭数)

tep -'a
以前に、～の前に

tep er
言葉、呪文

tep ħ -se -b
計算、規範

te(p) -p (tep) -i
一月、第一の、最初の

te(p) -p (tep) -i -'a
先祖、～の前にいる

tep -renpit -ħept
新年祭

tep -tre
季節祭

t -e šeps
香木、肉桂

Ⅷ　単語表（グローサリー）

t -e t　像、姿

te -x　錘（おもり）

te -x -en　オベリスク

t -re (tre)　時期、季節

t -re (tre)　さて、常に

t -re (tre)　尊敬する

t -u　汝は、(受動形の符号)、その(= ten = tui)

t -u -i　その(tu を弱めた形)

t -u -k　汝は

t -u(r) -r　清い、浄める

t -u -t　像、姿

t -u -t　似ている、相応しい

t -w(a) -a　支える

t -w(a) -a　不満を述べる

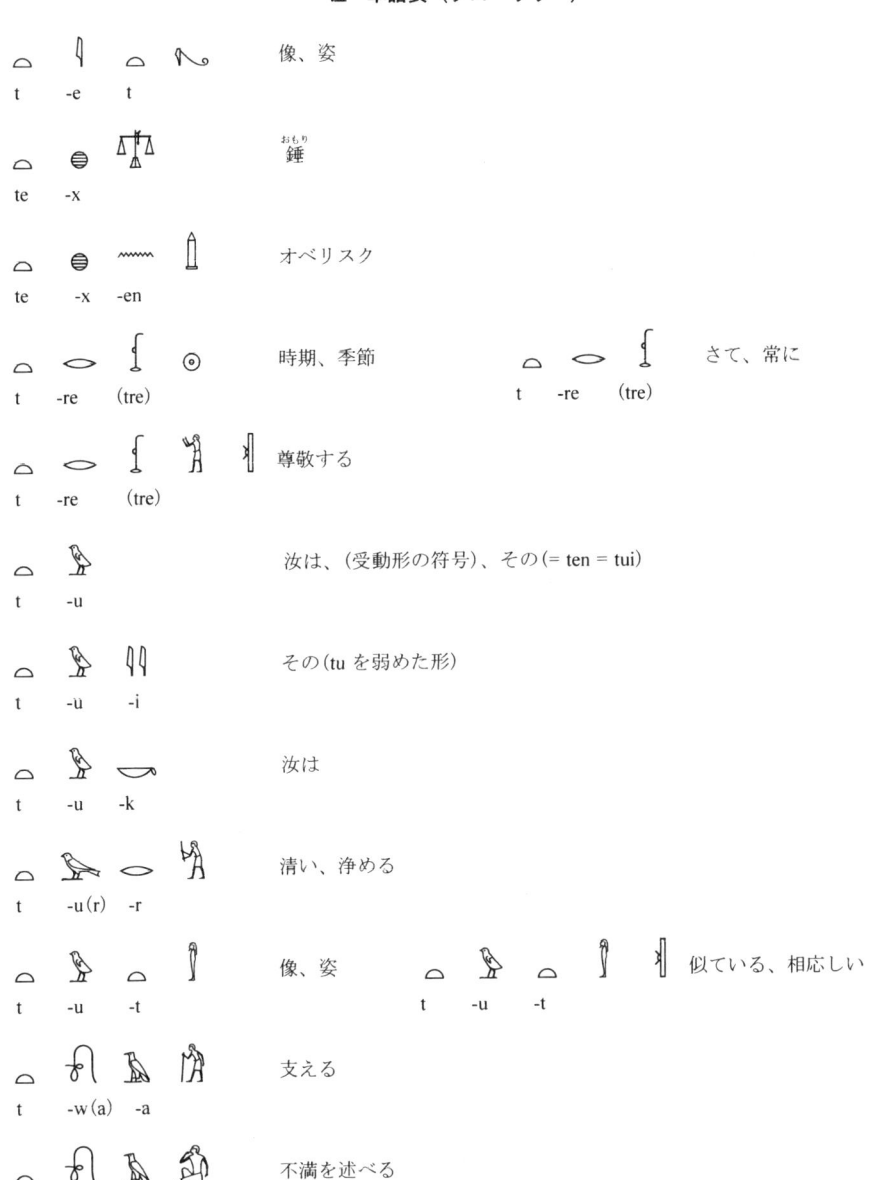

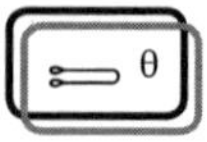 θ

 包む、取る、盗む
θ(a) -a

 覆う、隠す
θ(a) -a -m

 カバー、ベール
θ(a) -a -m -et

 宰相
θa -t

 風、息吹
θa -u (θau)

 サンダル
θebe(t) -t

 サンダル
te -be -t (θebet)

 喜ぶ
θe -ħ -eħ

 喜び
θe -ħ -eħ -u -t

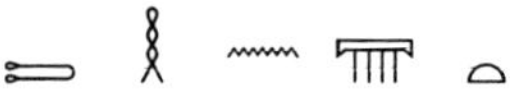 結晶
θe -ħ -en (θeħen) -t

 この、どこで
θ -en

 立派な、持ち上げる、～と区別する（ er を伴う）
θ -en

 王座、高台
θ -en -θa -t

 数、～ごとに
θ -en -(nu) -u

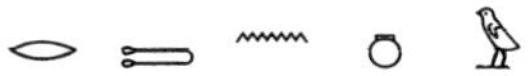 の時は常に
er θ -en -(nu) -u

Ⅷ　単語表（グロッサリー）

θ　-en　-(nu)　-u　-t　数えること

θe　-p　-ħ　-et　洞穴

θe　-s　(θes)　結ぶ

θes　-t　結び目、脊椎

θes　首

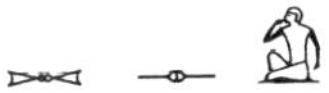
θe(s)　-s　言葉、格言

θe(s)　-s　-u　指揮官

θe　-s　持ち上げる、支持する

θe　-s　-em　番犬

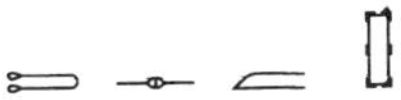
θe　-s　-em　見張り台

θ(e)　-e　θ(e)　-e　走る、ギャロップする

Ⅷ　単語表（グローサリー）

u
行政区画、郡、州

w(a)　-a
落ちる、遠くから、～から遠い( erを伴う)

wa　-g
ウァグ祭

wa(ħ) -ħ
置く、固める

wa(ħ) -ħ　tep
敬意を払う

wa(ħ) -ħ　eb
慈悲、親切な

wa　-s　(was)
統治権、王錫（おうしゃく）

'anx　şed　was
生活・安全・晴朗

w(a)　-a　-s　(was)
荒廃、荒れ果てた

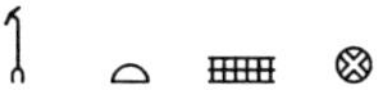
was　-t
テーベ

w(a)　-a　š
尊敬、称賛された

wa(ş)　-ş　waş
エメラルド、幸運、繁栄させる、青々とした、緑の

wa(ş)　-ş　-t
ウァチト(蛇の女神)

Ⅷ　単語表（グローサリー）

 大洋(エジプトを取り巻く海)

wa(ş) -ş -u(r) -r

 道

w(a) -a -(wa) -t

 波

w(a) -a -u

 下ヌビア

wa -wa -t

 王の謁見の間

w(a) -a -x -i

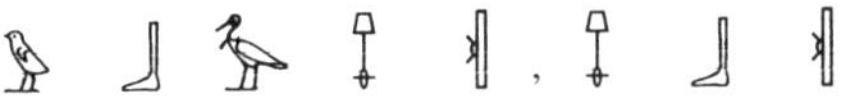 掘る、開通させる

u -(b) -ba (uba) uba (b)

 目を開ける、見る

ub(a -b) -a

 日が昇る、溢れる

u -b -en

 書く、置く、投げる

u -d

 命令する、布告する

u -d -ed

 燃やす

u -d -ed

 遅滞、遅れる

u -d -ef

 供物卓

u -de -ħ -u (udeħu)

Ⅷ　単語表（グローサリー）

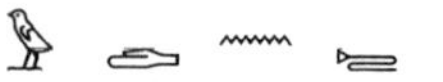 供え物、捧げる

u -d -en (uden)

 供え物

ude(n) -n -(nu) -u

 重い

u -d -en

 私を(従属代名詞)

u -e

 取り除く

u -e

 聖なる船

u -e -a

 失敗する、逃げる( 雀と  燕を間違えぬ事)

u -h

 刈り取る、石を切り出す

u -ħ(a) -a

 壺、薬缶

u -ħ(a) -a -(uħa) -t

 繰り返す

uħ(em) -em

 遊牧の民、部族、村人

u -ħ -i -t

 緩める、解放する

u -ħ (uħ'a) -'a

 漁師、鳥打ち

uħ('a) -'a

Ⅷ　単語表（グローサリー）

なんと(感嘆詞)
u　-i

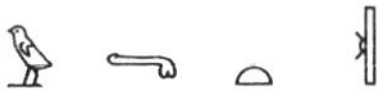
厚い
u　-me(t)　-t

勇敢な
u　-me(t)　-t　eb

我々は
u　-n

開く、退ける
u(n)　-n　(un)

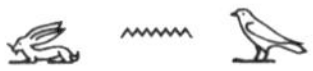
悪さをする
u(n)　-n

持ち上げる、通り過ぎる
u(n)　-n　(un)

食料、食べる
u(n)　-n　-em　unem

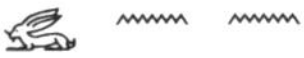
存在する、～である
u(n)　-n　-en

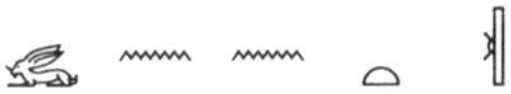
存在する物
u(n)　-n　-n　-et

～を着た
u(n)　-ne　-x

破壊、植物
u(n)　-n　-p　-et

断る、戻る
u(n)　-n　-u

時間、一時間
u(n　-n)　-nu　-t　(unut)

神官達
unu(t)　-t

Ⅷ　単語表（グロサリー）

w (‘a) -‘a
一つ、一の

w (‘a) -‘a neb
全てのもの

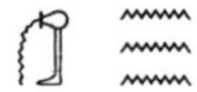
w‘ab
清浄、清めの神官、浄める

w -‘a -f
結ぶ

w (‘a) -‘a k -i
一方で---他方で---

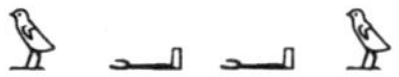
w -‘a -‘a -u
私生活、個室

w -‘a -r （w‘ar）
逃亡、逃げる

w‘ar -t
行政区画

w‘ar -t -u
行政官

w (‘a) -‘a -t -i
唯一の

u(p) -p
開く、分ける

u(p) -p -et
角（つの），頂き

u(p) -p -et renpu -t
元日、元日祭

u(p) -p -et r‘a
朔日、朔日祭

Ⅷ 単語表（グローサリー）

 ～の以外

u(p) -p -u ḥer

 財産目録

u(p) -p -u -t (uput)

 命令、通告、伝言

u(p) -p -u -t (uput)

 使者

u(p) -p -u -t -i

 使者達

u(p) -p -u -t -i -tiu

 大きさ、大きな、非常に

u(r) -r

 偉大さ

u(r) -r -t

 貴族、高官

u(r) -r

 香油を塗る

u(r) -re -ḥ

 一日を過ごす

u(r) -re -š

 疲れた、疲れる

u(r) -re -ṣ

 二輪戦車

u(r) -r -r -et

 怠ける

u -se -f

 力強い、裕福な

u -s -er (user)

 勇敢な

user eb

Ⅷ　単語表（グロサリー）

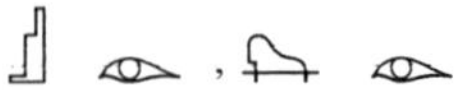
オシリス　神

us (t) -eri　us (er)　-eri

小便する、流す

u　-se　-š

自由に歩き回る

u　-se　-θ　-en

広さ、幅広い

u　-se　-x　(usex)

平底船

u　-se　-x　(usex)　-t

広間、首相官邸

u　-se　-x　(usex)　-t　(usext)

空な、欠けている、毛が抜ける

u　-š

闇夜

u　-š

叫ぶ、称える

u　-š

回答、答える

u　-še　-b

尋ねる、質問する

u　-še　-d　(šed)

不妊、干上がる

u　-še　-r

命令、命ずる（を前に出す事が多い）

u　-(u) ş

Ⅷ　単語表（グロサリー）

u -(u)ş (uş)　祈念碑、墓碑

u -ş(a) -a　無傷の、健康な、安全な

u -ş(a) -a　貯蔵庫

u -ş(a) -a　出かける、来る、進む

u -ş(a) -a -t (uşat)　ウツァット(ホルス神の目)

uş -eb　折り重ねる、そっぽを向く、戻る

uş -eb　河岸

u -(u)ş -et　詔勅

uş -et medu　命令

uş -i -t　軍事遠征

u -ş -‘a (uş‘a), uş‘(a) -‘a　切る、分ける、判決する

u -t　包帯、(ミイラに)包帯を巻く

u -t (uħa)　ミイラ、棺おけ

u -te -θ　子を儲ける

u -θ -es (uθes)　持ち上げる、神を称える

u -x(a) -a　探し求める

u -xa　夜、闇

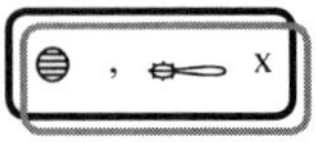

xa　千

xa　事務所、部屋

x(a) -a　計量する、診察する

x(a) -a　草花

x(a) -a　切る、彫りつける

x(a) -a -b -s　灯り、星あかり

xa -de -b　殺す

x(a) -a -i -t　殺戮(さつりく)、破壊

xa -k -er -u　装飾品

x(a) -a (xa) -m -s　腕を曲げる、お辞儀する、腰を屈める

x(a) -a -‘a　投げ棄てる、病に倒れる

Ⅷ　単語表（グローサリー）

 へそ、へその緒

xa　-p　-a　(xepa)

 子供

xa　-r　-d

 未亡人

x(a)　-a　(xa)　-r　-t

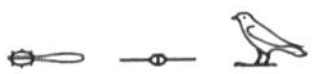 か弱い、賤しい

xa　-s

 不活発である

xa　-(s)　-s(a)　-a

 山の国、外国

x(a)　-a　-s　-t　(xast)

 外国人

xas(t)　-t　-i

 死骸、むくろ

xa　-t

 デルタ地帯の沼

x(a)　-a　-t

 腹、身体

xa　-t

 腹這いになって

ḥer　xa　-t

 夜

x(a)　-a　-u　-i

 早い、急ぐ

x(a)　-a　-x

 踊る

xe　-b

減らす、切り落とす、壊す

xe -b -(xeb)-(ba) -a

耕す、掘る

xe -b -(xeb) -s

歪める、曲げる

xe -b -en

嫌悪、憎む

xe -be -ş

顎ひげ

xe -b -s -i -t

北へ航海する

xe -d

捕獲、掴む、捕らえる

xe -f -‘a

～と共に、～の時に

xe -f -t

～の前に

xe -f -t ḣer

敵、反対派

xe -f -t -i

そのように

xe -f -t -u

未知の人、知らない、止める

x -em (en)

八

xe -m(en) -en

Ⅷ　単語表（グローサリー）

 考える、観察する、計画する

xe -me(t) -t

 三

xe -me(t) -t

 尋ねる、報告、言葉

x -en (xen)

 羽ばたく、飛ぶ、止まる

x -en (xen)

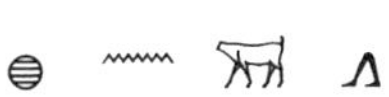 ～に近づく（  em を伴う）

x -en (xen)

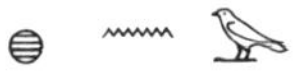 嘆き悲しむ

x -en

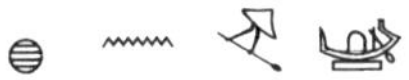 船を漕ぐ

x -en (xen)

 足の脛、行進する、～に踏み入る（  ħer を伴う）

x -en -d

 息を吸う

x -en -(neme) -em

 ～と一緒になる、仲間になる

x -en -em (xenem)

 クヌム神

xen(em)-em -u

 友人、保護者

x -en -(neme) -em -es

Ⅷ　単語表（グローサリー）

 混乱させる、妨害する

x　-en　-(xen)　-en　(xennu)

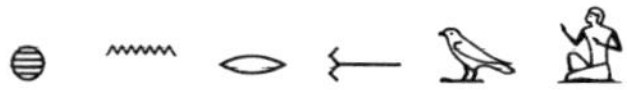 因人、捕虜

x　-en　-er　(xener)

 監獄、大奥、ハレム

xener -et

 騒乱、暴動

xe(n -e)n　-n　-(nu)　-u　(xennu)

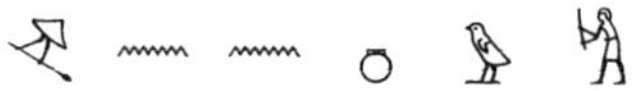 水夫、漕ぎ手

xe(n -e)n　-n　-(nu)　-u

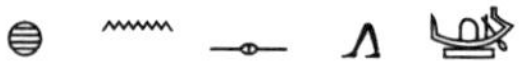 旅する、通り抜ける

x　-en　-s

 腐敗、悪臭する、酷評する

x　-en　-š

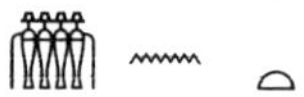 以前に、～の前で

x(ent)　-en　-t

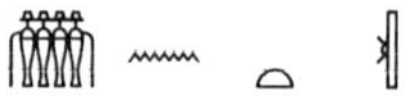 閉ざされる

x(ent)　-en　-t

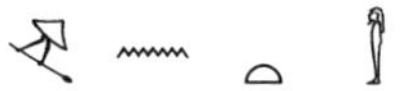 彫像

xe(n　-e)n　-t

 前にいる者、南の、第一の

x(ent)　-en　-t　-i

 上流へ航海する

x(ent)　-en　-t　-i

Ⅷ　単語表（グローサリー）

x(ent)　-en　-t　-i　鰐

xe(n　-e)n　-(nu)　-u　内部、内側

xe(n　-e)n　-(nu)　-u　王都、王宮

xe　-p　行く、飛び去る

xe　-p　握り拳

xe　-p　恥、不名誉

xe　-p　-(xeper)　-er　ある、存在する、生じる

xep(er)　-er　-t　事件

xep(er)　-er　-u　姿、外形、変形

xe　-p　-eš　(xepeš)　力、腕、前脚

xe　-p　-t　死、倒れる、破壊する

x　-er　(xer)，x(er)　-er　そして、～の下で、～によって

x　-er　言う

x　-er　倒れる、落とす

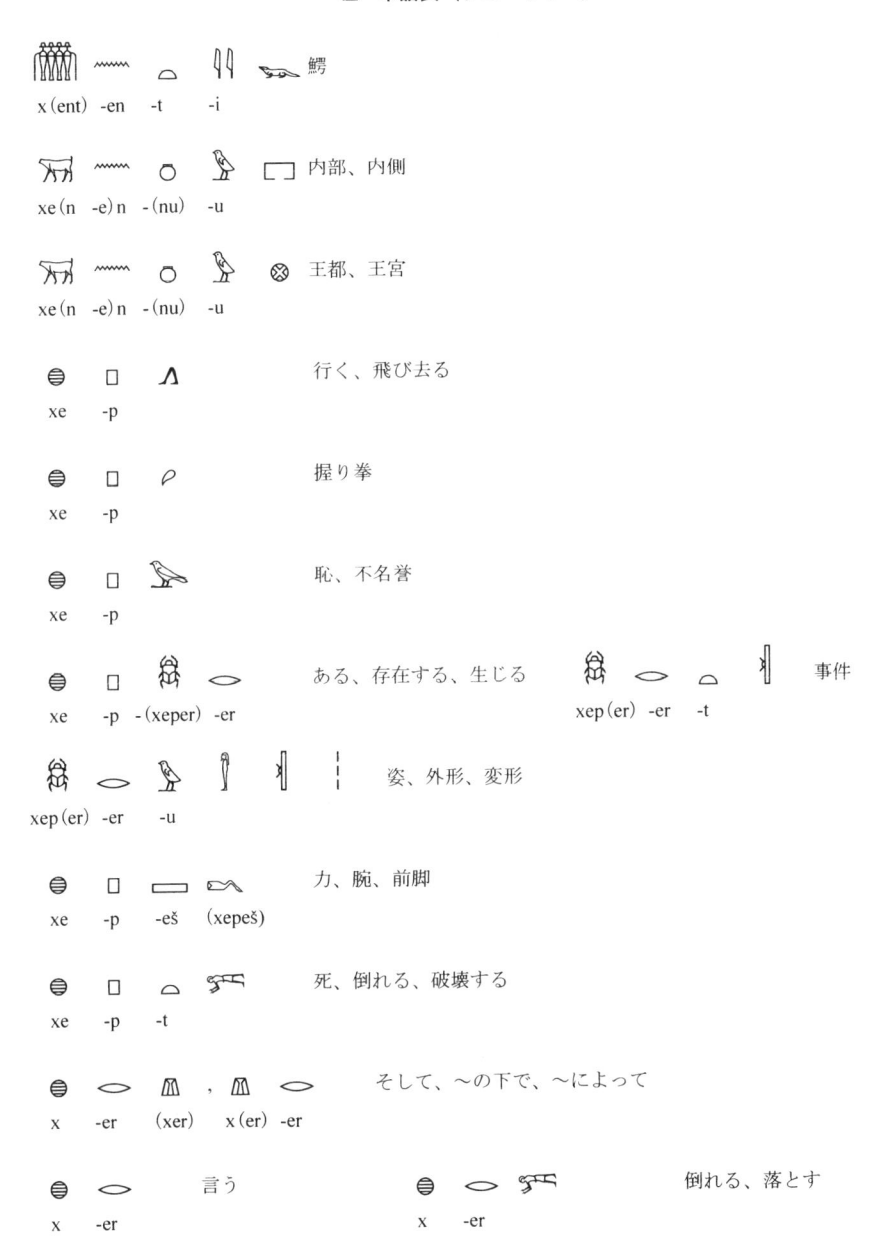

Ⅷ　単語表（グロサリー）

 墓、ネクロポリス

x　-er

 指示する、捧げる　 現場監督

x　-er　-ep　(xerep)　　xerep　ka　-t

 木槌

x　-er　-ep　-u

 下部、下に

x　-er　-i

 助手、補佐官

x　-er　-i　-‘a

 典礼司祭（  とも  とも書く）

xer　-i　ħe　-b　-t

 状況、事件、希望　 お気に入りの物

x　-er　(xer)　-t　　x (er)　-er　-t　eb

 神の世界、墓地（普通 neθer は語頭に置く、  とも書く）

x (er)　-er　-t　neθer

 声、言葉、音、財産　 敵

x　-er　-u　(xeru)　　x　-er　-u

 ラピスラズリ、瑠璃、青い

x　-es　-be　-d

 撃退する、防ぐ　 接近

xe　-se　-f　(xesef)　　xesef　-u

 取り除く、追い払う

xe　-s　-er

Ⅷ　単語表（グローサリー）

x -et (xet)
材木、枝

x(et) -et
退却、子孫、戻る、後に従う

x(et -x) -et
～を通って

em xet
～の後で

x -et
物、事柄、事件

x -et neb -t
あらゆるもの

x -et
火、炎、燃やす

x -et -em (xetem)
印章、封印する、～と契約する（ m‘a を伴う）

xetem -t -i
印章管理者

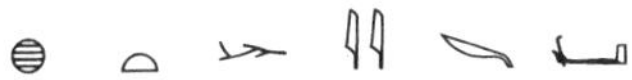
x -et (xet) -i
彫る、切る

x -et (xet) -(t)iu
高座、台座

x -et x -et (xet)
戻る、向きを変える

xe -x
喉、首

x(‘a) -‘a
日のように昇る、輝く

Ⅷ　単語表（グローサリー）

x（‘a）-‘a

炉、炉端

x（‘a）-‘a　-u

武器、道具

x（‘a）-‘a　-u

王冠

x　-u　-（xu）

牛、魚、免除、汚れ、守る

x　-u　-s

建設する

あとがき

偉大なクフのピラミッドについて、ひと言触れておきたい。ピラミッドは山腹に螺旋状の階段、又は坂を設け、回りながら、上へ上へと延ばして積み上げたと言われるが、その建築技術は今でも驚嘆に値する。シュメール国のジグラットも、王城の狭い空間内で、建設するためには恐らく同じ工法を用いたのだと思われる。そして建設の目的も同じく、天上の神々を地上に招来するためであった。太陽をトーテムとする民族には、このように神々が必要に応じて、地上に降り立つという思想があるようだ。

「日の女」と「高木」の命令を受けて、日高の国からニニギの尊がヒコ山に降り立ち、京都（ミヤコ）郡に移り住んだという日本神話は、似た話として大変私には興味深い。その通りの事実として素直に信じたい思いである。

ピラミッドのように高く、窓の下に東京大学を見下ろす信山社で、ラー神に祈る気持ちで本書をまとめ上げた。本書のためいろいろご指導、ご忠告を頂いた袖山貴氏、稲葉文子氏、森澤孝大氏に心から感謝を申し上げます。

〔著者紹介〕

飯島　紀（いいじま・おさむ）

1928年　東京都目黒区生れ。

1953年　（旧制）京都大学理学部卒業。同文学部にてセム語等履修。

1988年　パナソニック㈱退職。

現　在　日本オリエント学会会員。

〈著　書〉

『日本人の成り立ち』『日本人とは誰か』『アフレベース随筆』『セム族流転小史』『蒙古シリア系文字入門』『アッシリア語（現代アラム語）入門』『グルジア語文法』（共著）『楔形文字の初歩』『シュメール語入門』『シュメール人の言語・文化』『シュメールを読む』『シュメールを求めて』『ハンムラビ法典』（泰流社）など

オリエンス語シリーズ

はじめての古代エジプト語文法
——ヒエログリフ入門——

2010（平成22）年4月20日　第1版第1刷発行

著　者　飯　島　　紀
発行者　今　井　　貴
発行所　株式会社　信山社
〒113-0033 東京都文京区本郷6-2-9-102
Tel 03-3818-1019　Fax 03-3818-0344
henshu@shinzansha.co.jp
笠間才木支店編集部 〒309-1611 茨城県笠間市笠間515-3
Tel0296-71-9081　Fax0296-71-9082
笠間来栖支店編集部 〒309-1625 茨城県笠間市来栖2345-1
Tel 0296-71-0215　Fax 0296-72-5410
Printed in Japan

印刷・製本／亜細亜印刷・渋谷文泉閣
出版契約No.2010-8811-7-01010
ISBN978-4-7972-8811-7 C3387 ¥4500E 分類890.000-e-010
8811-01011 : p344 013-0100-050-010